厦门市社会科学优秀成果评审选粹

(2016~2018)

A SELECTION OF OUTSTANDING ACHIEVEMENTS OF
SOCIAL SCIENCE IN XIAMEN
(2016-2018)

厦门市社会科学界联合会　编

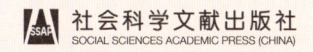

社会科学文献出版社
SOCIAL SCIENCES ACADEMIC PRESS (CHINA)

目 录

一等奖

深化厦门市劳动力市场供给侧结构性改革研究 …………………… 3
福建省"十三五"现代服务业发展专项规划研究 …………………… 10
未预期货币政策与企业债券信用利差
　——基于固浮利差分解的研究 …………………………………… 17
厦门市卫生人才队伍建设问题的调研报告（简版）………………… 22
新形势下推动落实在厦台企台胞享受同等待遇的建议 …………… 34
福建自由贸易试验区厦门片区建设对策研究（简版）……………… 47
建设完善厦台青年创业基地的研究 ………………………………… 48
加快创建国家历史文化名城的研究（简版）………………………… 53

二等奖

推动完善"台厦欧"货运常态化机制　提升厦门港转口贸易竞争力
　的研究 ……………………………………………………………… 61
厦门市服务贸易创新发展系列咨询报告 …………………………… 66
大力培育厦门市大数据和人工智能产业的对策研究 ……………… 70
推进福建省养老产业发展的研究 …………………………………… 74
加快厦门市工业园区升级转型的建议 ……………………………… 80
厦门市推进国家生态文明试验区建设暨厦门市生态文明体制改革行动
　方案评估（2017年度）…………………………………………… 85
关于进一步改进福建省居家失能老人救助政策的建议 …………… 90
城中村改造与社区资产建设的"地方维度" ………………………… 94

关于推进福建省应用型高校发展机制创新的对策建议（简版） …… 100

厦门实施乡村振兴战略规划（2018~2022年）（简版） …… 105

海绵城市建设"厦门模式"研究报告（简版） …… 110

厦门市分级诊疗实施现状及模式特色的调查与研究 …… 115

关于挖掘华侨文化遗产、延展鼓浪屿旅游深度的建议 …… 119

福建自贸区背景下闽台高科技产业协同合作机制研究 …… 122

厦门市集成电路产业链调研及行业发展情况报告（简版） …… 132

三等奖

国家税务总局厦门市税务局关于厦门集成电路产业税收经济分析
情况的报告 …… 145

促进厦门市共享经济健康发展的对策建议 …… 149

集成电路产业厦台深度对接合作研究 …… 153

厦门民营经济发展报告（2016~2017） …… 158

加快厦门新经济发展研究（简版） …… 167

促进产业融合创新，加快厦门全域旅游发展 …… 171

中美贸易摩擦背景下海沧口岸发展前景的思考与对策 …… 178

厦门创新创业基地的发展状况及提升对策 …… 181

关于推进厦门市健康医疗大数据中心国家试点城市建设的对策建议 …… 186

厦门"一带一路"建设系列咨询报告 …… 191

推动厦门实体经济创新发展对策建议 …… 194

厦门进口酒市场发展研究 …… 198

厦门市引进国际科教资源的研究报告（简版） …… 201

关于迎接金砖会晤、提升厦门城市形象的建议 …… 205

厦门市养老服务模式发展研究 …… 211

项目导向：社会工作评估机制优化研究
　　——基于厦门实践的调查与剖析 …… 215

智慧健康"云卫监"综合监管大数据平台
　　——探索运用"卫生监督+人工智能"加强行业综合监管，筑牢
　　公共卫生防线 …… 225

延续历史文脉，持续提升"鼓浪屿·历史国际社区"品质 …………… 232

金砖峰会与厦门"国际范"城市环境提升 …………………………… 241

福建省先进制造产业人才需求预测报告 ………………………………… 247

厦门"五大发展"示范市建设的实践经验、面临困境与对策建议 …… 254

厦门提升城市综合承载功能研究 ………………………………………… 259

厦门传感器产业调研报告 ………………………………………………… 264

推进厦门市垃圾分类减量工作研究 ……………………………………… 275

促进厦门服务业高端化发展研究（简版） ……………………………… 278

厦门改革开放40年的成就与经验启示 …………………………………… 284

基于遗产廊道理论的福建"海丝"传统体育文化创新发展
研究（简版） …………………………………………………………… 289

净化政治生态与维护市场经济秩序关系研究 …………………………… 294

厦门打造两岸融合发展示范区研究 ……………………………………… 302

把"四种形态"贯穿监督执纪全过程研究 ……………………………… 307

充分利用厦门市高素质、高颜值资源禀赋，大力发展康养产业的
建议 ……………………………………………………………………… 316

一等奖

深化厦门市劳动力市场供给侧结构性改革研究

厦门市人社局课题组[*]

党的十八大以来，面对复杂多变的国内外经济环境和就业领域多重困难挑战，厦门市委、市政府坚持实施就业优先、人才强市和创新驱动发展战略，大力推进简政放权、放管结合、优化服务改革，努力营造大众创业、万众创新的良好环境，为加快厦门市经济发展方式转变、培育发展新动能，更好地促进就业和改善民生营造了良好的发展环境。然而，随着厦门市产业升级与经济结构调整速度的加快，劳动力市场也面临着诸多矛盾和问题。劳动力供给总量相对不足、市场劳动力素质与产业结构调整和经济转型升级的要求有较大差距、劳动力成本上升抑制用工需求和劳动者就业质量不高等系列结构性问题长期存在，劳动力市场结构性矛盾已成为制约厦门市社会经济发展的主要瓶颈之一。

劳动力市场结构性矛盾是市场配置资源作用失灵的具体表现，也是劳动力市场管理体制与生产力发展水平不相适应的结果。在经济发展方式转变过程中，厦门市应围绕落实党的十九大中有关"着力加快建设实体经济、科技创新、现代金融、人力资源协同发展的产业体系"的要求，充分利用大数据、云计算、人工智能和移动互联网等现代科学新技术手段，从政府、市场、企业和个人四个层面发力，全面深化劳动力市场供给侧改

---

[*] 课题组组长：吴新奎；课题组副组长：温金辉（中共厦门市委政研室）、陈国荣、吴目国；课题组主要成员：钟前线（中共厦门市委政研室）、沈岚、黄晨颖（中共厦门市委政研室）、黄瑞亮、蔡惠花、陈杨希、赖明智、刘川、陈国荣（厦门市就业中心）、陈招祥、余彦婕；课题负责人：赖明智；课题主笔：赖明智、陈招祥；修订校对：陈招祥。

革；适当运用财政、税收、收入政策等多种宏观调控手段，以互联网技术、互联网思维重塑政府职能部门业务管理流程，通过规划统筹、制度控制、法规调节、组织协调及检查监督等手段，加快现代科学技术与市场监管服务全面有机融合步伐，打造一个有序竞争、公平公正、诚信守法、监管有力的市场环境；以宏观调控手段来完善劳动力市场的供给、需求、报酬和收入、劳动力流动选择和信息交流机制的作用，提高劳动力资源开发与配置效率；切实有效地挖掘劳动供给潜力，扩大劳动有效供给，提高供给质量，补齐公共服务产品不足短板，进一步降低劳动力市场制度性交易成本，促进社会经济发展需要，为群众生产生活提供更经济、更多样、更便捷的服务，更好满足广大人民群众对美好生活的需求。

一　以智能人社建设为抓手，补齐智慧城市最大短板

（一）加快"两库一平台"建设，夯实人社大数据运用基础。以国家人口基础信息库、法人单位基础信息库为基础，建设以社会保障卡（市民卡）和统一社会信用代码为标识的劳动者和用人单位基础信息库，结合生物特征识别技术与法人单位电子身份认证技术，构建统一的个人身份认证和用人单位及其业务办理电子认证系统。

（二）建设业务综合管理系统，降低制度性交易成本。建立全市统一的就业与社保业务信息化管理系统，加快推进人社业务信息系统整合共享，全面推行人社对外业务"综合柜员制"和前后台模式，变"多头受理"为一窗受理"通收通办"，提高行政办公效率。

（三）引入大数据技术分析，提升风险预警防控能力。加强就业数据与宏观经济数据的比对分析，充分利用大数据技术开展就业监测，对公共服务诉求进行实时感知与动态分析，为加强形势研判、落实、完善政策，向用人单位和劳动者提供个性化精准服务提供有力支撑，从被动式服务向主动式服务的模式创新转变，促进厦门市"互联网+人社"行动计划的推广和应用，加快推进厦门市公共服务均等化。

二　建立供求信息公共服务系统，打破就业信息分割局面

（一）加强就业形势分析，提供精准就业服务。

1. 全方位、多维度地展现各地区、各行业、各工种的人力资源市场供

需状况、就业景气指数、薪资水平等，合理引导用人单位招聘用工和劳动者有序流动、理性择业、转换和提升职业技能，进一步满足市场经济发展的人力资源需求和实现劳动者更高质量就业需要。同时也为科学分析就业形势、调整就业创业培训计划、开展就业创业服务提供参考依据。

2. 在充分利用现有平台和社会资源的基础上，建立完善"互联网+"公共就业创业服务平台。推动服务向移动端、自助终端等延伸，扩大服务对象自助服务范围，推行网上受理、网上办理、网上反馈，实现就业创业服务和管理全程信息化，为劳动者和用人单位提供全面、及时、便捷的就业创业服务；建立产业发展人才需求和行业发展进展情况通报制度，产业发展行业主管部门及时向就业主管部门提出和跟踪反馈在建重大项目、重点行业（产业）、服务业、电子商务等带动就业情况与重大发展人才需求规划情况，为就业主管部门制度就业和职业技能提升政策制定提供目标参考。

3. 帮助中小企业建立和完善相关用工和薪酬管理制度，根据市场供求状况科学制订和调整招聘计划，合理确定招聘条件，做好岗位需求特征描述等基础工作，提高招聘针对性、成功率和用工稳定性。

4. 先行探索由政府定制人力资源管理系统软件，解决当前中小企业因普遍缺乏必要的熟悉劳动保障法律方面的专业人才，在劳动关系管理过程中非主观故意侵犯劳动者合法权益，导致劳动关系矛盾、冲突甚至激化成群体性社会事件从而影响社会和谐稳定的难题。

5. 研发"人社通-人力资源和社会保障法律综合运用信息系统"，打造厦门市人力资源和社会保障领域工作者知识共享、智力互助在线服务平台，为全市用人单位和劳动者提供专业劳动保障法律服务。

6. 通过建立豁免机制，或建立专项基金以财政转移支付方式，解决劳动者权益保障与小微企业负担过重问题，提高抗风险能力，发挥小微企业作为发展生力军、就业主渠道、巩固实体经济基础和创新重要源泉的作用，更好激发市场活力和社会创造力。

（二）建立供需信息推送平台，降低企业招用职工成本。打破政府和民营人力资源市场之间的壁垒，建立资源共建共享的、统一的"一站式"就业信息服务网络，采取一站登记，全网共通方式统一发布招聘信息，全面提升人力资源市场公共服务的供给能力。建立人力资源数据库和鉴别、评估和资质认证系统,为招聘企业和求职者双方构建互信基础,解决市场主体各方信息不对称问题。根据用人单位和求职者的需求,提供智能匹配双向推送服务,提供点对点的精准就业信息服务,实现供求有效对接。

三 大力发展人力资源服务产业,充分发挥市场中介机构作用

1. 深化人力资源市场体制改革,实现人力资源市场领域的管办分离、政企分开、公共服务与经营性服务分离,加强人力资源服务业管理。

2. 规划人力资源服务线上虚拟产业园建设,引导人力资源服务创新,完善服务链条,形成集人力资源选聘、社保办理、就业指导、劳动纠纷调处等功能于一体的"一站式"综合服务载体。

3. 完善人力资源市场反欺诈系统,对招聘职位与企业经营范围进行随机性抽查,加大网络招聘行为智能化监管力度。

4. 加快人力资源服务信用信息法规体系、信用标准体系、信用信息系统、信用等级评价和评价结果公开发布制度等方面建设,建立服务机构"红黑名单"发布制度,定期发布诚信人力资源服务机构诚信状况。

5. 建立人力资源服务机构年度报告公示制度,加快互联网招聘行为监管立法规制,明确招聘信息发布平台和软件必须对虚假招聘或利用招聘进行欺诈行为尽必要的提醒义务。

四 构建职业培训新机制,破解技能不匹配老难题

依托人社大数据和智能化技术,搭建校企合作信息管理平台为学校和用人单位双方提供自动匹配服务,破解实习岗位与生源信息对接难题。探索在校学生现代师徒制与企业职工委托学校培养现代师徒制两种模式有机融合。以财政转移支付和法律强制方式促进职业技能培训工作的开展,扩大有效供给,减少无效供给,提高人力资源供给结构对产业发展需求变化的适应性和灵活性,矫正要素配置扭曲等结构性失衡问题。

五 合理确定社会保险缴费基数,实现劳动者缴费与待遇相统一

以城镇单位全部职工平均工资或城镇非私营单位平均工资的60%作为

社会保险费最低缴费基数，统一本市户籍和非本市户籍职工缴费标准，解决社会保险缴费畸高、企业负担过重以及本市和非本市户籍职工社会保险不公平问题。依法稳妥处理历史欠费问题，在保障劳动者合法权益的同时，减少对社会劳动用工环境的冲击。

六 直击职工关注"痛点"，营造人才成长环境

1. 加大企业人才住房扶持力度，不断完善厦门保障房建设管理机制。一是通过新增用地建设租赁住房，以商品住房项目配建、集体建设用地建设租赁住房等方式增加供应；二是积极盘活存量房屋，将国有企业闲置和低效利用的国有厂房、商业办公用房、岛内长期闲置的工业建筑以及近年来因电商的冲击而闲置的商业建筑，改造成用于居住的公寓；三是通过组建国有住房租赁企业或者鼓励房地产开发企业，与工业集中区和地铁沿线所在镇街、村（居）集体两级经济组织合作，利用集体建设用地开发面向不同需求的旅馆式集体宿舍和人才长租公寓，面向产业技术工人和专业技术人才出租，建立覆盖面广、满足不同人群需要的人才公共租房体系。

2. 建立集政府监管、金融服务、企业供房和个人选房等功能于一体的开放式租房服务平台，为给住房租赁市场各方提供一站式服务。

3. 依托住房公积金中心设立人才购房专项基金，对在厦工作的符合条件无住房人才首次购买商品房，根据人才层次增加其公积金贷款比例，减轻首付压力。此外，降低人才保障房个人产权比例，直至实施人才房只租不售政策。

4. 推行以个税补助为主的高层次人才补贴政策，根据人才层次以其缴交个人所得税金额分别给予个人所得税 50%~100% 减免的补贴，避免少数不良企业采取人口空"挂户"方式骗取政府财政补贴。

5. 按照"保障基本、优质优先、实岗实补"原则，对重点支持发展的产业采取按其缴交社会保险金额给予其个人缴费金额相应补贴。对环卫、公共交通、失能老人护理员等城市基本功能从业人员则可以根据其工作年限分别按其社会保险缴交全部金额给予 50%~100% 工资性补贴，提高行业用工吸引力。

七 加快市场主体诚信评价体系建设，完善守信激励和失信惩戒机制

1. 依托人社电子档案库，构建用人单位招用工、市场中介服务机构、社会保险服务机构、公务员和事业单位工作人员、劳动者、重点人群诚信评价体系等人社工作信用评价体系，进一步完善市场主体信用信息档案、交换共享机制，实现人社信用信息征集、存储、共享与应用标准化、信息化、网络化、智能化管理。

2. 加快人力资源服务信用信息法规体系、信用标准体系、信用信息系统、信用等级评价和评价结果公开发布制度等方面建设，建立诚信体系建设成果运用机制，加强与相关部门的信息共享、政策联动，构建守信联合激励、失信联合惩戒的协同机制，推进诚信体系建设的规范化、制度化、长效化。

3. 积极开展人力资源和社会保障信用评价体系应用工作，将劳动力市场主体的信用评价结果作为实施行政管理的重要参考；创新事中事后监管方式，根据市场主体信用状况实行分类分级、动态监管，建立健全经营异常名录制度，对违背市场竞争原则和侵犯求职者、劳动者合法权益的市场主体建立"黑名单"制度。

4. 建立与完善守信激励和失信惩戒机制，对守信主体予以支持和激励，对诚实守信主体实行信用承诺、优先办理、简化程序等激励措施，对失信主体加大监管力度，将拖欠工资"黑名单"等信息共享，在经营、政府采购、获得荣誉、从业任职资格、资质审核等方面依法予以限制或禁止，实施联合惩戒。引导和促进市场主体建立自我规范、自我约束、自我激励、自我发展的人力资源管理模式，在全社会范围内形成劳资双赢、和谐共生的良好氛围，营造规范有序的市场环境。

八 加快劳动保障监察综合执法体制改革，提高劳动力市场监管水平

采取相对集中执法权的综合执法方式，推动执法力量向基层和一线倾斜，解决多层级、多头重复执法问题；全面落实劳动监察执法责任制，建立健全劳动保障守信激励和失信惩戒机制；加快人社领域行政管理与

执法技术规范标准化制订工作，构建以智能监察（互联网＋无线、移动互联网＋App＋智能终端＋大数据应用）为核心的劳动监察"互联网＋"大数据管理模式；建立信访、监察和仲裁"三位一体"多元化劳动纠纷调解和违法案件举报投诉办理机制。

福建省"十三五"现代服务业发展专项规划研究

黄阳平　黄浩　马明申

第一章　面临形势

一　发展基础

——产业规模持续扩大。服务业对全省经济增长贡献不断提高，成为全省经济稳定增长的重要支撑。

——产业结构不断优化。现代物流业、金融业、旅游业逐步成为福建省新兴主导产业。

——吸纳就业能力不断增强。服务业吸收了绝大部分第一、第二产业转移出来的富余劳动力。

——新业态、新模式不断涌现。2015年全省电子商务交易额7116亿元，同比增长42.6%。信息服务、现代物流、生态旅游、休闲养老、研发设计、商务会展等新业态快速成长，成为现代服务业新的增长点。

——开放水平不断提高。服务业利用外资和各种社会资本的规模逐步扩大，一批国内外知名的现代物流、金融保险、批发零售等大型企业相继落户福建，服务业国际化水平显著提升。

——政策支撑体系不断完善。

但也存在不少问题，主要表现为：总体上发展相对滞后，现代物流、金融、科技和咨询服务等生产性服务业规模较小，知识密集型的高端服务业尤为薄弱；传统服务业比重较大；高端人才不足；等等。

二　发展机遇

——产业转型升级，为加快发展现代服务业提供坚实基础。

——消费能力提升，为服务业发展提供新的动力。

——城镇化进程加快，为现代服务业提供广阔的发展空间。

——自由贸易试验区和21世纪海上丝绸之路核心区建设，为发展现代服务业提供有利的发展环境。

第二章　总体要求

一　指导思想

全面贯彻党的十八大和十八届三中、四中、五中全会精神，牢固树立创新、协调、绿色、开放、共享发展理念，落实国务院关于加快发展生产性服务业促进产业结构调整升级和关于加快发展生活性服务业促进消费结构升级等指导意见，主动引领新常态、把握新机遇，以产业转型、消费升级为导向，推动福建省生产性服务业向社会化、专业化和高端化延伸，生活性服务业向便利化、精细化和品质化转变，推进现代服务业集聚发展，与一二产业深度融合，促进全省产业转型升级，现代服务业发展提速增效、比重提高、质量提升，推动福建经济社会发展再上新台阶。

二　基本原则

——生产性服务业与生活性服务业并举。

——新兴产业培育与传统产业改造提升并举。

——三次产业融合发展与制造业主辅分离并举。

——集聚发展与全面发展并举。

三　发展目标

2020年服务业增加值占地区生产总值比重42%以上，力争达到45%，成为推动经济转型升级的重要支撑。

——结构进一步优化。

——集聚发展效应明显提升。

——新产业、新业态、新模式加快形成。

——区域中心作用凸显。

第三章 发展重点

一 生产性服务业

结合福建省产业需求和发展水平,重点发展以下九大领域。

（一）现代物流

到 2020 年,现代物流业实现增加值超过 3000 亿元,占地区生产总值比重达 7.7%。基本建成区域性国际航运物流中心、大宗商品分拨和仓储中心,成为"21 世纪海上丝绸之路"的重要物流节点。

——完善港口物流业。
——改造提升物流园区。
——建设物流互联互通枢纽工程。
——推进智慧物流建设。
——大力发展第三方物流。
——加快发展冷链物流。

（二）金融服务

到 2020 年,金融业实现增加值超过 3200 亿元,占地区生产总值比重 8% 左右。

——加快金融机构建设。
——推进区域金融创新。
——发展互联网金融。
——加快发展融资租赁。
——推进跨境金融服务。

（三）电子商务

到 2020 年,电子商务交易额突破 2.5 万亿元,建成福建特色突出、比较完善的电商服务体系、信用体系和物流配送体系,促进与农业、工业融合发展,推动经济转型升级。

——培育一批专业电商企业。
——创新电子商务发展模式。
——拓展跨境电子商务。

（四）信息服务

到 2020 年，"互联网＋"行动深入推进，传统产业转型升级成效明显，争取建成全国领先、国际知名的现代信息服务业集聚中心。
——做强软件服务业。
——加速推进互联网、物联网、云计算和大数据发展。
——提升信息服务水平。

（五）科技服务

到 2020 年，科技发展水平、创新能力和国际竞争力大幅增强，拥有一批著名的科技产品品牌和龙头企业，建成一批科技产业集群，科技服务业对经济提质增效的支撑能力显著提升。
——促进科技服务业创新发展。
——加快发展科技创业孵化服务。
——发展第三方检验检测认证服务。
——推动知识产权服务发展。

（六）服务外包

到 2020 年，服务外包业务规模力争年均增长 30%，产业结构明显优化，高技术含量、高附加值的服务外包业务占比显著提高。
——积极拓展服务外包领域。
——大力培育服务外包企业。
——创新服务外包模式。

（七）创意设计

到 2020 年，文创业实现增加值超过 2100 亿元，占地区生产总值比重达 5.4%，建成一批具有国内外影响力的创意设计品牌和一批国家级、省级工业设计中心。

——大力发展文化创意产业。

——加快发展工业设计。

——积极培育创意设计市场需求。

(八) 商务服务

到 2020 年，力争把福建省建设成国际性会展中心，形成一批有重要影响力的国际性、区域性品牌展会；建成集聚度高、特色优势明显的总部经济基地；拥有完善的商务服务体系和一批品牌商务咨询服务企业。

——做大做强会展业。

——着力发展总部经济。

——加快发展商务咨询服务。

(九) 节能环保

到 2020 年，环保服务业产值年均增长率达 30% 以上，大型骨干企业主要产品能耗基本达到国内先进水平，城镇污水、垃圾和脱硫、脱硝处理设施运行实现专业化、市场化。

——完善节能环保服务体系。

——促进节能环保服务产业科技型转变。

——创新环保服务模式。

二 生活性服务业

生活性服务业涉及人民群众衣食住行、商贸休闲等方方面面，与经济发展密切相关，加快生活性服务业发展是促进消费升级的重大举措。从满足福建省人民群众生活需要出发，重点推进以下六个领域。

(一) 旅游

到 2020 年，旅游接待总量突破 5 亿人次，旅游业增加值占地区生产总值的比重达到 8%，旅游就业人数稳步增长，旅游开发集约、服务优质规范，建成集观光、休闲、度假并重的我国重要的自然和文化旅游中心以及国际知名旅游目的地。

——优化产业发展布局。

——营造"清新福建"品牌。

——促进旅游与相关产业融合发展。

（二）健康服务

到2020年，基本建成结构合理、内涵丰富的健康服务业体系，形成一批优势特色领域和产业集聚区，形成一批拉动力强的消费新增长点，成为国内具有较高医疗服务水平的健康和休闲养生服务中心。

——着力培育健康服务体系。

——加快发展医疗卫生服务业。

（三）养老服务

到2020年，基本建成与经济社会发展相适应，以居家为基础、社区为依托、机构为补充，医养结合、功能完善、产品丰富、机制完善、规模适度、覆盖城乡的多层次养老服务体系。

——构建多层次养老服务体系。

——加快推进医养融合发展。

——打造养老服务产业链。

（四）商贸流通

到2020年，打造服务全国、辐射全球，集商品展示、商品体验、信息发布、价格形成、融资、现代会展、电子商务等功能于一体的国际化采购中心和订单中心，成为具有重要影响力的国际商贸大省，形成一批国内外著名住宿餐饮名牌，打造出福建住宿餐饮业名片。

——打造区域性国际商贸中心。

——加快提升批发零售业。

——着力建设多层次、安全、低碳的住宿餐饮市场。

（五）文化体育

到2020年，基本建成结构合理、网络健全、设施完善、运营高效、惠及全民的公共文化体育服务体系，文化体育产业发展跻身全国先进行列。

——大力发展文化产业。

——加快体育产业发展。

——全面加强文化遗产保护。

(六) 家庭服务

到 2020 年,建成社区家庭服务体系,提供较完善的各类全民生活服务。

——构建完善的家政服务体系。

——规范家庭服务市场发展。

——促进家庭服务业的技术提升。

未预期货币政策与企业债券信用利差

——基于固浮利差分解的研究*

郭晔　黄振　王蕴**

引言

随着我国资本市场的快速发展，债券市场作为直接融资的主要渠道之一越来越受到人们的关注。然而，在债券市场发展的同时，信用风险事件也时有发生。2014年3月的ST超日债事件成为中国债券市场首例利息违约案例，也被认为是债券市场刚性兑付的终结。自此，债市信用风险被广泛关注。

信用利差一般被认为是衡量企业信用风险的重要指标，但是，如果仅将信用利差解释为对违约风险的补偿，则会发现违约损失仅能解释信用利差的一小部分，信用利差会大幅高于违约损失。Amato and Remolona（2003）将此现象称为"信用利差之谜"。为了解开该谜题，学术界已从多个角度对信用利差的影响因素进行了较为深入的研究。Elton et al.（2001）认为信用利差的影响因素可以分解为预期违约损失、税收因素与系统风险溢价。此后，Driessen（2005）发现流动性风险与企业特定风险也是解释信用利差的重要因素。

然而，在以往的研究当中，较少学者考虑货币政策对信用利差的影

---

* 本文感谢教育部人文社会科学一般项目（项目编号：11YJC790053）和国家自然科学基金重点项目（项目编号：71131008）的资助。感谢匿名审稿人的宝贵意见。文责自负。

** 郭晔，经济学博士，教授，厦门大学经济学院/王亚南经济研究院；黄振，博士研究生，厦门大学经济学院；王蕴，经济学硕士。

响。20世纪80年代以来，随着以美国为代表的利率市场化进程的推进，学者们开始研究货币政策对债券市场的影响。Bernanke 和 Blinder（1988）与 Bernanke 和 Gertler（1995）根据货币政策的信用传导渠道，证明了货币政策通过改变企业的资产负债表影响企业债券市场。他们认为紧缩的货币政策导致利率上升从而降低了企业未来收入的现值，从而羸弱的资产负债表意味着高违约概率，进而导致信用利差扩大。Cook and Hanh（1989）选取美国20世纪70年代的数据，发现货币政策对债券市场利率的影响非常显著；而使用20世纪80年代的数据时，却发现货币政策与债券市场利率的关系十分微弱。与前者类似，Roley 和 Sellon（1995）则发现只有少数数据能证明货币政策与债券市场利率的关系，而且货币政策与长期利率之间的关系更加模糊而且经常出现变化。

90年代之后，伴随着理性预期学派的兴起，学者们发现可预期的政策因素对市场的影响并不大，相反，未预期到的政策因素则会对市场形成较大冲击。Edelberg 和 Marshall（1996）发现票据利率对货币政策的未预期冲击有显著的反应。Kim 等（1998）与 Beckworth 等（2010）的研究发现货币政策的未预期部分冲击对穆迪 Baa - 与 Aaa 债券指数的收益利差有显著的影响。随着 Kuttner（2001）提出运用远期利率分解货币政策的未预期部分，Kuttner（2001）与 Faust 等（2007）分析了货币政策与国债收益率之间的关系，研究表明未预期到的货币政策与国债收益率之间存在显著的相关性。Cenesizoglu 和 Essid（2012）和 Zhu（2013）则根据美国的联邦基金利率数据分解出利率变化的未预期部分，发现美国企业债信用利差与货币政策目标利率的未预期变化成正相关关系，未预期到的紧缩货币政策会导致目标利率迅速上升，债券价格下降。

从国内情况来看，自2014年7月以来，国内资本市场走出了一波股债双牛的行情。特别是2014年11月21日降息后，上证指数加速上涨，而债券收益率加速下滑。其原因是否仅仅在于央行的这一降息政策的变动，或是在于市场并未准确预期到央行的这一动作？通过查阅当时的财经新闻与证券公司研究报告发现，市场参与各方普遍对宽松的货币政策有一定预期，但基本都认为首次宽松的时点应发生于2015年。这一轮货币政策的未预期性也在一定程度上解释了降息后更为加速的股债双牛行情。

在研究中国货币政策与企业债券信用利差方面，多数学者尚未对货币政策的预期与未预期部分进行分解。张雪莹（2012）运用事件研究法，得出存款准备金调节对信用利差影响不显著的结论。戴国强和孙新宝（2011）与解文增和王安兴（2014）用流动性指标 M1 来代表货币政策，但研究结果却存在一些差异。前者认为 M1 对企业债券信用利差的影响为正，而后者则认为货币供给增速上升将使企业盈利状况改善，降低企业违约概率，导致信用利差下降。因此，在不对货币政策进行有效分解的前提下，以往的研究往往难以有效揭示出货币政策与信用利差的内在关系。

由于国内市场缺乏相应的短期利率期货产品，对于货币政策未预期部分的分解方式仍不成熟，因此，仅有极个别文献在该领域进行了探索。张勇等（2015）发现在央行与市场主体存在信息不对称时，市场主体会利用央行未预期货币政策所暴露出的经济信息调整自己的行为，而且市场主体预期的形成将随着经济周期阶段的转换具有时变性，进而导致未预期货币政策对于企业外部融资溢价的非线性效应。与国外类似，中国的未预期货币政策或许正是解释信用利差的重要因素之一，而国内的绝大多数研究并未对货币政策进行有效分解，从而得出较多不一致的结论。因此，如何合理地分解出货币政策的预期与未预期部分，并将之应用于研究货币政策与资本市场的关系将成为学术界关注的焦点。

鉴于此，本文从货币政策的视角特别是未预期到的货币政策，探讨企业债券信用利差的变动，研究未预期货币政策对企业债券信用利差的影响。基于 Kuttner（2001）与 Bernanke and Kuttner（2005）的方法与中国实务界的经验，本文围绕存贷款基准利率、法定存款准备金率调整这两类货币政策事件，运用固息债与浮息债的利差构造出预期到的利率变动，并通过上海银行间同业拆借利率的总变动分解出未预期到的目标利率变化，以其作为未预期货币政策的替代变量。实证分析了未预期货币政策对企业债券市场的信用利差产生的动态影响与非对称效应，得出的主要结论如下。

第一，对于货币政策的预期部分与未预期部分，通过对比目标利率的总变化与包含预期和未预期部分的目标利率变化对信用利差的影响，发现未预期目标利率变化与预期目标利率变化会引起企业债券市场信用利差的变化，并且未预期部分的影响效应大于预期部分，未预期的目标利率上升，会导致信用利差的增加。已有的研究成果指出，货币政策会通过信贷渠道影响企业财务报表进而传导至企业债的信用利差，本文亦得出了相同的结论。研究表明,"信用利差之谜"除了传统的宏观、流动性、企业个体因素外,货币政策的未预期部分也是解开该谜题的重要因素。

第二,对于经济周期的不同阶段,通过对比未预期的目标利率变化在经济周期不同阶段对企业债券信用利差的非对称作用。研究发现,货币政策的未预期变化在经济周期的不同阶段会对企业债券信用利差产生非对称性的影响,相比于衰退萧条期,我国货币政策于复苏繁荣期对企业债券市场的信用利差作用更加显著,其原因可能在于复苏繁荣期的信用利差相对较低,货币政策的调控对信用利差的边际影响较大;也可能在于衰退萧条期的货币政策被预期到的可能性较大。具体原因值得未来更深入地研究。

第三,对于不同期限的企业债券,无论是探讨未预期货币政策对信用利差变化的影响,还是分析未预期货币政策在不同经济周期对信用利差的非对称作用,本文均发现,中长期企业债券(1年期与5年期)的信用利差受到未预期的货币政策的影响较大,而短期企业债券(3个月期)则几乎不受影响。

此外,文章通过事件分析法设定的狭窄窗口,排除了其他经济信息变动所造成的遗漏变量影响。同时,通过引入调查法进行稳健性检验,进一步验证了未预期货币政策对企业债券信用利差的影响。

基于上述结论,本文认为,在利率市场化的背景下,我国货币政策的传导途径将会更加顺畅和显著,对于债券市场的影响也将日趋突出。为了更有效地实现对企业债券市场的调控,货币政策应关注以下三个方面。

首先,考虑适当引入规则型货币政策,管理市场预期。一直以来,我国实行以相机抉择为主的货币政策,相比于国外的规则型货币政策而言,国内的货币政策对市场的冲击更强,市场利率更加难以预测,这将会导致债券市场因为未预期到的货币政策而剧烈波动。因此,央行可考虑适当引入规则型货币政策作为操作手段,辅之以加强货币政策的透明度,通过舆论与窗口指导管理市场的预期,增强货币政策的可预测性,从而更好地引导债券市场行为,平抑市场波动。

其次,合理制定经济周期不同阶段的调控政策,促进债券市场健康发展。本文发现,货币政策在经济周期的不同阶段,调控效果会出现差异,因此,在该非对称性存在的情形下,货币当局在制定政策时,应当客观准确地判断当前的经济形势,建立健全不同阶段的调控政策,避免债券市场不必要的波动，促进债券市场健康发展。

最后，完善货币政策搭配方式，引导企业中长期的投资。相比于短期的企业债券信用利差，货币政策对于中长期企业债券市场的影响更为深远。而企业的投资项目一般也以中长期为主，这使得货币政策的调控可以与企业投资行为更加契合。鉴于此，央行应完善传统货币政策与新型货币政策的搭配方式，正如 2015 年 6 月初，央行结合正回购与 PSL（抵押补充贷款）实施了中国版的扭转操作（Operation Twist），回收短期流动性，释放长期流动性，平滑收益率曲线，降低中长期企业债券的信用利差，减少企业中长期筹资成本，合理引导企业进行中长期投资。

综上所述，本文提出了基于"固浮利差"分解货币政策预期与未预期部分的方法，解决了国内缺乏短期利率期货产品的问题，对于进一步认识未预期货币政策提供了一条有效的途径。同时，本文对解释中国的"信用利差之谜"形成了有益的补充，对于完善货币政策操作手段具有一定的借鉴意义。但该研究仍有较大的拓展空间，特别是对未预期货币政策的研究。随着未来利率市场化的实现，市场利率品种的完善，远期利率数据可以直接获得，目标利率也能够更直接地反映货币政策的实施目标，那么未预期目标利率的变化将更好地反映货币政策的未预期部分。

厦门市卫生人才队伍建设问题的调研报告（简版）

医卫人才队伍建设课题调研组[*]

近年来，厦门市大力引进和培养高层次医疗卫生人才，加速推进厦门市海峡西岸经济区重要医疗卫生中心建设，取得了一定的成绩，但仍面临着不少新挑战，特别是在医疗卫生人才发展方面还存在诸多问题。为了加强厦门市医疗卫生人才建设工作，调研组对当前厦门市医疗卫生人才发展情况进行了专题调研，现将调研情况报告如下。

一 厦门市医疗卫生人才队伍现状

（一）医疗卫生机构人力资源基本构成情况

据统计，截至2016年底，厦门市医疗卫生机构（不含个体诊所、药店）的人力资源总量为22712人，其中市属公立医疗卫生机构人员数为14184人，区属公立医疗卫生机构人员数为4683人，市管民营医疗机构人员数为3851人。

在上述医疗卫生机构人员构成中，卫生专业技术人员18865人，占比83%；非卫生专业技术人员3853人，占17%（见表1）。

表1 2016年厦门市医疗卫生机构人员构成统计

机构类别	构成	卫生专业技术人员	其他人员	合计
市属公立医院	人数（人）	11957	2227	14184
	构成比（%）	84	16	100

---

[*] 课题组成员：黄格成、邹悦、林璐、杨军、曾庆军、黄敏沁、林金水。

续表

机构类别	构成	卫生专业技术人员	其他人员	合计
区属公立医院	人数（人）	3986	697	4683
	构成比（%）	85	15	100
市管民营医院	人数（人）	2922	929	3851
	构成比（%）	76	24	100

资料来源：作者根据相关资料整理。后未注明的图表均为作者根据相关资料整理。

（二）医疗卫生机构卫生专业技术人员职称、学历分布情况

1. 职称分布情况

卫生专业技术人员中，正高级职称1074人，占6%；副高级职称1859人，占10%；中级职称5480人，占29%；中级职称以下10452人，占55%（见表2）。

表2 2016年厦门市医疗卫生机构卫生专业技术人员职称结构统计

机构类别	构成	正高级职称	副高级职称	中级职称	中级职称以下	合计
市属公立医院	人数（人）	844	1417	3744	5952	11957
	构成比（%）	7	12	31	50	100
区属公立医院	人数（人）	93	316	1279	2298	3986
	构成比（%）	2	8	32	58	100
市管民营医院	人数（人）	137	126	457	2202	2922
	构成比（%）	5	4	16	75	100

2. 学历分布情况

卫生专业技术人员中，博士418人，占2%；硕士2183人，占12%；本科8555人，占45%；本科以下7709人，占41%（见表3）。

表3 2016年厦门市医疗卫生机构卫生专业技术人员学历结构统计

机构类别	构成	博士	硕士	本科	本科以下	合计
市属公立医院	人数（人）	380	1896	4440	5241	11957
	构成比（%）	3	16	37	44	100

续表

机构类别	构成	学历 博士	硕士	本科	本科以下	合计
区属公立医院	人数（人）	14	178	2051	1743	3986
	构成比（%）	1	4	51	44	100
市管民营医院	人数（人）	24	109	2064	725	2922
	构成比（%）	1	4	70	25	100

（三）市属医疗卫生机构2012~2017年人员流动情况

1. 市属医疗卫生机构2012~2017年人员流入情况分析

据统计，2012~2017年共有7427人进入市属医疗卫生机构工作，其中编内2926人，占40%，编外4501人，占60%。

（1）流入人员年龄分布情况

从年龄结构看，30周岁及以下共4267人，占62%，31周岁至40周岁共2318人，占31%（见表4）。40周岁及以下的占比，说明厦门市医疗卫生机构对于青年医疗卫生人才需求量巨大。

表4　2012~2017年厦门市属医疗卫生机构流入人员年龄结构统计

构成	年龄构成 30岁及以下	31~40岁	41~50岁	51~60岁	合计
人数	4627	2318	377	105	7427
构成比（%）	62	31	5	2	100

（2）流入人员专业属性分布情况

从专业属性分布看，对于医生和护理人员需求依然最多，分别为2593人，占35%；3305人，占44%（见表5）。

表5　2012~2017年厦门市属医疗卫生机构流入人员专业属性结构统计

构成	专业属性 医	技	药	护	其他	合计
人数（人）	2593	286	277	3305	966	7427
构成比（%）	35	4	4	44	13	100

(3) 流入人员学历、学源结构分布情况

从学历结构看，人员学历层次有所提升。5年间共吸引博士199人，占3%，硕士1490人，占20%，本科3113人，占42%，本科及以上学历人员占65%（见表6）。从学源结构来看，毕业于985、211院校的人员达787人，占11%（见表7）。

表6　2012～2017年厦门市属医疗卫生机构流入人员学历结构统计

构成	学历构成				合计
	博士	硕士	本科	其他	
人数（人）	199	1490	3113	2625	7427
构成比（%）	3	20	42	35	100

表7　2012～2017年厦门市属医疗卫生机构流入人员学源结构统计

构成	学源类别			合计
	985院校	211院校	其他院校	
人数（人）	620	167	6640	7427
构成比（%）	8	3	89	100

2. 市属医疗卫生机构2012～2017年人员流出（含市内机构间人员流动）情况分析

据统计，2012～2017年共有2122人从市属医疗卫生机构流出，其中编内559人，占26%，编外1563人，占74%。

(1) 流出人员年龄分布情况

从年龄结构看，30岁及以下720人，占34%，31～40岁1033人，占49%，41～50岁161人，占7%，51～60岁208人，占10%（见表8）。可见正处于职业上升期的厦门市中青年医疗卫生人才（31～40周岁期间）成为流出的主力，其中还不乏培养多年的骨干型人才。

表8　2012～2017年厦门市属医疗卫生机构流出人员年龄结构统计

构成	年龄构成				合计
	30岁及以下	31～40岁	41～50岁	51～60岁	
人数（人）	720	1033	161	208	2122
构成比（%）	34	49	7	10	100

(2) 流出人员专业属性分布情况

从专业属性来看，医护专业人员的流失共计1636人，占总人数77%。其中护理岗位人员流动性较大，共计1049人，占49%（见表9）。

表9　2012~2017年厦门市属医疗卫生机构流出人员专业属性结构统计

构成	专业属性					合计
	医师	技术员	药剂师	护士	其他	
人数（人）	587	80	48	1049	358	2122
构成比（%）	28	4	2	49	17	100

(3) 流出人员学历、学源结构分布情况

从学历来看，相当一部分的高学历医疗卫生人才流出。5年间流出博士45人，硕士245人，本科790人，占51%（见表10）。其中毕业于985、211院校的人数为210人，占10%（见表11）。

表10　2012~2017年厦门市属医疗卫生机构流出人员学历结构统计

构成	学历构成				合计
	博士	硕士	本科	其他	
人数（人）	45	245	790	1042	2122
构成比（%）	2	12	37	49	100

表11　2012~2017年厦门市属医疗卫生机构流出人员学源结构统计

构成	学源类别			合计
	985院校	211院校	其他院校	
人数（人）	172	38	1912	2122
构成比（%）	8	2	90	100

(4) 流出人员去向情况

根据对已知具体去向的共计522名流出人员调查，我们发现市内人员429人，占82%，其中医院之间流动339人，占65%。市内流动去向主要呈现两个特点，一是低级别、低待遇医院向高级别、高待遇医院流动，二是三甲公立医院高层次骨干人才向复旦中山厦门医院、厦门弘爱医院、厦门大学翔安医院等新建大型医院流动。离开厦门市人员93人，占18%，

其中大部分回老家再就业，部分高层次骨干人才被吸引至如深圳这样待遇水平更高，就业环境更优的城市（见表12）。

表12　2012~2017年厦门市属医疗卫生机构流出人员去向统计

构成	去向分类						
	市外流动			市内流动			
	省内	省外	合计	医院	社区	其他	合计
人数	38	55	93	339	41	49	429
构成比（%）	7	11	18	65	8	9	82

二　厦门市医疗卫生人才队伍现存问题

从调研掌握的情况来看，尽管市委市政府高度重视医疗卫生人才队伍建设，但仍面临诸多难题。

（一）医疗卫生人才总量不足

厦门市每千人拥有执业（助理）医师2.84人和注册护士3.05人，与一线或准一线城市相比还有一定差距。特别是儿科、妇产科、麻醉、精神卫生及急救等急紧缺专业人才短缺严重。随着人口的增加、疾病谱改变以及人民群众对健康需求的提高，厦门市医疗卫生人才总量将更显不足。

（二）医疗卫生人才结构失衡

主要表现在以下几个方面。

一是人才队伍学历不高。具有博士学历仅占2%，具有硕士学历占12%，本科以下学历学位却占了45%。

二是高层次人才相对匮乏。正高级职称仅占6%，副高级职称10%；中级职称占29%；中级职称以下占55%。厦门市高层次医疗卫生领军人才及学科带头人数量不足，整体层次水平有待提升，真正能跻身国内（际）前沿的国家级医疗顶尖专家屈指可数。

三是人才流动性大。编制内外身份的差异导致的退休年龄、养老待遇、企业年金等区别，使人才归属性不强，编外人员流动频繁，影响了厦门市医疗卫生队伍的稳定性。正处于职业上升期的中青年医疗卫生人才成为人才流动的主力，部分高层次骨干人才被吸引至就业发展环境更优的城市。

（三）医疗卫生人才待遇水平不高

人才总体收入水平与其他省市同类同级医疗卫生机构存在一定差距，而生活消费成本又较其他同类城市高，急紧缺专业收入水平与工作量、工作压力及技术水平不成正比，承担公共卫生职能的机构人员收入待遇普遍偏低。

（四）医疗卫生人才引进、培养方面投入不足

厦门市对医疗卫生事业发展特别是人才经费的支持力度不大，目前仅给予部分新建医院人才经费支持，其余医疗卫生机构人才方面经费均需自主承担，这与其他一、二线城市相比有较大差距。如深圳，在2015年启动的"医疗卫生三名工程"计划中，已累计投入资金数百亿元，其中近三年针对国内外高层次医学团队引进就达228个，累计投入资金达45亿元。

三 厦门市医疗卫生人才发展的主要制约因素

一是缺乏鼓励创新的机制和勇于先行先试的魄力。深圳的创新驱动制定了属于大手笔的人才引进政策、"三名工程"计划和优化提升版的卫生健康人才队伍建设措施。相比之下，厦门市就束手束脚得多，比如使用人员控制数核定、职称晋升评定等医疗管理体制的改革相对滞后；出台的政策门槛高、覆盖面不足，与实际需求脱节。

二是缺乏成体系的医疗人才队伍建设政策及配套操作规程，也缺乏对实施情况进行效果评估并相应对政策进行修订调整的机制。比照深圳、珠海、西安等城市，厦门市现有政策缺乏吸引力，补贴力度与入厦成本不成正比，住房、配偶安置、子女就学等配套措施不如人意。

三是医疗发展平台不高，对高端人才缺乏吸引力。

四是医疗卫生机构普遍缺乏人才培养规划，与需要终生学习提高这一医疗卫生行业特点不相匹配，"重使用轻培养"现象比较严重。

四 医疗卫生人才发展策略建议

党的十九大指出，人民对美好生活的向往就是我们的奋斗目标。厦门市要建设高颜值高素质的宜居宜业之城，就要正确认识到医疗卫生水平是城市竞争的核心软实力，这不仅关系着医疗卫生行业人才引进和事业发展，也关系着其他所有行业的人才引进和发展，关系着全市产业的转型升级，关系着全市居民的幸福指数。

随着厦门市医疗硬件资源供给的大幅增加，我们急需一大批数量足、层次高的医疗卫生专业人才，因此在当前激烈的人才竞争中，厦门市应将推动医疗卫生事业发展工作纳入容错免责情形，鼓励广大干部敢闯敢试、勇于担当、大胆突破、创新作为，尽快调整完善相关人才政策，优化提升环境平台，以吸引更多的人才来厦安居就业。

（一）建立与完善突出医疗行业特点的人才政策

1. 创新医疗卫生机构使用人员控制数管理模式

重新核定厦门市医疗卫生机构的使用人员控制数标准；建立使用人员控制数动态调整机制；符合厦门市高层次人才及急紧缺人才的对象不纳入使用人员控制数的限制；借鉴深圳市员额管理模式，在部分医疗机构探索取消使用人员控制数的限制。

2. 建立"1+X"为框架的人才政策体系

重视人才政策顶层设计工作，在厦门市总体人才政策基础上，更新医疗卫生人才评定分类目录、人才评定标准及政策，整合现有政策，制定并出台新政，针对高层次、医疗科研、实用型临床骨干、社区基础性、"双一流"建设高校应届医学博士毕业生青年后备人才等不同类别人才，配套出台翔实具体、可操作性强的分类人才引进细则和实施管理办法。人才、财政、人社、建设、教育等相关部门应支持协助卫计委尽快完成政策制定工作。

应着重加大对高层次人才的优惠补贴力度，制定并引进高层次医疗人才团队的优惠政策；加强医疗卫生中端/骨干人才引进的顶层政策设计；不仅要重视科研型人才引进，而且要重视实用型临床高端、骨干人才引进培养，相应制定实用型临床人才引进及管理办法；加强对医疗卫生急紧缺人才的招录，重新制定急紧缺岗位专业目录，对于符合目录的专业，可降低对学历、年龄、职称等硬性条件要求，采用选聘方式录用，并给予一定金额奖励补贴；探索鼓励"双一流"建设高校应届医学博士毕业生引进的相关优惠政策。

注意存量人才的培养，将已在厦工作的人才一并纳入人才政策优惠范围，以调动和激发现有人才工作积极性与创造性；注意区别中、西医人才的差异性，积极引进全国名中医，将市中医院打造成"国家级重点中医院"。

3. 构建具有吸引力的医疗卫生人才薪酬保障体系

提高财政投入，加大专项补助。定期组织开展薪酬调查，科学指导厦门市医疗卫生机构工资总额的调整，力争厦门市医疗卫生人才薪酬水平能处于全国中上水平。提高厦门市急紧缺型医疗卫生人才的待遇水平，设立财政专项补助资金，根据急紧缺人才的所聘岗位、任职年限等给予按月补助。

运用市场机制，改革薪酬分配制度。探索灵活多样的薪酬形式，薪酬水平根据岗位、技术、贡献等进行分配，由协议确定，提高医疗卫生人员劳务报酬和绩效的比重。对于高层次人才，不受工资总额的限制。

4. 创新引才手段，完善引才机制，消除人才流动屏障

一是简化招聘程序，在招聘方式、次数上进行创新，探索互联网招聘、随时招聘等新模式。

二是加强对厦门市医疗卫生事业、引进人才政策、招聘方案的宣传力度，支持各大医疗卫生机构到全国各重点医学院校招纳贤才。

三是建立海内外医学人才动态数据库，探索多种引才模式，针对从"北上广"等高水平地区引进的人才拓展更灵活的柔性引才策略；寻求使用多元化的引才手段，加强人才引进激励，奖励在人才引进中成绩突出的单位和个人。

四是通过举办卫生人才发展环境推介研讨会等方式搭建高等医学院校和厦门市医疗卫生机构合作交流平台，强化人才"输血"通道建设。

五是对于承受高昂违约金辞职来厦人才，可参照所评定人才等级给予一定金额的人才违约补偿。

六是完善调入人才职称确认程序，优化医疗机构岗位设置，探索改进聘任管理模式，对于引进的高层次人才在岗位设置及职称聘用方面给予政策倾斜。

5. 建立退出机制

建立厦门市医疗卫生人才信用体系平台，对人才引进后发现不胜任的，应及时进行调整，取消、降低相应补贴或解除合约。

（二）加强配套措施完善服务管理

一是设立人才综合服务"单一窗口"平台，提供统一的政策咨询及"一对一"高级人才专员服务。完善"一事一议"制度，建立高层次人才诉求"直通市领导"机制，及时解决高层次人才在工作中所遇到的难点问题。

二是妥善解决引进人才的子女就学、配偶就业和住房问题。

人才子女可享受厦门市12年择校教育，简化办理子女入学、转学、借读等相关手续。

人才配偶经考核统筹安排工作岗位，给予接收单位一定数额的补贴。对确实暂时无法解决人才配偶就业问题的，政府可按照全市最低工资标准发放一定时限的生活补贴。

解决好人才住房问题。一是在医疗资源相对集中、交通便利的地区建设人才过渡房或公共租赁房，实行统一管理、限期租住。二是将现有的公租房由个人租住改为单位集体承租管理，给予各医疗卫生机构相对自主的分配权，供人才来厦过渡居住。三是对高层次人才购买商品房的，不纳入限购，首次购房给予税收减免、贷款额度放宽、利息补贴等优惠。四是采取灵活的产权递进比例政策，降低人才来厦初的购房压力。五是设立厦门人才驿站，为来厦应聘的人才提供短期居住。

（三）打造发展平台提高环境吸引力

一是建立厦门市医疗卫生人力资源基础数据库，为人才引进、培养和管理提供决策依据。

二是建立人才激励长效机制。对人才取得的业绩成果、新技术项目、科研成果等予以奖励和表彰。

三是支持医疗卫生机构开展教学科研工作。实施厦门市医院与国内一流医学院校"一对一"人才培养合作计划。大力引进国内知名医学院校的分校、校区、研究生院落地厦门市,并在用房用地、资金支持上给予倾斜。对与"双一流"高校合作共建临床医学院的机构,给予补助和奖励。增加对医学项目的科技立项项目数量并加大科研经费支持。

大力推进医学院士专家工作站、博士后工作站建设,打造临床、科研、教学、继续教育的一体化平台。

四是加强厦门市高等医学院校建设,夯实医疗卫生人才供给侧基础。支持与鼓励相关医学院校加强对儿科、麻醉科、妇产科、急救等急紧缺专业人才培养。

五是进一步推进厦门市基础卫生人才培养。加大对厦门市住院医师规范化培训基地的建设和师资培养,加强培训过程规范化和培训标准化管理。研究探索专科医师规范化培训制度。建设以模拟病人和模拟临床场景为基础的多功能医学模拟教学平台。

六是安排财政专项资金资助医疗机构、专业协会、社会机构举办高水平会议;将人才发展、学科发展专项经费单列,不纳入医院的收支平衡考核范围。

七是为青年人才制订个性化的中长期培养计划。采取补贴经费、停薪留职等措施,支持骨干人才赴国内外知名医疗机构学习培训,遴选一批卫生管理骨干人才开展职业化培训。取消出国次数和出访经费额度的限制,鼓励人才出国(境)开展国际性交流合作。

八是引导和鼓励社会资本举办高端综合医院或专科医院。积极规划建设集医疗、养老、旅游等功能于一体的高端医疗产业园健康综合体,打造国际高端医疗产业集群。

九是鼓励台湾和境外医疗机构来厦门,提供多样化、多层次医疗服务;支持本市医疗卫生机构加强与台湾和海外医疗行业的交流。

十是积极探索厦门市医师多点执业、自由执业模式,积极引进与发展"医生集团",给予医疗卫生人员更多的发展平台。

(四)建立厦门市人才政策"后评估"机制

厦门市先后出台了双百计划(2010年)、海纳百川人才计划(2013年)、拔尖人才(2013年)、人才新政45条(2017年)等一系列人才政策，一定程度上对厦门市医疗卫生事业的发展起了积极的作用，但受厦门市医疗水平和发展平台所限，政策实施效果并不乐观。因此，厦门市亟待建立人才政策实施效果评估、监测及动态调整的"后评估"机制。建议由市领导牵头，以市委人才工作领导小组为主全面组织开展人才政策"后评估"工作，对新出台的人才政策每三年为一周期进行效果评估，委托第三方机构对人才政策的实施情况及效果进行监测、分析和评估。对于经评估认定落地难、成效不理想的政策应及时调整，使厦门市人才政策与新时代对人才的需要保持动态契合。

新形势下推动落实在厦台企台胞享受同等待遇的建议

课题组[*]

中共十九大报告针对当前两岸关系形势，明确提出"逐步为台湾同胞在大陆学习、创业、就业、生活提供与大陆同胞同等的待遇"，为新时代的对台工作指明了方向。2018年初，根据市委书记裴金佳在市委书记与市各民主党派领导无主题座谈会上的指示，《新形势下推动落实在厦台企台胞享受同等待遇的建议》被确立为市委统战部重点课题，由市委统战部牵头组织民进市委、民革市委、台盟市委、市台联、厦门大学台湾研究院共同组成课题组。2月28日，国台办、国家发改委《关于促进两岸经济文化交流合作的若干措施》（以下简称"国家31条"）发布，迅速引发两岸民众的强烈反响，厦门市各级部门积极行动，主动对接"国家31条"提出贯彻意见。课题组与市台办紧密对接，并在市台办的大力支持下，先后参加了由市台办组织的3场共计60余人次的在厦台商、台干、台属、陆配、在厦就业创业台青、台生座谈会，同时课题组还参加了市委、市政府召开的40多个部门参加的征求意见会和市委统战部召集的21个主要涉台部门调研座谈会。市台办和各涉台业务部门在拟定《关于进一步深化厦台经济社会文化交流合作的若干措施》的过程中，课题组成员单位民进市委、民革市委、台盟市委、市台联以课题、

---

[*] 本文课题组由中共厦门市委统战部、民进厦门市委、民革厦门市委、台盟厦门市委、厦门市台联、厦门大学台湾研究院相关人员组成，具体有课题指导：张灿民；课题组组长：吴丽冰；课题组副组长：曾庆军、彭莉、周文勇、陈敏伟、张劲秋；课题组成员：邓利娟、季烨、吴蔷、邱明发、李明辉、简裕卿、苑香兰、王珊珊、李忠安；课题执笔：李明辉、彭莉、季烨。

提案、建议、信息形式提出，以及在此次课题调研中相继提出的一些意见建议，均被充分吸纳到《厦门市关于进一步深化厦台经济社会文化交流合作的若干措施》（以下简称"厦门60条"）。

4月10日，"厦门60条"正式颁布，在厦台经济交流合作、社会文化交流合作、台胞在厦学习实习、就业创业、居住生活等五个方面推出了60条具体举措，不仅推动"国家31条"在厦完全落地，还结合厦门对台工作实际，增加了新内容，充分体现了厦门作为对台工作重要前沿阵地的应有作为，得到了国台办的充分肯定。但同时也应该看到，两岸关系的特殊性和台湾社会的复杂性，决定了"做好台湾人民工作"任务的艰巨性、复杂性和长期性。为此，课题组拟重点就"厦门60条"在推进实施过程中可能忽视或需要引起重视的一些方面提出补充意见，就更好地推动落实在厦台企、台胞与陆企、大陆同胞"同等待遇"，率先实现对台工作从"台商"向"台胞"、从"经济领域"向"社会领域"拓展，提出进一步的对策建议。

一 紧紧把握"进一步深化"这一主题，立足创新突破，在更大范围领域扩大惠台政策受益面

鉴于"国家31条"大部分内容此前已在厦门先行先试并有效实施，而"厦门60条"亦无法做到对过往政策的"应表尽表"，因此，建议"厦门60条"在分解到各部门制定具体实施细则的过程中，应着力把握"进一步深化"这一主题，立足"创新"和"率先"，重点围绕提高"国家31条"落地实施成效、持续率先推出先行先试举措、借鉴外地经验补齐政策短板等方面有效推动，并尽快梳理部分需要提请中央或省政策支持的突破性举措，积极主动向上争取。

1. 着力提高"国家31条"落地实施力度

此次"国家31条"立足国家层面，重点围绕国家重大行动计划和国家重点研发计划项目等，针对台企台胞在产业、财税、用地、金融、文化影视、医疗等各领域参与大陆经济社会文化建设、分享大陆发展机遇而提出，具有明确的指向性，因而，结合厦门实际，提高"国家31条"的落地实施成效是当前的首要任务。

（1）"国家31条"针对台商投资类的5项措施，重点指向台资企业市

场准入，旨在进一步吸引台湾资金及人才进入大陆市场。"厦门60条"则相应细化并拓展为11项，新增项目重点指向放宽台资在厦门特别是在自贸片区的投资领域，以及企业注册门槛及产品准入等方面。

2018年起，全国统一的"市场准入负面清单制度"正式实施，负面清单主要包括市场准入负面清单和外商投资负面清单。为此，建议厦门市在贯彻落实过程中，尽快对市场准入方面的条款进行重新梳理，按照《外商投资产业指导目录（2017年修订）》中"限制外商投资产业目录"及"禁止外商投资产业目录"，结合《海峡两岸经济合作框架协议》、《厦门经济特区台湾同胞投资保障条例》、《自由贸易试验区外商投资准入特别管理措施（负面清单）》、"国家31条"等，梳理形成台商投资准入类的负面清单，允许台资企业根据一个负面清单原则在厦投资办企。

（2）"国家31条"针对银行类的4条措施，"厦门60条"相应细化为5项，其中"开通两岸征信查询业务"是落地实施中的重点和难点。征信业务缺失是制约台胞台企在大陆发展的重要因素，目前，上海、平潭、福州等地已制定相关举措并引入台湾地区征信机构。建议厦门市加快引进具有相应资质的征信机构提供台湾地区信用报告查询服务；支持在厦金融机构开展"互联网+金融+征信"业务。建议将台资企业信息、个人信息纳入厦门社会信用信息共享平台，协助台资企业及台胞建立信用档案，为台企台胞提供征信服务。

针对"台资银行可与大陆银行合作为实体经济提供金融服务"，建议支持推动在厦成立"台商银行"，支持在厦金融机构为本市台资企业提供专项授信。此外，针对"台湾金融机构、商家可与中国银联及大陆非银行支付机构依法合规开展合作，为台湾同胞提供便捷的小额支付服务"，建议支持台资法人金融机构在大陆台商密集区开设网点，延伸服务。

（3）"国家31条"针对执业资格、人才评定及科技成果转化类共涉及7个方面，"厦门60条"相应细化并拓展为9个方面。其中"对台湾地区知识产权在大陆转化的，可参照执行大陆知识产权激励政策"这方面由于上位法的制约因素，厦门在落实过程中还应采取更灵活的措施确保政策落实。目前厦门对专利转化的激励政策主要依据是《中华人民共和国专利法》及其实施细则，由于专利权具有地域性，且台湾地区专利无法确定其权利变更情况，导致该措施难以在厦落实。建议支持并采信台商协会、律师协会等第三方机构核验的台湾知识产权转化信息；设立专利孵化引导基金，引导孵化在厦门自贸片区注册、经营且引进专利、版权、商标等知识产权的台资企业进行知识产权转化。

设立"海峡两岸科技成果转化与产业化基金"，成立两岸技术交易转移中心，促进台湾科技成果在厦转移转化；在台湾注册的企业和个人在厦申请专利同等享受费用减免。此外，建议在厦台湾医师可依据《厦门市医师多点执业管理办法（试行）》相关规定，在法定范围内开展多点执业。

（4）"国家31条"针对文化影视产业类共涉及8项创新措施，均被台湾方面解析为"扩张"或"新措施"，"厦门60条"相应归纳为6个方面，对此，厦门应进一步加大落实力度。

针对加快推动两岸影视文化产业的合作交流，建议进一步发挥好海峡两岸文博会、图书交易会、两岸电影周等平台和载体功能，建设两岸影视创意、制作、营销、展览中心，把厦门打造成两岸影视文化交流的重要基地。

针对"对台湾图书进口业务建立绿色通道""鼓励台湾同胞参与中华经典诵读工程"，建议充分发挥鹭江出版社等在厦出版机构在促进海峡两岸图书交流与合作方面的独特优势，为台湾图书进口提供专业和导向支撑，做好台湾图书进口落地推广、大陆图书输出到台湾地区，以及两岸经典诵读等具体项目的对接，为两岸同胞共同参与中华经典读物的发行和传诵搭建优质高效的平台。

针对"鼓励台湾同胞参与非物质文化遗产传承发展工程"，建议结合台湾传统服务业在厦发展现状，将台资餐饮业纳入老字号保护管理，鼓励支持在厦门有较高知名度、较好商业声誉、较高市场占有率的台湾地区服务业传统品牌参与国内品牌评选、推广活动，如推动台湾名小吃参评中华传统名小吃等。

针对"台湾科研机构、高等学校、企业在中国大陆注册的独立法人，可参与申报国家重点研发计划"及"台湾同胞可申报国家自然科学基金、国家社会科学基金、国家杰出青年科学基金、国家艺术基金等各类基金项目"，建议相关部门在落地政策中相应细化明确为：台湾同胞可申请厦门市各类重点研发计划（课题）和各类基金项目，包括但不限于厦门市社会科学调研课题、厦门市科技计划项目等。

（5）"国家31条"针对公益类共2项。针对"台湾地区从事两岸民间交流的机构可申请两岸交流基金"，建议厦门市适度统筹或整合分散在各部门的两岸交流经费，设立"厦门市两岸交流基金"，以项目牵引的方式，将资助主体逐步从台湾地区机构扩大至两岸相关团体和个人，优先支持两岸青年合作创新创业、两岸民间文艺团体交流互访、两岸文化遗产合作保护、两岸宗教宗亲交流等特色项目。

2. 进一步先行先试，扩大惠台政策覆盖面

为进一步落实"两岸同等待遇"政策措施，此次"厦门60条"在"国家31条"的基础上，新增了针对在厦台胞台属居住、通行、就学、创业、就业、实习以及政治、社会参与各方面近20条相关举措，旨在从更大范围、更多层面为台胞在厦生活提供便利，为台企在厦更好更快发展创造条件。建议各相关部门在此基础上，进一步扩大惠台政策覆盖面，提升在厦台胞融合度、认同感。

（1）明确台湾学生可自主选择参加"港澳台侨联考"或"国内高考"，其报考专业的选择或限定可参照执行港澳台侨联考的相关规定。

（2）鼓励两岸合作办学。支持在厦创办两岸合作办学的高职院校。

（3）在厦的大中小学校（含各类职业院校、民办学校）招收在厦台湾贫困家庭子弟，比照大陆贫困生或少数民族地区（如：维吾尔族、藏族）生源助学办法，同等提供学费减免和助学金资助。

（4）认可台湾身心障碍人士在康复、教育、就业创业、文化生活、旅游、社会保障等各方面享有与大陆残疾人士同等的待遇。凡持有台湾地区颁发的身心障碍手册或者身心障碍证明的身心障碍人士，经台湾地区公证机构公证并经大陆部门确认后，即可等同于大陆居民的残疾人证，享受与大陆残疾人在各方面同等的待遇。企业接收在厦台湾残疾人享受与陆企同等政策待遇。

（5）在厦就业台胞可参照国家有关探亲规定，在探亲假期、探亲旅费报销等方面与大陆居民享受同等待遇。

（6）对首次到厦门观光旅游的台湾同胞，给予一次性旅费补贴。

（7）在厦门空港"国内出发"厅通道增设"港澳台"专门通道，持中华人民共和国核发的中国公民证件出入港澳台地区的港澳台胞，可在专门通道办理出入境手续。

（8）对接收台湾大学生实习的企业，参照对推荐台湾学生来厦实习、见习的人才服务机构的奖励办法，给予相应的奖励；提高对企业接收台湾"首来族"大学生、"应届大学毕业生"的奖励和补贴办法。

（9）率先依托全国唯一一家以"两岸"命名的区域性股权交易中心——厦门两岸股权交易中心，抢占两岸资本市场体系合作中的空缺地带——专为中小型台商台资企业服务的区域性股权交易市场，先试先行打造全国首个服务两岸台资企业的"台资板"，支持拥有专利权和知识产权的台资中小企业进入两岸区域股权交易市场。按台资企业进入两岸股权交易中心市场挂牌展示并接受规范辅导服务，以及完成股改并在两岸股权交易中心挂牌交易，分别给予一次性企业奖励。支持符合条件的中小微型台资企业在两岸股权交易中心通过联合打包申请发行集合可转债和运用非金融企业债务融资工具进行融资。

3. 对标外地创新举措，补齐厦门市惠台政策短板

多年来，随着两岸经济文化社会全方位的交流交融，各地在贯彻落实中央一系列对台大政方针的过程中，也在对台工作方面不断创新突破，如2016年温州等地向台胞发放市民卡、2017年上海"卢丽安现象"，等等，值得我们借鉴和复制。

（1）尽快开放台胞办理市民卡。目前，厦门正在推进市民卡办理工作，建议同步开放在厦台胞办理厦门市民卡，用市民卡取代台胞证，让在厦台胞能够更便利地办理图书馆借书、乘坐公交、地铁刷卡进站、轮渡市民通道、公共自行车、公共事业缴费在线办理等市民化待遇。

（2）支持台湾地区的福建（厦门）工商团体为当地投资者来厦投资经商办企业提供商事登记代办服务，推动商事登记"离岸受理"。

（3）针对台湾投资主体与大陆投资主体新设公司以及因为股权转让导致台资转内资、内资转台资等企业行为，除国家有特殊限制之外，可参照内资企业的设立和变更登记模式，将审核制转变为备案制，并简化备案手续、缩短备案时间。

（4）台湾同胞投资企业协会可依法设立台湾同胞投资企业信贷风险补偿基金，引导金融机构扩大对台资企业信贷投放。

4. 积极提请中央、福建省政策支持，率先在厦开展惠台措施试点

时至今日，大陆陆续推出的诸多惠台政策，其中一个鲜明的特色就是强调福建在惠台政策方面上的先行先试角色和功能。特别是多项惠台政策涉及福建地区，充分说明了中央要求福建省继续进一步发挥独特的对台优势，为促进和推动两岸关系和平发展做出先行表率。为此，厦门应积极主动争取更为开放的政策支持并使之有效落地。

（1）积极争取在台湾专业技术人员执业资格直接认定方面形成突破。截至目前，大陆已向台湾居民开放了53项专业技术人员职业资格和81项技能人员职业资格考试，尚未开放的专业技术人员职业资格仅有6项，但在直接认可台湾地区执业资格和专业职称方面仍存在很大的操作空间。2011年福建省已在平潭开展此项试点工作，即允许持有大陆与台湾可以接轨的专业技术职业资格证书的台湾专业技术人员，通过备案或岗前培训换证等简易程序即可在平潭综合试验区执业。为此，建议根据《厦门市重点发展产业指导目录》《厦门市重点产业紧缺人才引进指导目录》，"对台产业合作指导目录"，相应梳理出可以在自贸试验区（厦门）片区、厦门自主创新示范区、海峡两岸金融合作试验区等特殊区域试点从业，和在全市范围从业的"台湾专业技术人员执业资格直接认定"项目，提请上级部门放开试点支持。

（2）逐步放宽《外商投资产业指导目录》"限制外商投资产业目录"中一些大陆市场需求旺盛，且台湾方面具有比较优势的投资项目中台资的持股比例，如：台胞在大陆投资音体美等培训机构的持股比例，电影院的建设、经营持股比例，等等。

（3）对隐名投资台企恢复为显名投资时减免个人所得税。

（4）当前由于取消就业证的呼声很高，"厦门60条"也相应提出了"台湾同胞可以根据个人需要选择办理就业证"。但根据《最高人民法院关于审理劳动争议案件适用法律若干问题的解释（四）》第十四条规定，若台湾人才在大陆就业但未办理就业许可证，其与用人单位之间无法被认定为劳动关系。因此，就业证办理自由选择，势必影响台胞在大陆就业期间合法权益的保护。建议针对台胞在大陆就业与用人单位之间劳动关系认定，允许只以"劳动合同"为认定标准。

（5）积极争取在厦试点"允许在厦定居的台胞参加社区居民委员会选

举"。目前国家有关部门只批准福建平潭进行试点。

二 有效突破"政策通达率"这一瓶颈，运用科技手段提高惠台政策实施成效

课题组在调研中了解到，在厦台企台胞多年来反映最为集中的问题还在于大陆惠台政策在运行机制和政策通达方面存在不少问题，主要存在政策通达效果不佳、政策评估机制匮乏、政策执行监测滞后等突出问题，限制了诸多惠台政策社会效应的放大。厘清这些问题并着力克服，将有助于"厦门60条"及各类中央和省市区各层面的各项惠台政策举措产生实质成效。

为此，建议由市台办委托第三方机构开发建立惠台政策大数据平台，依托大数据平台的有效运营管理，实现政策通达、执行、反馈、评估、监督全周期的跟踪落实，从整体上提高惠台政策效应。具体建议如下。

1. 政策归集

由平台统一归集中央、省、市、区各部门各个时期发布的对台政策措施，跟踪汇总现有发布对台政策的国家、省、市权威网站或公众号，自动采集对台政策信息，进行聚类分析，将台胞、台企、台湾岛内民众关心的各类政策信息进行预处理，归类存放到大数据中心，并在此基础上分门别类梳理业务应用。

2. 政策推送

（1）线上：依托政府部门权威网站推送，邀请权威人士对最新政策法规进行解读；针对在大陆的台胞，可通过"厦门台办"微信公众号主动推送，并实现线上咨询、受理等业务；针对在大陆的台企，平台给予台企开放数据接口或注册用户，建立台企"直通车"通道，实现政策快速下达、响应、咨询、受理；针对台湾岛内民众，可以通过在岛内宣传、引导、关注平台公众号，或制作专门App进行推广，让政策直达台湾岛形成口碑效应，并延伸到岛内各类企业、大专院校、社区、居民，推动惠台政策在台湾岛内更广泛的宣传面和受益面。

（2）线下：通过设立于市台办的台胞服务中心、台胞驿站和在台胞较密集地区的各级政务（服务）中心建立单一窗口统一受理涉台政策咨询、服务、业务办理等。同时宣传推广平台的工作号、直通车等信息化操作使

用方法。

各部门在办、补、换证（卡），审批等台胞反映较集中的窗口服务和事项办理过程中，应着力缩短审批时限、简化审批流程、提高审批时效。如：当前台胞反映相对集中的就业证办理、台胞证遗失补办、银行卡办理、市场准入审批等。

（3）组织编印《厦门新市民手册（台胞篇）》或《台胞在厦生活指南》等便民手册；组织开展两岸法律术语和规则差异类比汇编，并通过各类窗口服务向来厦台胞分发。

3. 政策反馈

平台汇聚政策制定方、执行部门、台胞、台企和台湾岛内民众等政策目标的利益相关者数据，通过平台建立及时、便捷、可靠的关于政策效果的反馈直通道，建立原始反馈信息档案保存或记录、分类制度，形成大数据，通过行为分析模型、热点分析和人员流动分析，可有效监测和分析台胞对政策的关注度和关注行为，以及政策执行过程中存在的问题，对政策改进的意见建议，等等。

4. 政策评估

通过对各方对政策的关注度和关注行为、政策反馈进行大数据分析，自动评估政策执行情况，保障惠台政策在执行过程中一旦发生问题得以及时纠正，并为政策更新、完善提供依据。

5. 执行监督

依托大数据平台，将政策制定方、执行部门、政策评估专家、台胞、台企和台湾岛内民众多方整合在一起，通过专家评估算法，多维碰撞分析，在平台上直接形成权威的监督、控制机制，实时监督政策执行效率。

三 充分重视"当好排头兵"的角色定位，立足长远，法规先行，在推进两岸融合方面继续发挥前沿堡垒作用

实行台胞台企同等待遇的最终目的是为加速两岸融合、促进两岸统一服务。因而，着眼长远，继续发挥好对台工作地方立法的先行优势，持续推进厦台经济文化社会各领域交流，加大台湾同胞对大陆的黏合度，强化台湾经济对大陆的依赖度，促进两岸同胞"心灵契合"，厦门还应发挥更

大的先行作用。

1. 尽快启动台湾同胞居民待遇法制化的可行性研究

1994《厦门市台湾同胞投资保障条例》是厦门市获立法权之后制定的第一部涉台法规，也是国家《台湾同胞投资保护法》颁布后大陆最先公布的配套性地方性法规，25年来，该条例在吸引台商投资、保护台商权益、促进厦台交流等方面发挥了重要作用，并做出了表率。但是，在两岸关系进入深水区的背景下，多年来中央和地方涉台立法均侧重于台商投资的单一立法模式已逐步呈现结构性缺陷，无法满足两岸关系发展利益多元化的需求。在全力推进"法治中国"建设的过程中，完善涉台立法已是大势所趋。在此过程中，厦门有基础、有能力也有责任先行先试，为中央提供地方经验，并进一步凸显厦门在地方对台工作方面的品牌效应。为此建议：

（1）尽快启动《厦门经济特区台湾同胞投资保障条例》的修订工作。随着两岸关系的发展，该条例部分条文已不再符合实践发展的需要。例如，在立法技术方面，该条例"头小体宽"，名为保护"台湾同胞投资"，却大量纳入了保护"台胞权益"的规定；在立法内容上，该条例关于台胞出入境签注的规定已不合时宜；关于台商投资的认定、征收及其补偿、投资争端解决等条款，均与《海峡两岸投资保护和促进协议》不相匹配。尤其是考虑到国务院已将修订《台湾同胞投资保护法实施细则》（以下简称《实施细则》）工作提上议事日程，厦门市更应尽快启动《厦门经济特区台湾同胞投资保障条例》的修订工作，做好与国务院《实施细则》发布时间的衔接，继续巩固厦门市在涉台地方立法方面的绝对优势。

（2）启动《厦门经济特区台湾同胞居民待遇若干规定》（暂定名）的立法可行性研究。中共十八届四中全会通过的《中共中央关于全面推进依法治国若干重大问题的决定》提出，要运用法治方式巩固和深化两岸关系和平发展，完善涉台法律法规，依法规范和保障两岸人民关系、推进两岸交流合作，依法保护台湾同胞权益。因此，将散落在相关规范性文件中的惠台措施进行系统搜集、整理并科学评估，将行之有年、行之有效的各种举措及时上升为特区立法，适时启动《厦门经济特区台湾同胞居民待遇若干规定》的制定研究，推动涉台法律体系的调整对象从"台商"向"台胞"拓展，工作领域从"经济"向"社会"领域延伸，政策重心从"参照涉外"向"同等待遇"过渡。这是深入贯彻新形势下习近平总书记对台工作重要思想，落实"两岸一家亲"理念的重要举措，是运用法治方式维护两岸关系和平发展的必然要求，也有助于为推进对台工作制度化建设提供地方经验。

2. 先行探索更具创新力的"同等待遇"举措

加快推进两岸更便利的人员往来，加强经贸合作，增进心灵契合，为率先实现两岸融合打下更坚实基础。

（1）加快推进厦金跨境经合区建设，把推动建设"厦金共同家园"纳入规划。

在当前两岸关系发生变局之际，厦金关系的重要作用与地位无疑更显突出。如果我们能够把握中共十九大提出的对台大政方针和政策举措，进一步深化厦金两地的交流合作，真正达成"厦金融合、两岸典范"的目标，就有可能使厦门与金门成为新形势下两岸关系发展的"机会之门"。为此，建议通过设立厦金合作发展委员会、建立常态化的厦金合作行政工作对接机制和设立厦金融合发展智库等，规划厦金深度融合共同愿景。

一是加快厦金基础设施互联互通的建设，强化厦金两地实质连接：进一步提升"小三通"的通关能力，开展"大陆—福厦泉—金门—台湾岛"无缝对接顺畅通行服务；推动"厦金通道"建设实质进展；结合金门未来发展的功能定位，统筹研究做好包括厦金市政通道、城际铁路和城市轨道、翔安新机场的接入空间预留；继续推动厦金水电气工程。

二是加快厦金人员往来。在对台湾民众免签注的基础上，对闽南地区往返金马澎地区给予免签证或"一年多次往返"签注的便利。发挥开放来厦暂停人员赴金旅游的政策优势，进一步简化赴金旅游办证手续，打造厦门赴金游集散中心，推进厦金游艇直航双向发展的规模化与常态化，大力促进更多来厦游客延伸赴金游。与金门共同打造厦金"海峡旅游"品牌，一方面，共同开发厦金海域旅游资源，发展海洋观光休闲旅游业；另一方面，拓展与延伸两地双向旅游，共同做大做强海峡旅游品牌。

三是在自贸区对台战略定位下和推进自由港建设的规划中，将金门因素优先纳入其中，大力推进厦金经贸合作，促进厦金地缘经济利益的最大化：将金门开发建设纳入厦漳泉同城化规划发展，着力推进厦金在观光旅游、移动通信、免税购物、职业教育培训等方面深度合作；利用自贸区建设的有利机会，采取有力措施，支持厦门企业对金门投资，以加快金门社会经济发展，加强厦金产业分工合作，强化双方经济关系；率先对金门生产的产品减免相关进口关税，率先放宽金门服务业准入厦门市场的门槛。

（2）以推动交流增进两岸同胞共同福祉，互利双赢增进"心灵契合"。

彻底改变以往闽台产业合作就是对台"招商引资"的观念与做法，把加快构建两岸深化产业合作示范区作为目标，重点提升两岸航运物流领域合作、开展厦台跨境电子商务合作、积极建设两岸青年创业创新创客基地。创新面向台湾的监管服务制度。自贸区除了进一步实施更加便利的台湾居民入出境、专业人才任职等政策外，还要积极推动大陆居民出入台湾的便利化措施。积极争取厦门涉台事务省级审批管理权，拥有一定限度的审批赴台交流权限，扩大赴台游、赴金游审批权限，适当放宽厦门居民、来厦人员及福建居民等往来台湾通行证的签注规定。

（3）密切文化交流争取台湾民心，文脉相通促进"心灵契合"。

文化融合是核心认同。以闽南文化生态保护区建设为载体，推动闽南戏剧音乐、宗教民间信仰和民俗活动蓬勃发展。一是厘清闽南文化的"家底"，推动闽南文化涌现出更多精品吸引台湾艺术团体和台湾民众共同参与。二是建立闽南民间文化艺术交流基金，支持鼓励两岸专家从事闽南民间文化和民间艺术的研究和学术交流；鼓励、支持两岸民间文化艺术团体的互访演出、人员来往、学术交流、市场化合作。三是依托闽南地区非物质文化遗产项目、民间文化艺术之乡、民间社团和各级代表性传承人，整合两岸闽南民俗文化资源，大力发展具有闽南文化特色的两岸民俗文化旅游。定期举办"海峡两岸闽南民俗文化节"，配套举办"两岸民间文化艺术品产业博览会"、"两岸民俗文化发展与合作论坛"、"两岸民俗文化及民间艺术品贸易洽谈会"和"两岸民俗文化及民间艺术品交易展销会"等展会，构建两岸民俗文化及民间艺术交流的合作发展平台。

（4）加快构建并持续推进两岸青年交流与文化认同新机制。

依托现有的两岸青年交流团体搭建更多的合作管道，制订《2018~2028两岸青年交流行动计划》，按短、中、长期分别制定相应的交流目标、计划、措施等，系统化、常态化推进两岸青年交流，使两岸青年交流形成全方位、立体式、大覆盖面、纵横交错的大格局，形成做好台湾青年工作的工作体系。在此框架下，一是建立"海峡两岸青年交流中心"，支持两岸青年从事两岸社会、文化、教育等方面的创新研究与实践，并以此为平台和载体，常态化开展两岸青年实质性交流，如举办"两岸青年交流节"，按每年十二个月，每月一个主题：电影、文学、绘画及雕塑、公共艺术、手工艺及农业、新媒体、民族文化（少数民族）、传统习俗（汉族）、公共议题参与、慈善、环保、中小学教育等 12 个议题，促进两岸青年将自身对文化的理解和吸收成果相互展示。二是在现有青年交流品牌如"海峡青年论坛""两岸青年学者论坛"等持续做深的基础上，建构两岸青年网络对话机制。三是建立"青年精英交流"项目，开展两岸大学生、研究生或青年教师的交流，青年社会活动家或青年领袖的交流，青年演员或文化工作者的交流等。

（5）进一步推进台湾制造业转移厦门。

蔡英文上台以来，调整了政治和经济策略，台湾经济结构出现了一些新的变化：一是制造业回流台湾比预期强；二是出口大幅增长，机电产品在大陆和东盟的进口市占率多项第一；三是"新南向"产业布局取得成效。2017 年台湾地区 GDP 增长率为 2.83%，大大超过预期，这给福建的"赶超任务"增加了巨大压力。目前福建的企业成本已经与台湾本岛相差很小，且福建的用地成本、物价成本、工资成本等方面都较高，而福建市场本身不大，产业政策的一贯性也有待加强，近年来对台资的吸引力呈弱化态势。因此建议：一是厦门市土地用途管理制度方面给予一定的灵活性。现代工厂很多既是制造基地又是服务基地，如果土地用途仅划定为工业用地，很多配套的生产性服务就无法开展。二是提请中央对厦门自贸试验区进一步扩区试验。大陆自贸试验区的政策和模式与台湾自贸港区的政策基本相当，而通关效率却不及台湾。台湾自贸港区通关方面的高效弥补了用地不足的劣势。当前，福建自贸试验区用地不足，特别是制造业用地稀缺，不能有效发挥自贸区"货物自由"的功能，因此建议提请中央对厦门自贸片区扩区试验，加大工业用地供给，重点发展先进制造业。

福建自由贸易试验区厦门片区建设对策研究（简版）

李友华　郑建阳　刘永贤　苏俊华　吴丹洁　陈少华　肖金发
翁燕　田蕊　李佳伟　陈善文

福建自贸实验区厦门片区自2015年4月21日成立以来，通过制度创新，破除制约市场发挥配置资源决定性作用的体制机制障碍，行政效率明显提高，开放水平持续提升，新型贸易业态加快培育，改革试验任务相继实施，已经显示出改革创新和发展活力，为国家深化改革和扩大开放积累了可复制可推广的经验。2017年1~7月，实现国内生产总值311.4亿元，同比增长13.1%；进出口总额967.59亿元，同比增长32.2%。挂牌至2017年9月，厦门片区累计新增企业2.9117万家、注册资本5575.65亿元。初步形成国际贸易、航空维修、融资租赁、航运物流、高端制造、金融服务、创新创业等七大产业。研究报告在大量调查的基础上，对厦门自贸区建设的现状、取得的成效作了简要概述，对厦门自贸区建设存在的突出问题，包括法律法规的完善和清理滞后于改革需要、宏观管理部门审批流程繁冗拖沓、制度创新系统集成性不高、名称核准尺度放宽负面清单阙如、单边开放难以真正推动对台"区区对接""两个方案"区域范围不一致不利于"一区三中心"发展、试点范围空间有限难以满足功能转型和产业升级需求等问题进行分析，提出了加快调整和清理与自贸区发展不相适应的法律法规、推动国家层面成立集约高效的自贸区宏观管理机构、纵深推进制度创新系统集成、多规合一制定自贸区企业名称核准负面清单、加快促进产业集聚发展和业态增值能力提升、完善商事登记制度改革制度、构建对台合作服务平台建设两岸融合发展示范区、合理利用区域空间范围科学谋划扩区储备等一揽子切实可行的方案和政策建议。研究成果既适用于厦门自贸区建设实践，又能为国内其他自贸区建设提供决策参考。

建设完善厦台青年创业基地的研究

徐艳　倪宇婷

建设完善厦台青年创业基地，是当前做好台湾人民工作的政策选择，是新形势下对台交流合作先行先试的重要任务和内容，不仅具有突出的政治和社会意义，也与经济发展密切相关。近年来，厦门市积极推动两岸青年创业基地建设，取得了较好成效。但厦台青创基地建设还存在一些问题。课题组调研访谈两岸青创基地，走访有关部门，梳理厦门市发展现状，查找问题及原因，借鉴国内外创业基地建设的实践经验，结合台湾青年特点和厦门实际，提出厦台青年创业基地建设的对策建议。

一　拓宽引才引智渠道，有效形成人才支撑体系

1. 打破对台宣传壁垒，建立信息对接机制。聘请名媒、专家，特别是青年网络写手撰写厦台历史、文化方面的文章，通过文章、评论、影视剧、综艺节目等多层次文化产品，入岛宣传。与台湾世新大学等岛内知名新闻传播类院校交流，学习台湾传媒业制作手段，熟悉受众特点和舆情调研等，更有针对性地开展对台宣传。

2. 创新人力资源服务，建立市场化引才机制。鼓励厦门市台商协会、台青会等社团组织带动社团成员，每年定期赴台开展台湾专业人才对接会，配套开展形式多样的研讨会、政策宣讲会、项目对接会等。完善人力资源中介服务，引导台湾人力资源机构在厦开拓业务，对推荐台湾青年来厦见习实习的人才服务机构，给予奖励。

3. 先行先试，完善在厦就业机制。聘请有经验的台湾青年担任副主任，提供台胞就业及创业综合服务，对接政府有关部门，使得台胞服务更加专业化。设立厦台劳务派遣公司和实训基地，为台湾青年提供"一站式"实习就业服务。继续坚持对台公开招聘事业单位人员及国企高管。参

照厦航模式，厦门市各国企相应招聘部分台湾青年任职；厦门市理工、医学、职业教育高校选聘台湾青年来校任教；各区教育部门招聘台湾青年到督导、教研、心理辅导等工作；各区招聘台湾青年到社区参与垃圾不落地，社区服务，青年志愿者等工作。

二 优化创业生态系统

1. 建立两岸青创基地与"双自"协同联动机制。争取跨境电商行业开放，推动对台金融服务创新、知识产权合作创新。集中资源发展信息技术、计算机及通信设备、金融商务、文化创意等新兴产业，推动一批重点台湾青创项目落地，形成链条，建成集群。

2. 建立两岸青创基地多元化发展机制。推动创业孵化基地向新型工业化产业示范基地和特色园区方向发展。有机衔接各区、各部门已有工作基础，引导各个两岸青年创业基地依其载体、位置、产业、配套等要素，差异化发展，形成个性特点和发展优势。

3. 完善两岸青创基地推进政策。细化实施办法，放宽准入门槛，优惠政策年龄由 40 周岁延长至 45 周岁；对创业启动资金等的政策扶持，运营一年的期限限制，调整为视项目进展情况，按半年或分期分段适时兑现。

三 完善创业服务体系

1. 加快青创基地转型升级。重点培育龙头骨干基地，形成大中小项目相互配套、大中小基地聚集发展的格局。加强对北京、上海、深圳知名众创空间的招商，加强国际合作，链接国际创新资源，提升平台服务质量与水平。有效提升青创基地的孵化功能，推动青创基地由功能单一的物业服务为主向孵化功能和服务功能完善的创业孵化基地转变，向专业化、特色化、规模化转变。

2. 建立市级技术服务平台。建立"市级科技服务资源信息共享平台"，实现与国家相关大型数据库网的连接共享。促进重大科技设备、重点实验室等公共科技资源向社会、企业开放；实现在线查询预约全市各类重点实验室、工程中心、公共服务平台和科研机构的基本信息；在线预约高校、企业、科研院所的各类分析测试仪器；在线提供科技文献、标准、情报等信息服务，为台湾青年在厦创新创业提供技术条件，形成各类创新资源互通共享的局面。

3. 建立重点项目跟踪机制。重点加强对优质创业项目的筛选、扶持，完善项目辅导、对接企业，帮助项目良性成长。有针对性地帮助青创企业与大企业产品、产业链接，完善创新创业展示平台和成果对接机制，完善初创成果评估、检测、收购等专业服务，提高创业成功率。

四 完善金融支撑体系

1. 优化财政资金运用。加大财政资金对科技研发的扶持奖励。改变政府资金扶持方式，采用拨改投或者项目跟投有偿模式。按照"投入—运营—退出—再投入"的股权投资模式，财政资金政府资金进入企业后，阶段性占有企业股份，不控股，不参与企业经营，在企业经营走上良性循环后，政府占股资金再按照退出机制适时退出。

2. 完善政府产业引导基金建设。采用引导基金加担保机构，引导基金加社会投资，引导基金加股权投资等三种模式，增强对种子期、起步期等初创期企业和团队的资金支持。通过将科技成果转化与产业化基金转为注册资本、并按每年5000万元~1亿元的持续投入的方式，不断扩增科技成果转化基金的总盘子，逐步将基金量扩大至5亿元~10亿元。由政府部门或国企与大陆民营企业合作成立台湾青年创业天使基金及股权投资基金，其中政府占小部分即可，主要希望鼓励民间资本给予好的台湾初创团队天使投资、股权投资等全产业链的股权融资机制，可以采取3GP模式多方面管理，经由科学合理的管理模式，促进好的项目成熟壮大。

3. 大力吸引创业投资（风险投资）基金在厦落地。市金融办牵头，以两岸金融中心为主要基地，以组建基金产业链为目标，大力引进投资公司、股权投资基金管理公司、金融机构和类金融机构，布局建设科技项目与金融资本对接平台、融资路演平台、企业上市前的股权交易平台等。搭建创业供需会等推介平台，引导"天使投资"、民间金融投资、商业银行、投资公司等资金主体对台湾青年创业的投资。放宽风险投资损失的补助条件，鼓励风险投资基金在两岸青年创业基地开展业务。参照深圳、温州等地政府鼓励风投基金的做法，股权投资企业投资于厦门市初创期的中小微创新型企业，因投资失败导致清算或减值退出而形成项目投资损失的，按其实际投资损失金额20%给予风险补助，调整为由科技创投基金出资中的

50%部分先于其他出资人承担亏损，其余亏损，科技创投基金按出资比例承担。取消同一股权投资企业申请风险补助金额累计不超过500万元的限制。

4. 在两岸银行业务合作中作出新突破。建立两岸信用评级互换机制，对接台湾地区"金管会"以及"中华信用"等信用机构，加强信用评级业务合作，建立在厦台湾青年个人和企业信用体系，为在厦台湾青年开展金融业务提供支持。支持厦门银行设立台北分行，探索引进台湾银行在厦设立分行，率先在大陆开通台湾青年开办信用卡、小额贷款等业务。争取率先在大陆开办首家两岸知识产权专业银行，以自贸区内现有的商业银行为基础，设立"自贸区知识产权支行、知识产权分行"，进行知识产权金融业务的试运行。依托两岸知识产权银行，并与两岸知识产权交易运营中心相结合，率先开展两岸知识产权股权投资、投贷联动、知识产权收储与运营、知识产权信托融资、知识产权融资租赁、知识产权证券化、知识产权期权、知识产权并购咨询等知识产权金融服务新模式。鼓励银行对两岸青年基地中的台企进行投贷联动，对投贷联动的贷款，按现行科技金融政策予以贷款贴息。

5. 在两岸互联网金融作出新探索。设立"两岸科技企业互联网众筹平台"，开展以股权众筹为主的互联网众筹融资服务试点，结合互联网的力量，利用众筹模式，开拓线上、线下一体化的融资渠道，为两岸科技型中小企业提供多样化的融资方式和融资服务。打造基于产业互联网金融的新模式，依托产业互联网大数据分析，着力于青创企业经营各个环节的资金需求，为产业链上各发展阶段的企业提供多样化、个性化、全生命周期的金融服务，解决其财务及融资难题。台湾青年创业在国内无法贷款及融资。台湾青年在内地缺乏资产抵押物，造成国内金融机构不敢贷款。建议采取与台湾金融机构合作，或者在台湾已有代表处的中资银行合作，将其台湾资产用来抵押贷款外保内贷。

五　完善公共服务体系

1. 建立综合性信息服务平台。由市台办牵头，整合各有关部门、基地、企业、社会服务机构等信息资源，建立"台湾青年来厦服务中心"网站和App，实现政策宣导、就业创业、生活帮助等综合服务。建立台湾青年在厦数据库,对台湾青年就业创业意愿、行业、地域、年限等进行大数据分析,掌握动态,总结规律,做好引导服务工作。

2. 完善台湾青年的市民待遇。建议给在厦门市就业创业台胞办临时身份证。推动卡式台胞证打印机票、线上值机等,增强生活便利性;允许其按市民待遇购买商品房,申请保障房、参与公共事务等。高校改进台生的管理方式,实行"趋同"管理,开展"台生陆生结对子活动"。对即将毕业的台生提供就业指导,组织台生参加台湾人才专场招聘会,简化就业报到等有关留厦手续。进一步打造国际化教育环境,引进国外优质教育,推动增设多层次的国际学校,推进厦台中小学交流合作,建立友好学校,满足台籍家庭多样化需求。

3. 灵活设计台湾青年在厦参保方式。允许台湾青年可自愿选择参加厦门市社会保险制度或继续保留台湾地区社会保险资格。若台湾离厦返回台湾工作,允许其基本养老保险个人账户储存额和基本医疗保险个人账户结余额同本人社会保险关系一同转移;无法转移的,经批准可一次性支付给本人。在台湾地区办理退休手续并开始领取养老金的台湾专业人才,在大陆地区的社会保险关系终止,其基本养老保险个人账户储存额和基本医疗保险个人账户结余额可一次性支付给本人。

4. 建立更加开放包容温馨的环境。重视在大陆台生的工作,多增加在大陆小台生的归属感,建议注重对在大陆台生教导培养,走进大陆家庭,多了解中华文化和祖国大陆文明繁荣,让小台生对大陆有家的感觉进而影响台湾的亲戚朋友。重视大陆配偶的积极作用,影响台湾亲友,给两岸婚姻适当的政策照顾,促进两岸交流与和平统一。各级工商联、台联、妇联和青年等群团组织,安排适当名额由台湾人士担任执委、委员、理事或特邀代表。目前已有台湾人士卢丽安加入共产党,建议参考卢丽安教授的模式,由台盟或其他有意愿的民主党派尝试开放个别长期在大陆发展,吸收认同两岸和平统一的台湾青年加入,用于体现对于台湾青年积极参与政治的表现。

加快创建国家历史文化名城的研究（简版）

课题组[*]

1. 确立总体定位与目标

确立传承并发展的总体目标——厦门在历史文化遗产保护上，保护并发展成中国海洋文化历史名城、世界闽南文化发源中心、世界著名华侨文化之乡、国际知名生态文化城市。

最终，期许实现的愿景——厦门在历史文化遗产保护上，持续保护并发展成国际一流的山川形胜美、发展品质美、多元人文美、地域特色美、社会和谐美，高素质的创新创业之城，高颜值的生态花园之城，中国梦历史文化遗产保护样板城市。

2. 厘清厦门地方特色和历史价值

地方特色历史资源。包括闽南文化、台海缘系、海洋商贸、侨乡风情、异国文化、名人文化等多元文化融合的特色。

历史文化核心价值。一是历史上东南沿海的海防战略要地；二是近代东南沿海主要贸易口岸及闽南门户城市；三是近代多元文化融合的前沿及东方文化重要输出地；四是近现代福建华侨文化传承的中心；五是近现代海岛城市建设的典范。

历史文化突出普遍价值。以海洋文明为引领的国际性海岛城市，是著名的侨乡和闽南门户城市，也是"海丝"的重要节点。

3. 建构全域保护体系

在历史价值评价的基础上，落实保护纲领，即制定厦门历史文化遗产

---

[*] 课题组成员有：郭竞艳、李晓峰、孙若曦、陈忠良、邹惠敏、罗先明、贺捷、黄若诚、肖鸿堉、林振福、朱郑炜、冯道杰、施斯、詹丽婷、谈振、曾志向、陈毅伟、李劭杰、许雪琳。

的整体保护体系。体系的架构应建立在完整的保护内容、明确的保护范围、系统的空间体系和明晰的保护层级上。

完整的保护内容。首先，完善法定保护要素的类型，在法定体系内完整化。根据城市具体历史遗存情况，应在法定体系内尽量完善文化遗产保护要素的类型建构。其次，拓展特色保护要素的类型，在法定体系外特色化。紧扣地方特色，增加一些法定外的分项，并逐步通过地方立法定化。再次，扩大各类保护要素的规模。通过积极扩充保护类型、细化保护层级来实现保护要素的全覆盖。最后，延伸各类保护要素的广度。条件成熟时可以跳出行政区划限制，从更大区域范围，提出区域文化遗产协同保护的概念与做法。

明确的保护范围。关于厦门文化遗产保护范围，在空间上划分为市域范围、历史城区范围、历史文化街区（世界文化遗产）范围和文物古迹范围四个保护层次。市域范围。与城市总体规划范围一致，包含思明区、湖里区、海沧区、集美区、同安区和翔安区，土地面积1699.39平方公里（含滩涂）。历史城区范围。包括本岛旧城区历史城区，用地面积约2248.7公顷；同安古城区历史城区，用地面积约156.6公顷；集美学村历史城区，用地面积约135.2公顷。历史文化街区范围。包括鼓浪屿国家级历史文化街区、中山路历史文化街区和集美学村历史文化街区。文物古迹范围。包括历史风貌区（地段、传统村落）、不可移动文物和历史风貌建筑等。根据相关法规，历史文化名城的保护范围应包括历史城区范围、历史文化街区范围和文物古迹范围三个保护层次。

系统的空间体系。对应保护范围的划定，形成四个层面的空间保护体系。市域层面。依托于全市域历史文化脉络的梳理，建构市域层面的文化遗产保护结构，统筹保护城市历史风貌区、山川形胜、自然环境和历史环境，划定保护范围，作为城市发展建设的管控依据。历史城区层面。是历史文化名城的法定保护层次，应明确保护范围，确定适合于保护历史城区的社会经济发展战略，确定合理的城市布局和发展方向，改善城区功能，保护历史空间形态和重要景观视廊，给文物古迹以突出的展现。历史文化街区层面。是一个独立的法定保护层次，亦包含于历史文化名城的法定保护层次中，其法定的空间控制层级包括保护区、建设控制地带和环境协调区。应保护街区历史格局、整体风貌、历史街道、文物古迹及历史环境，延续街区功能，在保护其文化价值的同时带动街区可持续发展。文物古迹层面。其所包含的历史风貌区（地段、传统村落）、不可移动文物和历史风貌建筑等均是法定保护要素，应严格依据各自法定管控要求保护。

明晰的保护层级。在保护体系中，按照保护要素的法定性，划分为法定控制和规划控制两个层级。法定保护要素，列入一级管控，不应缺位，具体指国家、省、市已经颁布相关法规进行保护的文化遗产，严格执行保护；法定保护要素以外，对城市发展历史有重要意义的遗产要素类型作为规划控制，采用预保护模式，列入二级管控，避开耗时和繁冗的认定程序，先行划定保护范围随后按年度推进认定与定级，形成良性动态保护。

4. 探索可持续保护方法

在全域文化遗产保护体系框架下，积极探索文化遗产保护的可持续方法与策略，从顶层设计到实施落实全面引导城市文化遗产工作的开展。

首先，从物质保护走向文化战略。构建战略引领、统筹保护发展的框架，需要建立一个城市的文化行动纲领，为城市参与名城申报竞争提供顶层战略引领，以彰显价值特色为基本出发点，在明确保护底线的基础上，制定全域文化发展策略和保护行动计划，有计划有步骤地推动名城申报，使名城保护作为公共政策做到可管可控，实现名城保护对城市发展的文化和空间双引领。

其次，针对空间体系中的不同层级设置不同的保护方法。建立以城市发展战略和总体规划为统领，以名城保护规划为基础，以城市设计为支撑，以详细规划和建筑设计为具体落实手段的多层次空间保护技术框架。市域层面，必须将历史文化名城保护纳入城市发展战略之中，明确名城保护中的方向性、战略性和原则性问题，使得名城保护与社会全面发展相融合；历史城区层面，发挥城市设计手段丰富、综合协调、动态引导的特点，因地制宜地将保护和发展两种诉求在历史城区空间层次上予以落实，形成以历史格局为根本，文化遗产资源为核心，历史肌理为基础，历史环境为保障，并与城市布局相匹配的保护与发展格局；历史文化街区层面，借由详细规划有序实施城市修补和有机更新，着力解决历史文化街区经济活力式微、环境品质下降、空间秩序混乱、文化遗产损毁等问题，强调民生导向，改善人居环境，完善基础设施，促进街区整体风貌和环境协调，恢复街区的功能和活力；文物古迹层面，推动历史建筑保护利用，加强工业遗产和近现代优秀建筑的保护、更新及其合理利用，推进保护利用项目实施落地与配套政策出台等。

最后，促进文化遗产的可持续利用。以保护促发展，彰显历史文化名城促进城市长远发展的可持续战略，全面构建文化遗产保护、展示与利用体系。借由城市旅游发展展现名城传统格局和历史风貌，带动文化和相关产业的发展。注重历史文化街区、历史建筑和非物质文化遗产的活化利用，为不再用作原来用途的文物和历史建筑寻找既能传承历史文脉，又能适应社会发展的合适用途，赋予新的使用功能，为可持续性发展创造条件。

5. 统筹多元共治实施制度保障

落实文化遗产保护共同缔造、强调底线思维，制定责权明细及落地措施，全面建立文化遗产实施保障机制。

组织制度保障。地方政府应建构全域历史文化遗产保护政府管理机构，负责城市文化遗产的统筹保护与发展工作，通过多部门协同共治、市区联动，统一部门和各层级的保护行动。此外，政府可以通过制定专业机构、规则，激励社会组织与民众来完成保护政策的实施。政府退至"后台"，利用规则间接管理，仅做最后的裁定，既充分发挥多元共治的优势，保证公平性和中立性，也可以减少政府人员编制的压力，摆脱政府事必躬亲而又力不从心的窘境。

法律配套保障。与上层法律配套衔接，制定厦门本土的文化遗产保护治理法律依据，推进各类文化遗产保护法律法规的编制和修订工作。畅通社会监督渠道，加强层级监督，优化行政部门执法督察力量配置。加强保护执法工作，强化预防管控，建设文化遗产执法管理平台。严格责任追究，建立文化遗产保护责任终身追究制，健全保护工程全过程审核质量负责制。将文化遗产保护法规纳入普法教育，做好文化遗产保护法规的宣传普及工作，落实"谁执法谁普法"的普法责任制，切实提高全民保护意识和守法的自觉性。

资金保障。专项资金保障，主要来源于财政拨款、收益所得和社会捐赠，是名城保护最基础的经济保障。区级以上人民政府要把保护经费纳入本级财政预算，设立保护专项资金，主要用于文物建筑和重要历史建筑的修缮整治以及人居环境改善；其他资金保障，主要来源于贷款利率优惠、开发补偿和市场经济手段，应积极引导和鼓励社会力量参与，多措并举，探索对文化遗产资源密集区的财政支持方式，在土地置换、容积率补偿等方面给予政策倾斜。

技术保障。健全文物古迹登录制度，完善认定标准，规范认定程序；制定文化遗产的降级撤销程序和退出机制；建立文化遗产资源总目录和数据库，实现文化遗产资源动态管理和信息资源社会共享。推动文化遗产保护与现代科技融合创新，重点支持传统技术方面的科技攻关，建立跨部门的协同创新工作机制。加快人才培养，形成结构优化、布局合理、基本适应文化遗产事业发展需要的人才队伍；重视民间匠人传统技艺的挖掘、保护与传承；完善专业技术人员评价制度，加强高等院校、职业学校文化遗产保护相关学科建设和专业设置。

全民参与和社会监督保障。全民参与、多方决策，完善全民参与政策，制定利益相关者参与历史文化保护决策的政策，制定面向民众用的常态化专家咨询机制，给予合理优惠政策引导监控企业参与；鼓励民间合法收藏，支持非国有博物馆发展；鼓励向国家捐献文物及捐赠资金投入文物保护的行为。社会监督方面，培育以文化遗产保护为宗旨的群众自治模式，充分发挥志愿者作用，建设文化遗产保护全民监督格局。

近期实施工作建议。启动申报工作，建立组织制度；明确工作重点，落实责任单位；成立专家团队，把关工作方案；明确财政预算，落实申报资金；强化宣传保障，落实共同缔造。

二等奖

推动完善"台厦欧"货运常态化机制提升厦门港转口贸易竞争力的研究

厦门海关课题组[*]

"台厦欧"货运是我国国际物流新通道，完善这一海铁联运机制，不仅有利于拓宽和形成台湾地区与中东欧地区商品贸易的便捷通道，使台湾人民共享祖国大陆经济发展红利，而且有利于提升厦门港转口贸易竞争力，进而服务于厦门自由贸易试验区建设、自由贸易港区的探索。目前"台厦欧"货运运营正处于市场培育期，加强"台厦欧"货运常态化机制与厦门港转口贸易的研究意义重大。

一 "台厦欧"货运发展面临的问题

（一）"中远之星"轮运行举步维艰

当前，"台厦欧"台厦段货运的主要运输载体是"中远之星"轮。然而，"中远之星"轮面临经营困境。一是航运市场低迷，营运压力巨大；二是两岸滚装政策进展不顺，无法实现双向平衡；三是市场竞争加剧，运价不断刷低；四是两岸关系不确定因素多，对台客滚装业务经营面临更加严峻的形势；五是"中远之星"轮更新事宜日益迫切，而新船所需的巨额投入是企业面临的巨大困难。

（二）货运模式有待完善

一是清关手续复杂，企业耗时耗力；二是流转操作的时间紧张，时效

---

[*] 课题组成员：刘松武、王华、施智源、陈宜荣、刘天祥、颜俊雄、林岳、胡莉莉。

难以保证；三是中欧（厦门）班列舱位是否能优先对台湾货源开放尚未明确，直接影响着业主积极性。

（三）受限铁路运力压力，调拨时效性受影响

相较于其他运输方式，铁路运输时效性受线路、天气、运力及铁路部门调拨的影响较大，遇到物流堵塞还缺乏便利的替代方案。

（四）长期依靠政府补贴，脱离市场化运营

因国际海运市场持续低迷，产品可替代性较高，铁路运输成本优势不突出，班列至今尚未真正实现盈亏平衡，需政府补贴来支撑运营，不利于真实地反映企业的经营业绩，长久以往也会加剧财政收支的矛盾，难以为继。

（五）市场揽货困难，货源失衡严重

由于目前台湾航线大多靠泊厦门岛内，转运至海沧成本高，且与班列接驳时间存在一定的空当，造成企业的参与度还不够高。同时，由于班列刚起步，当前能覆盖到的货源市场容量有限，造成货源严重失衡，单一客户（冠捷电子公司）所占业务比例超过70%，整体运营风险较高。

二　对策建议

（一）政策扶持方面的建议

1. 国家层面政策扶持

一是建议构建中欧班列可持续发展运行机制。中欧班列要可持续发展，就必须以强有力手段对现有中欧班列运行机制进行整合，建议考虑采用"统一自有结合、分段分程实施"运营模式。"统一自有结合"是指我国各地中欧班列公司按比例入股成立的中欧班列总公司，以实现统一品牌与各地自有品牌相结合；"分程分段实施"是统一和自有品牌分段分程使用，"中欧班列公司"统一规划中转集散枢纽城市，各地中欧班列公司承担该城市到中转集散枢纽城市之间的货物集散业务，"中欧班列公司"

统一经营中转集散枢纽城市到欧洲各地的往返运输业务。

二是建议赋予厦门港第五航权开放试点。允许外籍航运企业在国内其他港口与厦门港（如厦门海沧保税港区）之间进行"自船自带"试点，促使船舶运输经营者调整航线，将在高雄港、香港转运的国内进出口货物吸引到厦门港进行中转，为转口贸易发展插上腾飞的翅膀。

三是建议赋予厦门过境口岸资质和国际中转集拼试点。充分利用现有物流产业和海上运输基础，更好地开拓台湾地区、东南亚地区经由厦门到欧亚的海陆联运通道建设，为"台厦欧"货运常态化发展提供充足的运量货源。

2. 地方层面政策扶持

一是建议持之以恒地将"台厦欧"货运发展与厦门港口规划布局相对接。现行经邮轮中心、海沧港区区域流转的模式难以满足常态化发展需要，必须在港口规划布局时充分考虑"台厦欧"货运常态化所需的港口集疏运体系的建立，提高货运效率，从规划层面最大限度地避免低水平重复建设，促进各港口、港区合理分工、错位发展。

二是建议建立多式联运监管中心。当前以中欧（厦门）班列作业场（海投出口监管仓）升级改建而来的监管中心，与多式联运监管中心有相当大差距。因此，建议高标准组建多式联运监管中心，打造集公路、铁路、海路联运为一体的综合型现代物流产业基地。同时，由厦门市政府牵头成立"台厦欧"货运协调小组，统一调配、协调和监管，加快通关效率和便利性。

三是建议出台国际集拼扶持政策。研究按箱量对国际集拼业务实施业务奖励，加大对纳入贸易出口统计业务的扶持力度。对国际集拼公共平台的设立、运营商给予一定政策支持，对入驻企业的操作费用实行减免。

四是建议深化口岸降本增效。据统计，厦门港在整体通关和物流装卸方面，所用的成本要比台湾高约25%，仍需进一步研究降低物流成本。因此，建议规范引导市场性收费，推行厦门口岸"一站式服务"收费清单，实现外贸进出口手续办理一单到底的全流程服务。

五是建议加强厦台港口合作。深化集装箱、散杂货、客运滚装等港航领域业务合作，尝试共同经营两岸航线，实现两岸船运公司舱位互换、共享，以两岸贸易便利化促进"台厦欧"货运发展。

（二）要素保障方面的建议

1. 提升口岸通关便利化水平

一是加快智能信息化建设与应用，提升物流高效化水平和厦门港营商环境。二是深化"单一窗口"升级改造，全面启动国际贸易"单一窗口"3.0版项目建设。三是延伸负面清单和备案制的运用范围，促进货物的高效便捷流通。四是深化口岸大通关合作，实现口岸信息互换、监管互认、执法互助。

2. 提高转口贸易竞争力

一是发挥自贸区先行先试优势。鼓励境外主体或大型境外物流公司在自贸区设立SPV公司①，解决"台厦欧"物流由于铁路运单不是货权凭证而影响买卖双方信任的问题。

二是打通信息公开堵点。由厦门市政府牵头建立一个整合海关、船代、银行、运输公司的舱单、提单、船运等信息的查询平台，解决物流和资金流匹配的问题。

三是建立海关、银行、工商等单位多种数据源的转口贸易数据库，引导转口贸易发挥其应有的作用，支持实体经济发展。

四是健全外管和海关企业分类管理制度。争取对信用等级好的企业，在限额内允许企业外汇收支自由，免予先收后支，同时加大事中事后监管力度。

3. 加强口岸部门执法的国际合作

一是探索与台湾口岸部门的执法合作。以厦门、高雄两地海关为试点，加强关务口岸窗口协作。

二是积极打造洲际口岸合作。推动厦门海关与波兰、俄罗斯、英国、西班牙等"台厦欧"货运航线重要口岸建立关际合作，加强口岸通关合作。

---

① SPV（Special Purpose Vehicle）公司，称为特殊目的机构/公司，其职能是在离岸资产证券化过程中，购买、包装证券化资产和以此为基础发行资产化证券，向国外投资者融资。

三是大力拓展"安智贸"项目①覆盖范围。目前，厦门开通的"安智贸"航线仅有4条，参与"安智贸"航线企业仅4家，覆盖面、受惠面仍较小。要积极提名更多的"安智贸"航线，争取将厦门铁路航线在"安智贸"上将先发优势转换为核心优势，构建台湾产品经大陆中转欧盟的高速通道。

---

① "安智贸"项目，全称中欧安全智能贸易航线试点计划，是贯彻世界海关组织《全球贸易安全与便利标准框架》的示范性项目，通过中欧海关以及海关与企业的合作，完善亚欧之间贸易供应链安全与便利的规则，实现对集装箱及箱内货物的全程监控，建立安全便利的智能化国际贸易运输链而实施的一个试点计划。

厦门市服务贸易创新发展系列咨询报告

厦门理工学院　何军明

一　加快推进厦门市服务贸易发展，培育经济增长新动力

世界经济已经逐步进入服务经济时代，经济全球化已经由以货物贸易为主的阶段进入以服务贸易为重点的新阶段。服务业和服务贸易已经成为推动世界经济复苏的新引擎和新动力。厦门具备发展服务贸易的潜力和基础，已经形成一定的优势，可积极创新发展服务贸易，培育经济增长新动力。

当前厦门市服务贸易发展仍存在一些不足：一是服务贸易规模偏小，与国内其他一些大城市相比差距较大；二是服务贸易占对外贸易总额的比重相对较低，服务贸易占对外贸易总额（货物和服务进出口之和）的比重低于全国水平；三是新兴行业尤其是技术含量高、附加值高的新兴行业占服务贸易比重偏低，服务贸易传统行业比重偏高，服务贸易产业结构有待优化；四是服务外包工作亟须提升，厦门市未能列入2016年国务院公布的15个国家服务贸易创新发展试点，在商务部对服务外包示范城市的综合评价（2016）中厦门市位居21个中国服务外包示范城市倒数第3位。

对此，我们认为可以从以下几个方面推动厦门市服务贸易创新发展。

1. 进一步明确服务贸易的重要地位，通过培训使全市各相关部门干部和相关企业了解和重视服务贸易。在市政府相关工作和文件中进一步提升和明确服务贸易的重要地位，将服务贸易作为厦门经济的新增长点来培育。鉴于政府各相关部门和干部以及企业对服务贸易了解较少，可组织各类服务贸易知识和统计的相关培训，全面提升厦门市相关人员对服务贸易的认识水平和重视程度。

2. 可仿照厦门市对服务外包的扶持政策，制定具体措施加大对服务贸易企业的支持力度，建立服务贸易专项扶持资金，重点扶持一批服务特色

出口基地。可仿照对服务外包的扶持政策，制定更加具体的服务贸易扶持政策，建立服务贸易专项扶持资金。一是加大重点企业培育的资金支持力度，积极培育龙头企业，对有发展潜力的企业进行重点支持；二是重点扶持一批服务特色出口基地，包括邮轮旅游、软件和信息服务出口、飞机及其零部件维修服务、文化服务出口（油画、动漫网游、文物拍卖、影视制作等）、教育服务出口以及跨境电商、供应链等，培育厦门外贸出口的新的竞争优势；三是重点扶持新兴行业服务贸易，优化服务贸易结构，如重点扶持比重偏低但发展潜力大的高新技术研发、信息技术服务、金融服务、文化贸易、飞机及零部件维修等新兴行业。

3. 完善服务贸易和服务外包共创的工作机制。建议将厦门市现有服务外包领导小组进行整合，成立服务贸易的工作协调机制，由市领导牵头，各区、各责任部门为成员单位。各区、各开发区要相应成立服务贸易和服务外包发展领导小组。形成全市上下齐抓共管，共同创建的局面。

4. 提升"厦门服务"品牌影响力。以支持厦门企业参加中国国际服务贸易交易会为基础，推动厦门企业踊跃参加相关国际展会、赴境外参加重点展会，争取在"98投洽会"上增设服务贸易和服务外包展区，在重要展会上争取设立专门的厦门服务贸易和服务外包展区，展示厦门服务企业形象。

5. 加强服务贸易和服务外包产业招商引资工作。应加大力度，积极引进对具有集聚和辐射带动作用的服务贸易、服务外包重大项目，实行"一企一策"的政策措施。利用福建自贸区厦门片区优势，扩大服务业开放，吸引国内外服务贸易和服务外包领军企业落户厦门，重点包括软件、动漫、医药研发、试剂检测、物流供应链、电商平台设计运维等行业。

6. 加大投入推进厦门市服务贸易的统计和研究工作。厦门市的服务外包统计工作已经取得了一定的成绩，但服务贸易统计工作还需要进一步推进。目前，厦门市的服务贸易统计存在企业积极性不高等问题，针对厦门市服务贸易进行的专门研究也还十分缺乏，其根本原因在于投入不足。应进一步加大投入，市级财政可每年从预算中安排相应资金支持服务贸易统计和研究工作。

7. 积极促进厦门市技术与知识密集型服务贸易进口，推动厦门技术创新。厦门在服务进口方面还有较大的潜力。技术与知识密集型服务进口地能够通过获得的技术溢出效应为本国的创新活动积累大量技术储备和知识储备，能够有力地推动本地的技术创新。创新是引领厦门经济社会发展的第一动力，厦门市可积极促进技术与知识密集型服务贸易进口，推动本地技术创新，实现创新发展。

二 将FATS纳入厦门服务贸易统计框架，争取服务贸易创新发展试点

2017年6月，商务部会同有关部门首次发布了我国附属机构服务贸易（FATS）2015年的统计数据。这是我国首次统计并发布附属机构服务贸易数据，对厦门市服务贸易统计体系的完善有重要的指导意义。可以将FATS纳入厦门服务贸易统计框架，打造服务贸易统计的"厦门模式"，积极争取第二批服务贸易创新发展试点城市。2016年2月，国务院公布了在十个省市和五个国家级新区设立国家服务贸易创新发展试点，厦门未能列入其中。商务部可能会开展新一批服务贸易创新试点城市或者扩大试点范围，厦门已经在服务贸易和服务外包方面出台了一系列政策，做了很多工作，具备了一定的条件，应积极争取第二批服务贸易创新试点。

1. 将FATS纳入厦门服务贸易统计框架。厦门市的服务贸易统计工作已经在近年来取得较大的进步，厦门商务局服贸处与厦门理工学院联合建立了厦门服务贸易与服务外包研究中心，推动了服务贸易统计平台的建设工作。可在此基础上，划拨专门经费，进一步将FATS纳入厦门服务贸易统计框架，完善厦门服务贸易统计的监测、运行和分析平台。

2. 打造服务贸易统计的"厦门模式"。相对货物贸易，服务贸易是新型业态，国内外没有十分成熟的统计制度，统计工作创新是服务贸易创新发展工作中的一大重要节点、难点和亮点。厦门市可以服务贸易统计作为服务贸易创新发展和争取新一批服务贸易创新发展试点城市的突破口，积极打造服务贸易统计的"厦门模式"。通过广泛调研和反复论证，制定厦门服务贸易统计的整体方案，将重点放在旅游、运输、航空维修、计算机和信息服务等厦门市服务贸易的优势领域，并以属地和属权相结合的原则来进行实践。

三 加大支持力度，打造厦门游戏出口产业基地

游戏出口已经成为厦门服务贸易和服务外包领域继飞机维修后又一个新的增长亮点。厦门游戏离岸外包执行额2017年达到1.63亿美元，暴增

739.3%，一跃成为厦门文化出口的领军力量和离岸服务外包的重要产业，占当年厦门离岸服务外包执行额的8.7%。

目前我国国内市场逐步成熟，增长放缓；"一带一路"等政策利好不断，游戏产业"走出去"环境不断改善；国产智能手机在海外热销为中国移动游戏拓展海外市场奠定了良好基础，厦门游戏产业开拓国际市场面临重大机遇。但目前厦门市游戏产业开拓国际市场也面临不少困难，包括渠道运营商分成比例较高、产品本地化困难、差异化与创新能力弱等。厦门市可加大支持力度，打造厦门游戏出口产业基地。

一是对游戏企业开拓境外市场进行直接补助，可以对游戏企业境外商标注册、服务器成本进行部分或者全部补贴，对推广费用等按照一定比例进行补贴；二是设立市一级的原创游戏服务贸易出口奖励，提升和完善国际化游戏产业交流平台；三是打造有利于厦门游戏产业发展壮大的金融生态，政府可以牵头搭建金融资本与游戏产业对接的相关平台，探索建立政府资金引导、社会资本参与的厦门市游戏产业基金等；四是进一步加强对游戏产业发展的财政税收支持，落实各项税收扶持政策，执行各类税收优惠政策；五是培育龙头企业、扶持中小微游戏企业，做强做优各类市场主体，培育一批具有较强原创研发实力、市场竞争力强的大型游戏企业集团，建立更加开放透明的游戏市场准入管理模式，引导各类资本进入游戏产业，优化营商环境；六是深化游戏产业领域公共服务，学习借鉴上海相关经验，探索建设厦门网络游戏出版申报服务平台，完善游戏动漫技术设备和公共技术平台支撑服务体系建设，加大公共服务平台扶持力度，服务游戏企业降低运营成本。

大力培育厦门市大数据和人工智能产业的对策研究

致公党厦门市委[*]

人工智能已进入研究爆发期和产业成长期，作为人类新一轮技术革命浪潮，对整个社会影响的广泛性和深度，都将远大于前几次技术革命。习近平总书记提出实施国家大数据战略，加快建设数字中国，进一步明确了大数据和人工智能上升到国家战略。致公党厦门市委联合课题组，深入调研并形成研究报告。

一　大数据和人工智能产业概况

大数据和人工智能作为人类新一轮技术革命浪潮，对整个社会影响的广泛性和深度，都要远远大于前几次，催生新技术、新产品、新产业、新业态、新模式，提升乃至变革现有产业，引发经济结构重大变革，实现社会生产力的整体跃升。人工智能将显著提高公共服务和社会治理的能力和水平，全面提升人民生活品质。

2017年7月，国务院出台了《新一代人工智能发展规划》，建设国家人工智能开放创新平台。许多省市也纷纷出台人工智能发展规划及实施意见。如《安徽省人工智能产业发展规划（2017~2025）》《浙江省新一代人工智能发展规划》《智能贵州发展规划（2017~2020年）》《中关村国家自主创新示范区人工智能产业培育行动计划（2017~2020年）》《江西省关于加快推进人工智能和智能制造发展的若干措施》《东湖高新区人工智能产业规划》《上海市关于推动新一代人工智能发展的实施意见》（沪府办发〔2017〕66号）等。

---

[*] 课题组成员：徐平东、滕达、彭顺昌、张书根、欧长胜、陈坚、赖永炫。

发展人工智能是厦门产业升级和智能化革命的必然发展道路。通过打造厦门大数据基础，构建大数据和人工智能产业生态系统，发展人工智能产业，推动人工智能在智能制造、智能物流、医疗健康、智能旅游、智能交通等方面的应用，从而实现厦门产业的转型升级和长远发展，是厦门的必然发展道路。

二 厦门大数据和人工智能产业基本情况

厦门在大数据应用和产业发展方面已具备一定基础。一是初步建成政府大数据共享资源库，形成"123"共享开放格局，即1个平台（数据共享平台）、2张网（政务内网、政府外网）、3个库（市民库、法人库、空间库）。二是率先开展一批大数据先导应用，包括：多规合一，实现多部门数据整合，共用一张图、一张表直管到底；市民健康信息系统，实现全市95%以上的医疗机构共享电子病历和影像数据；智能交通大数据平台，实现交通管理和应用部门的数据共享。三是集聚了一批在国内有一定影响力的大数据企业，包括中国移动手机动漫基地、中国电信动漫运营中心和高速成长的本地企业，如精图科技（空间地理信息综合应用）、厦门信息集团（交通大数据平台）、美亚柏科（网络安全）、美图网（美拍社交视频大数据）、易联众（健康云）等。四是相关基础产业有一定规模，增长迅速。

存在不足：1. 顶层设计和战略重视程度不够；2. 大数据共享开放程度较低；3. 云计算能力较为缺乏；4. 产业生态有待提升。

三 贵州和沈阳大数据人工智能发展做法经验

1. 注重顶层设计，战略高度重视。成立以省委副书记任组长的大数据产业发展领导小组，统筹贵州省大数据产业发展和信息化应用。成立贵州省大数据发展管理局。沈阳成立大数据局。

2. 率先立法推动大数据发展。颁布了《贵州省大数据发展应用促进条例》《贵阳市政府数据共享开放条例》等，制定《贵州省政府数据资产管理登记制度》等十余项规范，发布了数据分类分级脱敏等四项大数据地方标准。

3. 注重基础支撑，建立统一的云平台。搭建政府数据统筹存储、共享交换和开放开发的"云上贵州"系统平台，实现省级政府、企业和事业单位数据整合管理和互通共享。

4. 加强招商引资，推动大数据应用。

5. 构建沈阳工业大数据应用生态体系。助力新松机器人、沈阳机床等龙头企业率先建立智能工厂。启动建设装备制造业应用服务数据平台，初步构建了沈鼓云、沈阳机床 iSESOL 工业云、无距无人机大数据平台等 10 个工业大数据公共服务平台。

6. 助力城市治理，打造国际化营商环境。

四 大力培育厦门市大数据和人工智能产业的对策建议

1. 加强顶层设计，战略上高度重视。一是成立人工智能产业推进领导小组。二是在市大数据办基础上成立大数据和人工智能推进局。三是出台人工智能发展五年和十年规划。

2. 加快法规制度和标准规范体系建设。以法律形式明确大数据"聚通用"的责任义务。积极研究数据开放、保护等方面的制度，实现对数据资源采集、传输、存储、利用、开放的规范管理。推进数据采集、政府数据开放、指标口径、分类目录、交换接口、访问接口、安全保密等关键共性标准的制定和实施。研究探索大数据市场交易标准体系。

3. 强化基础支撑，推进大数据平台建设。成立国企控股、专业公司参与的大数据管理开发公司，建设集数据采集整理、数据挖掘分析、数据整合开放、数据共享交易等多功能于一体的统一平台。构建市级统一的数据共享交换平台，实现全市各部门、各领域数据的统一目录管理、统一认证和统一交换。建设大数据统一开放平台，统一制订全市数据开放计划。

4. 规划建设"厦门人工智能港"，为产业发展提供充足的空间载体，并规划建设海西一流的超算中心和云存储中心，积极争取5G试点。积极吸引高层次数据分析和人工智能算法研究人才来厦门。重点引进百度、阿里巴巴、腾讯、华为、京东、谷歌、微软等在厦门设立研究部门或与厦门开展合作。

5. 推动大数据和人工智能与实体经济的深度融合

（1）智能制造

全面推动厦门制造业智能化升级，建设"厦门工业云"和"厦门工业大数据中心"，大力推动智能化工厂管理系统和工业服务云平台的应用，大力推动全自动生产线、无人车间、智能工厂和智能控制装备的技术攻关与示范应用，提升厦门制造业智能化水平。

（2）智能无人系统

积极发展无人车/无人机/轨道交通自动驾驶、工业机器人、服务机器人产业。在 BRT 示范应用无人驾驶公交车。积极引进机器人及控制器、伺服系统、精密减速机等的厂家。

（3）智能物流

建设自动化智能港口，支持智能仓储与物流系统。

（4）智能金融

推动大数据和人工智能在厦门金融业的应用，支持在厦金融企业引入人工智能技术，提升服务水平，助力厦门海西金融中心建设。

（5）智慧电子商务

利用 VR、MR、AR 等新型智能技术，开发新一代直播电商体验平台。结合电商数据与人口数据信息，挖掘客户需求，推动非实物型服务产品的网上交易。

6. 推动大数据和人工智能服务社会民生

大力推动大数据和人工智能在厦门市社会管理、公共安全、健康医疗、智能交通等的应用，提升民生福祉。

（1）智慧城市

建设厦门城市大脑，实现精准社会管理服务。

（2）智慧医疗健康

建设覆盖医疗健康管理和服务大数据应用体系。推动人工智能在临床诊疗和健康服务领域的深度应用。依托大数据推动新药研发。加强数据监控分析实现流行病智能监测和防控。

（3）智能公共安全

推动厦门公共安全管理平台的建设，汇聚人口信息、GIS 信息、消防、地下管网、危化品、交通控制、危险人群等信息，智能识别安全隐患。推动人工智能在安防行业的应用，智能实时分析监控画面。开展舆情智能化监控。

（4）智能交通

发挥大数据和人工智能技术优势，实现道路交通引导控制智能化，道路规划、公交线路规划等更为科学合理。推动辅助驾驶技术及无人驾驶技术在 BRT、地铁等固定交通路线的应用。

推进福建省养老产业发展的研究

刘明辉[*] 李玉辉 陈玉慧 林刚 刘英伟 简裕卿

陈雅清 黄力生

一 问题提出

在中共福建省委、省政府的正确领导和省老龄工作委员会成员单位的共同努力下，多年来，福建省养老事业有了长足的发展。相对养老事业，福建省养老产业发展明显滞后，规模较小、层次不高，存在明显短板，主要表现在养老产业发展还比较缓慢、市场供给不足、定位不当、结构失衡、老年用品产业品种单一、养老金融产品少、老人收入低养老消费水平有限等方面，这无疑将影响福建省养老事业持续、健康发展。本文全面分析了福建省养老产业发展状况及存在问题，并针对这些问题提出当前推进福建省养老产业发展的对策，为福建省相关主管部门决策提供参考依据。

二 养老产业发展面临的突出问题

福建省老龄委印发的《2016年福建省老龄事业发展统计公报》显示，福建省人口老龄化正处于快速发展期。60岁及以上老年人口532万，同比净增17万人，占总人口的13.73%；65岁及以上老年人口333万，同比净增9万人，占总人口的8.6%；80岁及以上高龄老人92.4万人，同比净增5.85万人，占总人口的2.39%。全省有空巢老人119.64万人，同比增加5.33万人，占老年人口的22.49%。据预测，到2020年老年人口将达到615万人，占全省总人口的15.02%。

---

[*] 刘明辉，集美大学教授、硕士生导师，民革集美大学总支主委，厦门市老年学学会副会长。

（一）养老机构数量少收费高

目前来看，首先，福建省养老机构数量（1279家）较少，床位（16.51万张）缺口大，无法满足下个阶段福建人口老龄化加剧对养老服务的增长需求；其次，养老机构整体收费偏高，导致机构入住率较低，使得养老机构资金运转困难，容易陷入经营困境；最后，养老护理人员队伍建设滞后，年龄普遍偏大而且学历、专业技能较低，工资待遇、社会地位和职业认同感较低。严重影响养老服务业的服务质量，制约养老服务业的发展。虽然养老服务需求很大，但有关统计的数据显示，福建省养老院、护理院的床位空置率大概在45%，这就面临一个去产能的问题。

（二）养老产业市场供给不足、定位不当、结构失衡

一是供给不足。老年人的许多现实需求和潜在需求没有相应的市场供给来对接。如养老服务机构等设施，由于投资回收期较长，且面临启动资金、土地、人力资源等投入的问题，都会直接或间接影响到服务的质量和员工队伍的稳定。民办养老机构由于在建设用地、资金投入等方面受多种条件制约，大多数机构只能满足住养老人简单的食宿需要，与老年人日益增长的物质文化需求还存在一定差距。二是定位不当。目前，福建省大部分民办养老机构定位在"低端"，养老机构用房不达标（以租赁的居民用房，商业、企业用房等为主），内部设施简陋，服务水平低下，接收的大多是低收入老年人。定位在"中端""高端"，以接收中高等收入老年人的机构为数不多。三是结构失衡。从福建省老年产品和相关服务来看，不仅品种单一，许多地带还存在空白领域。社会各界特别是政府和企业关注最多的是老年服务业，而轻老年用品业，更加淡漠老年金融业等，这种状况严重阻碍了养老产业的发展。

（三）养老金融产品有待进一步开发

在有关部门和保险企业的共同努力下，针对老年人的金融保险开始推出。2015年，福建省老龄办、中国人寿福建省分公司下发以推进老年人意外伤害保险为主要内容的《关于实施福建省"银龄安康工程"的通知》（闽老龄办综〔2015〕1号）。部分养老服务机构和厦门市、龙岩市在养老

机构责任保险和老年人意外伤害保险方面有所突破。老年金融保险业中具有指标作用的"老年人长期照护保险"尚在探索中。目前福建省商业银行、保险公司等金融机构针对老年人开发的理财产品、信贷、商业保险等产品还很少，基金、信托等金融机构的养老基金产品、养老信托产品基本没有。

（四）老年地产建设缺乏相关的政策

福建省养老事业发展出台很多政策，但在老年地产建设方面仍存在缺乏相关的政策激励和法规建设，如税收优惠、政策奖励、权益保障机制等均尚未明确；另外，由于投资周期较长，回报率较低，养老房地产的项目总数较少，私人和机构投资者不敢轻易进入，使得资金投入严重不足；此外，政府部门也对老年地产的发展缺乏必要的重视和专业的规划，基本采取放任市场自由发展的态势，没有起到应有的扶持和保障作用。调查显示，2016年度，全省老龄养老供应用地11278平方米。

（五）老年用品业品种单一技术含量低

老年用品业存在着技术含量低、产品单一，缺乏创新、缺乏整体布局和系统性规划，从而制约了整个产业的进一步发展。有的企业对老年人的需求仍然把握不准确，存在产品开发针对性不强及智能型产品开发（如多功能拐杖等针对老年人设计的产品）严重短缺，营销力度不足，产品服务不配套的问题。

（六）老年人收入低养老消费水平有限

根据经济学的一般规律，人的消费是以收入为前提条件。许多老年人退休后，收入骤减，调查显示，福建省51.9%的老年人月收低于1000元；60%女性老年人月收低于1000元。尽管最近几年离退休金都有增长，但是增长的速度远比在职人员收入增长的速度慢。受传统的"养儿防老""储蓄养老"观念的影响，福建省老年人多年养成的"重储蓄，轻消费"观念，普遍存在不愿消费、不知消费、不敢消费等三种心理，于是消费观念偏保守，购买力低。因此，要加强对老年人传统消费观念宣传引导。

三 养老产业发展的对策

（一）加强政府在发展养老产业中主导作用

一是出台养老产业发展的政策法规。建议尽快出台"关于加快福建省养老产业发展的意见"或者相关行业管理规范，以促进福建省养老产业健康、快速、可持续发展，避免重复建设、资源浪费和不良竞争。二是研究确定近期福建省养老产业的发展重点。建议对福建省养老产业的总体布局进行宏观调控，重点选择一些条件较好的养老产业项目优先发展。近期福建省养老产业要着力在老年用品产业、养老地产、养老服务业等领域进行突破。与此同时，中远期福建省需要重点发展养老金融业、度假型养老地产、"候鸟式"养老地产等，也须在近期着手规划，重点扶持和培育。三是加大政策扶持和投入力度。特别是在养老产业项目建设用地方面，出台明细政策规定，要求各级政府在项目建设用地方面拿出一定用地指标，满足养老产业项目建设用地需求，解决公益事业发展用地"瓶颈"。逐步加大福利彩票公益金、体育彩票公益金用于发展养老产业的扶持力度。四是积极推动养老产业规划布局。抓住转方式调结构的重要机遇，科学规划，统一部署，大力发展"银龄经济"，加大对养老产业的扶持力度，着力培育一批大型龙头企业和知名品牌，提高其经济和社会效益。

（二）强化市场在发展养老产业中主体责任

一是大力研发开拓老年产品市场。引导和鼓励企业按照老年人各种要求，开发和生产门类齐全、品种多样、经济适用的老年用品。优先发展养老护理、康复保健、社区服务和老年特殊用品等产业。大力发展老年旅游业。大力发展老年文化产业，积极开发老年文化产品，多推出适合老年人的优秀作品。积极开发适合老年人特点的金融、理财、保险等产品。二是加强对老年产业发展监督管理。企业遵守规则的本质不仅在于规范自身的经济行为，也同时规范、约束政府监管机关的市场监管行为，从而有效地反对垄断，制止不正当竞争，有效保障养老服务市场秩序，形成良性运行的市场环境，进而催生转型升级内生动力和外部推力，以确保老年产业健康持续发展。三是引导老年人更新消费观念，积极培育发展老年消费市场和老年用品销售网点,鼓励商家设立老年用品专柜,举办老年产品展销会。

(三) 开发丰富养老金融产品

一是建议开发保障型(以账户管理和托管为核心,形成集养老保险、企业年金和养老基金服务为一体的服务平台)、融资类("以房养老""倒按揭")、支付清算类(如消费养老、居家养老等将催生养老消费结算、上门服务等)养老理财产品。二是建议开发保险类养老理财产品。基金、信托公司尚未开发基金、信托产品,建议成立老龄产业引导基金、"医养结合"养老模式发展专项基金。三是创新更多符合老年人特质的金融业务,提供个性化的养老信托、以房养老等新型金融产品,强化保值率和安全性,吸引老龄人口积极参与。

(四) 加快开发养老地产投入

一是划拨土地。凡是属于民办的非营利养老服务机构,其产权由政府所有,用地可直接划拨至省、市、区民政部门或政府指定的基金会,由省、市、区民政部门或基金会投资建设标准的养老机构设施后,公开对外招租,其经营方式为"公建民营"。二是改造置换闲置场所。通过新建、扩建、改建、购置等方式整合、置换或转变用途等方式,将闲置的医院、农村空置校舍、企业和农村集体闲置房屋,以及各类公办培训中心、活动中心、养老院、小旅馆、小招待所等,改造用于民办养老机构。举办者利用租赁、合作、承包经营的方式为"公建民营或民办民营"。三是招、拍、挂出让土地。将养老机构项目用地使用权对外公开招投标,由举办者投资经营,其经营方式为"民办民营"。四是鼓励房企参与发展养老地产。鼓励国内企业通过配合当地政府的养老发展规划,在土地价格评估方面获得优惠或者争取地方财政、专项补助资金支持。五是进一步加强对养老地产经营模式的论证。为防止出现变相搞房地产,要保证土地用途,保证公益性质,保证服务对象不偏差。

(五) 加快培育养老产业工程

一是做大做强老年用品产业。鼓励市场主体重点开发老年保健、康复护理、助行视听、老年家居等四大类老年用品。支持建设集展示、体验、销售于一体的老年用品体验馆。做大做强康复辅具产业，打造一批示范性康复辅具产业园区和生产基地，引进一批康复辅具生产、经营、研发、监测、服务机构，加快形成康复辅具产业集群。二是发展养老关联产业。引导养老与医疗、教育、健康、旅游、文化、保险等产业融合发展，实施一批具有福建特色的养老项目。开发建设一批生态养老特色小镇，打造面向海内外老年群体的"候鸟式"养老、旅居养老、养生养老目的地。三是发挥龙头企业引领作用。推动养老企业规模化、专业化、连锁化、品牌化发展，支持一批养老服务企业做大做强，引导老年用品生产企业与高等院校、科研单位密切合作，建立"产学研"一体化基地，形成集研发、制造、销售为一体的全产业链，培育一批在全国具有较大影响力的服务性、生产性龙头企业。

（六）加快打造智能养老产业建设

一是建设信息平台。按照精准服务的要求，建立全省统一的老年人基本信息数据库，实现信息化管理。建设养老服务综合信息平台，与相关公共服务平台有效对接。推广使用12349养老服务专用号，不断满足老年人养老服务需求。二是开展应用试点。按照企业主体、政府扶持、市场化运作的方式，在全省开展覆盖城乡的智慧养老应用试点，为广大老年群体提供新型养老方式。三是开发运用智能产品。支持企业利用物联网、云计算、大数据、智能硬件等新一代信息技术和产品，发展智慧养老产业，在全省推动建设一批智慧养老工程，促进现有医疗、健康、养老资源优化配置和效率提升。

加快厦门市工业园区升级转型的建议

民革厦门市委 课题组 *

一 厦门市工业园区发展存在的问题

作为工业发展的重要载体，工业园区是发挥投资规模效应，吸引资金、技术、人才、信息集聚的有效途径，也是产业升级转型的重要平台。目前，厦门市正在对原有 18 个呈行业散布状态的工业园区，按照专业进行整合，打造 7 大专业化工业园区，力争逐步形成产业集聚、要素集中、资源节约、生态协调的产业发展模式。

工业园区应产业发展需求而生，并引领产业发展，其建设并非一劳永逸，而应随着产业和市场向前发展而不断升级转型。当前厦门市工业园区升级转型存在的主要问题有以下方面。

（一）产业集聚的专业特色不突出

园区产业链松散、上下游协作不足；龙头企业不多，产业项目在行业影响力不足；产业品牌的区域效应不突出。

（二）产业支撑体系不完善

市场化、专业化支撑的服务平台数量偏少；新型孵化器、加速器、众创空间等创新机构数量少，特别是国家级孵化器更少；缺乏世界领先、国内一流的专业中介机构。

---

* 课题组成员：黄菱、国桂荣、曾庆军、马明炬、郑成贵、程明、游秀凤、郑巩固、何燕珍、简裕卿、林媛媛。

（三）创新孵化能力不足

工业企业创新能力整体较弱；创新孵化的延伸能力不足，缺乏与世界级科技成果、国家级科技成果对接；缺乏先进的产业人才团队或创新团队；要素孵化器专业功能缺乏，人才、资本、技术等专业诉求无法满足。

（四）产城融合不足

园区管理的体制机制待完善；岛外园区生活消费类配套较薄弱，员工居住、交通和子女就学等配套滞后，专业商住配套缺乏；公共服务和商务服务的及时性不够。

二 加快厦门市工业园区升级转型的对策建议

（一）结合园区、产业和企业实际，分类管理

1. 针对不同类型园区。已形成专业特色的园区，如火炬高新区、海沧生物医药产业园，要对标国内一流园区，把园区建设成创新创业活跃、主导产业优势突出、园区管理服务高效、产业生态完善的现代化园区，使之成为厦门市产业升级转型的核心区、引领区和示范区。对正在形成专业特色的园区和未形成专业特色的园区，则应充分调研分析园区及其（主导）产业和企业的竞争优劣势，针对性地补强短板，力争在产业园区间形成优势互补。

2. 针对不同类型产业。厦门市计算机、通信和其他电子设备制造业，属明星型行业，产业升级的重点在于：继续推动产业链的优化，借助龙头企业的力量，建设高端制造业基地、自主创新基地，通过产业链招商进行集聚化发展，以尽快实现产业升级向产业链高端演进，成为国内乃至国际的产业高地；电气机械和器材制造业、橡胶和塑料制品业、电子业等较为传统的行业，属黄金型行业，应引导鼓励企业在技术创新或工艺设计等高附加值环节予以投资，为产品升级发展创造条件；生物与新医药行业、先进电子材料等新兴型行业，应加强产学研力度，增加研究开发的投入，创造有吸引力的营商环境，强力推进资金、人才、土地的配套措施，往明星型行业发展；软件和信息服务产业、集成电路、激光制造、智能机器人

等，属培育型行业，应大力扶持创业，对小微企业给予资金、技术和人才的政策支持。机械行业等问题型行业，重点在于：实现资本重组，优化经营模式，应引导鼓励企业之间的合作与联盟，加强高附加值环节的投资效果，为这些企业生存和发展创造条件。

3. 针对不同类型企业。按照企业的纳税贡献、利润、产值、自有知识产权拥有、单位能耗、全员劳动生产率、BOD与COD环保排放等指标标准，建立评估体系，将企业分为：A（鼓励发展类）、B（自我提升类）、C（帮扶改造类）、D（低效落后类）。通过政府下设的第三方机构（例如生产力促进中心等），参照绩效考核的办法进行分类管理，将政府提供的公共资源要素价格采取相应的差异待遇：A类企业可享受最优厚的价格与政策；反之，D类企业将支付更高的生产成本，并且设置若干年（1~3年）为期限，若连续3年被评为D类企业，则列入当年拟淘汰的企业名单。

（二）强化产业链，推动主导产业沿产业链环节升级转型

1. 强化产业链招商补短板。针对各个园区的主导产业引入直接或间接的上下游企业，形成纵向和横向的分工与合作的联系，形成有效的产业链，实现规模效应和聚集效应，不同园区之间不能形成恶性竞争招商。

2. 紧抓技术改造推动生产线工艺升级、新技术应用和新产品试产。大力发展智能制造，支持条件成熟的行业和企业以智能制造为主攻方向，加快提升制造业产品、装备及生产、管理、服务的智能化水平。

3. 强化商业模式创新，紧抓企业业态延伸，推动"互联网+制造""制造+互联网"等业态跨界融合。深入开展互联网与工业融合创新试点行动，推动工业互联网、云计算、大数据、物联网与传统产业结合，促进基于互联网的全流程生产协同和综合集成。

4. 紧跟科技前沿，提早布局新兴产业集群。重点关注以下几个产业发展：集成电路；先进电子材料（第三代半导体材料与半导体照明、新型显示、大功率激光材料与器件、高端光电子与微电子材料，继电器及开关用电接触材料）；材料基因工程中典型材料的示范应用（碳化硅、能源材料、生物医用材料、稀土功能材料、催化材料、特种合金材料、石墨烯及其他二维材料）；3D打印和激光制造；智能机器人；制造基础技术与关键部件；云计算和大数据、网络空间安全；物联网与智慧城市；锂离子电池。

（三）强化现代产业服务支撑体系延伸

1. 改制并提升已有服务平台的专业化、市场化能力。探索科技创新平台、服务平台体制创新，以企业化运营，加快科技成果的转化。

2. 引进国内一流、国际领先专业服务机构。利用好厦门大学、港澳厦门联谊总会、港澳政协委员等资源，发挥对台的优势和21世纪海上丝绸之路的中心枢纽城市及自贸区建设，加快引进境内外知名度高、公信力高的会计、法律、认证等中介机构。

3. 开展专业服务异地外包，建立飞地创新支撑服务。加强两岸合作，树立国际视野，大力开展全球链接，增强国际化资源整合利用能力。

4. 聘请专业中介机构或团队，购买专业创新服务。如推行"中介招商"，促进招商引资的专业化、规范化，提高效率。

（四）强化创新孵化能力

1. 加快新型孵化器、加速器、众创空间等创新机构建设。鼓励行业龙头骨干企业，整合上下游产业链，围绕其主营业务方向和升级转型需求开展孵化、双创、众创，建设产业技术创新公共服务平台，向中小微企业、创业者提供技术支撑服务，带动产业集聚发展。

2. 引进高水平大学和科研院所，积极搭建创新服务平台。积极引入国内一流高校，在厦门设立分校或建设科技创新园。研究设立"厦门市新材料研究院"。在软件、光电、集成电路、生物医药、机械、电气等专业化很强，并且已有一定规模的产业园区设立院士工作站（室）。

3. 加大对科技创新人才，特别"两化融合"人才的培养。应鼓励和推动有雄厚教育培训实力的企业与高校联合，承担起培养"两化"人才的重担。各区包括火炬高新区要充分利用现有的闲置房源，尽快制定办法，提供公共租赁房或人才公寓，服务园区人才。

4. 借助科技金融，调动社会资金通过股权、基金、信贷、担保等多种方式支持园区企业创新发展。

（五）推动产城融合

1. 理顺园区管理体制。注重市场运作，管理和开发分离，引入专业机构走市场化管理的路子,从过去房东型管委会转变成促进产业发展的全能型管委会。进一步清晰园区功能定位,实现产业集聚、产学研桥梁、提升投资环境和社区配套服务等功能,不断提升园区管理和服务水平。

2. 加强政策创新。出台闲置用地与厂房二次招商的鼓励办法,根据二次招商入驻企业的产值与税收贡献度,以"厂房搬迁"等名义适度进行补助,盘活闲置用地,清理淘汰"僵尸"企业。

3. 强化规划引导、资源统筹。结合"多规合一"对全市工业园区的整体规划进行提升完善。特别是要对产业布局、生活配套和人口控制规划进行战略制定,统筹抓好社会文化建设、社区转型、生态建设、绿色交通、绿化市政和智慧发展等要素的协同发展。

4. 完善园区商务及居住配套。协调解决当前同安工业集中区、同安新城产业园、翔安工业园区等配套设施较为缺乏的突出问题,引进有资质的物业管理部门入驻园区。统筹规划建设地铁、公交等连接工业园区的公共出行线路。招商引进大型购物超市、大型餐饮企业及图书馆、健身房、网吧、KTV 等休闲娱乐场所,发展园区的生活消费、文化消费、体育消费。

5. 通过现代服务手段延伸公共服务、商务服务。加快智慧园区建设,完善法人数据库,提升信息服务和管理服务的水平。

6. 对标一流园区,高起点规划、高标准建设产城融合的现代化科技园区示范区。可在火炬高新区内规划一个 2~3 平方公里的园区,学习借鉴纬壹科技园、南港软件园的规划、管理、建设机制,按照高水平的标准进行规划,打造集高端制造、生产性服务业、新型研发、CBD 核心圈、高端生活配套于一体的现代化科技园区,将该园区作为工业园区升级转型和产城融合的试点。

厦门市推进国家生态文明试验区建设暨厦门市生态文明体制改革行动方案评估（2017年度）

厦门市发展研究中心

林红　彭朝明　董世钦　张振佳

一　总体执行情况

2016~2017年，厦门生态文明试验区建设大胆开拓创新，通过强化顶层设计、强化工作机制、强化目标考核等方式，各项改革举措顺利推进。截至2017年底，《厦门市推进国家生态文明试验区建设暨厦门市生态文明体制改革行动方案》中所涉及的六大行动58项重点改革任务，已有46项按要求形成改革成果，总计出台了81份政策文件，生态文明建设步入制度化、法治化轨道，基本形成了多元参与、激励约束并重、系统完整的生态文明制度体系。确立了顶层设计引领和目标评价考核的改革特色，在"多规合一"改革、生态文明目标考核体系建立、生活垃圾分类、社区书院建设等领域的创新走在全国、全省前列，形成一批改革经验，取得积极成效，绿色发展理念进一步夯实，生态环境红利得以释放。

2017年，厦门市在全省生态环保目标责任考核中排名第一，最严格的水资源管理制度考核名列全省第一；顺利通过中央环保督查，召开住建部全国城市生活垃圾分类工作现场交流会；海沧湾整治成为蓝色海湾国家示范工程、海沧区荣膺环保部首批国家生态文明建设示范区；率先在全国确立海绵城市建设管理标准体系，地下综合管廊绩效评价全国第一。2017年9月，习近平总书记在金砖国家领导人厦门会晤上，盛赞厦门为"高颜值的生态花园之城"，高度肯定了厦门市生态文明建设成效。

当然，在推进厦门生态文明试验区建设过程中还存在部门统筹管理有待加强、资源承载压力加大、环境治理难度大、市场化内生动力不足、执法监督机制有待完善等问题。

二 对策建议

(一) 加强全面统筹综合决策

进一步增强统筹协调机制。打破部门界限，细化工作职责，形成部门齐抓共管的生态文明建设机制。加快推进机构改革，大胆探索生态文明体制机制创新，将自然资源管理职责、生态环境治理职责统一起来，推进相关规划部门的职能整合，实现综合决策。

建设生态环境大数据平台。整合规划、建设、国土、环保、水利、海洋、林业、农业等自然资源信息平台、监测平台，打通各平台的数据连接，推进生态环境监测数据联网共享、动态更新。加强业务培训，明确规范各相关部门工作流程和规则要求，提升基层业务工作水平。

加大政策落实力度。制定党政领导干部自然资源资产离任审计实施方案，加强审计结果运用和审计整改落实；完善目标评价考核指标体系，将各部门组织的绩效评估考核中有关生态文明建设和环境保护指标纳入生态文明建设和环境保护目标责任制考核范畴，确保生态文明建设和环境保护目标责任制考核评价权重达到2016年市委市政府提出的25%的要求。

强化跨区域环境管理。争取省政府支持，牵头推动与九龙江上游地区污染防治合作，推进漳州市长泰县枋洋镇林墩工业区的石板材加工企业停改、生猪退养、生活污水处理、农业面源等污染源综合整治。

(二) 进一步提升资源承载能力

稳步推进土地节约集约利用。重点围绕盘活存量建设用地和低效用地再开发利用政策的研究，提高供地率和土地利用水平。继续探索扩大土地有偿使用范围。加强土地有偿使用制度研究，对新产业、新业态、不同产业类型用地实行差别化的供地政策，创造有利于发展的土地供应制度。

深化最严格水资源管理制度。持续加强用水总量和用水强度双控行动，完善市级最严格水资源管理考核制度体系，落实"三条红线"管理；

突出生态安全，水环境治理与保护，加快推进莲花水库周边环境整治和汇水区生态补偿机制落实，推进水源保护区划定工作；推进九条溪流生态补水，筹划一批溪流生态补水工程，缓解溪流枯水季节水质恶化现象。

加强海洋生态修复。制定海洋生态红线管控具体措施，出台围填海总量控制制度和自然岸线保有率控制实施方案，实施海域生态修复工程，健全海洋资源开发保护制度，提升海域资源开发利用水平。

加快推进资源循环利用。持续推进生活垃圾分类，充分发挥物业公司的主体责任，加强日常监督管理，扫除盲点，实现垃圾分类全覆盖。

（三）加大生态环境治理力度

加强污染治理联防联控。针对空气、流域污染等生态环境应急事件或违法犯罪案件，进一步完善涉及相关职能部门的信息沟通制度、联审会商制度、协调服务制度。

进一步完善小流域治理机制。完善农村污水集中纳管和分散式处理设施建设、运营、管理机制，加快截污纳管工程建设，建立镇、局、区政府分级调度机制。加快城市黑臭水体整治，彻底做好小流域截污控源。加强饮用水源地、工业园区污水综合治理。加快杏林、前埔等污水处理厂提标改造，推进马銮湾、西柯等再生水厂建设，实施溪流生态补水。

开展土壤污染治理与修复试点。启动重点行业企业详查，确定土壤环境重点监管企业名单，建立污染地块名录。推进企业环境信用评价工作，促进信用信息有效应用。减少农业面源污染，切实执行农药使用量零增长。

加强海域污染治理。完善海洋工程建设项目和陆源入海污染物执法检查协同机制，强化海洋环境监督管理。推进中美海洋垃圾防治工作，完成海洋垃圾监测、评估与示范项目建设，开展微塑料垃圾监测标准研究。

加强湿地保护。建立湿地等量置换机制，对开发建设需要占用现有湿地的，须明确湿地调剂来源，可结合污水处理厂尾水处理和景观绿化工程等市政设施建设，统筹建设湿地公园，确保湿地保有量逐步扩大。

（四）加快推动市场化进程

健全配套管理制度。完善自然资源资产管理，开展《厦门市不动产登记管理若干规定》立法调研,在不动产登记信息平台上扩展自然资源登记功能;探索自然资源登记信息与不动产登记信息关联途径与方法;实行海域使用权不动产统一登记。

推进市场交易。参与国家和福建省碳排放权、用能权交易市场建设,开展排污权收储,推进排污权交易,形成强有力的倒逼机制。

推进环境污染第三方治理。逐步改变"谁污染谁治理"的单一模式,推动建立排污者负责、第三方治理、政府监管、社会监督、排污者和第三方治理企业通过合同相互监督约束的污染治理市场运行机制。通过政府购买第三方服务、特许经营和特许保护制度等,加快培育壮大一批废水净化、垃圾处理与回收利用、环境监测、环境损害鉴定评估机构等龙头企业。

探索与生态控制线相适应的市场化补偿机制。按照谁受益谁补偿、谁损害谁付费的原则,探索社会参与、市场运作的方式,科学确定生态资源环境的价格,合理补偿生态控制区域内的保护成本。

引导企业加大投入。充分发挥排污型企业和环保型企业的投资主体作用,加大污染治理的投入。积极引入PPP模式,鼓励社会各类投资主体以多种形式参与生态文明建设及基础设施的投资、建设和运营。

加大绿色金融推进力度。支持银行实施环境优先的贷款体系,发挥环保融资的主渠道作用。

(五)提升环境执法能力

完善环境资源司法保护机制。研究建立环境资源保护行政执法与刑事司法无缝衔接机制,对严重违反环境保护、自然资源利用等方面法律法规的行为依法进行处置。

统筹陆海环境执法。成立陆海环境执法协调合作小组,对陆源入海污染行为联合执法,通过联合执法解决陆上污水排放超标超量、海上生态建设违规等问题,从源头解决海洋环境污染、海洋生态破坏。

加强法规保障和监督力度。充分发挥市、区两级人大监督、司法监督、新闻媒体监督的作用,加大对环境违法行为的监督和处罚力度,强化部门联动配合,建立环境污染违法犯罪情报信息共享平台,推动生态环保案件专业化审理。

（六）建立全社会参与机制

构建企业、政府、社会联动的生态文明建设常态机制，切实保障公众的环境权益。加大对社会组织服务的财政扶持，通过政府采购，委托社会组织承担有关生态文明建设的公共服务，建立生态文明建设的基层综合服务管理平台和社区群众参与网络。加强绿色低碳生活方式宣传引导，提升厦门在生态、环保、低碳领域的文化软实力。

关于进一步改进福建省居家失能老人救助政策的建议

厦门市社会科学院　马健囡

【编者按】为深入贯彻落实习近平总书记关于加强老龄工作的重要指示精神，完善"居家为基础、社区为依托、机构为补充、医养相结合"的养老服务体系，由厦门市社会科学院马健囡博士主持完成的省社科规划项目《福建省居家失能老人生活状况与完善社区照护服务功能建议》阶段性成果，在对福建省福州、厦门、漳州、泉州、莆田、南平等6个设区市失能老人生存现状和社区居家养老建设情况调研基础上，提出以失能老人为重点，提升社区居家养老服务的政策设想及建议。

一　主要问题

（一）居家失能老人专项救助政策有待进一步完善

一是失能老人补贴领取的政策细节有待修订。福建省《关于做好完全失能老年人护理补贴发放工作的通知》（闽民养老〔2018〕39号）规定了面向全省的低保对象和计划生育特殊家庭中的失能老人，按照每人每月不低于200元标准发放护理补贴。但调查中实际满足以上条件的失能老人不足10%，全省享受护理补贴的老人仅18418人。还有部分失能老人居住在子女家里，不在使用服务券指定的街道区域内，因此服务券的实际使用率不高。

二是失能老人所需的长期照料服务和医疗护理服务尚需专项政策来规范和引导。失能老人需要的一些专业初级护理，如导尿、吸痰、褥疮护理、临终关怀等，亟须纳入社区卫生服务供给范畴。医疗机构与专业组织为失能老人提供医护服务的合作机制、服务内容、质量评估、奖励机制、资金筹集等具体配套措施还有待完善。

（二）农村意外伤害导致失能高发

第四次城乡老人生活状况抽样调查显示，2015年福建省农村失能老年人比例为59.1%，远高于2010年"全国城乡失能老年人口状况"调查中的全国平均水平。农村老人导致失能的原因依次是骨关节病（60.8%）、高血压（41.6%）、心脑血管疾病（30.7%）。骨质疏松等骨关节病引起的跌落骨折是农村老年人失能的最主要原因。晋安区、延平区去年一年就有超过50%的老年人是因跌倒事故导致失能，80%是发生在家务劳作中，跌倒后发生骨折并需要治疗或卧床的占38.5%。农村老年人骨伤后的生活照料、术后愈合、肌肉复健等医疗服务和保障服务不到位也是事故性失能的重要原因。

（三）社区为失能老人提供医疗、照护服务能力弱

第一，按推算福建省社区护理型床位需求量约为16.3万张，而2017年福建省社区卫生服务中心（站）676个，基层医疗卫生机构床位数3.6万张，该配置远远不能满足失能老人的医疗照护服务需求。第二，福建省农村地区平均空巢率达到26.2%，但各式社区日间照护中心（包含福利院）分布稀疏，总供给量不足，一公里内覆盖率仅为8%，闽侯县、涵江区、德化县、鲤城区4地覆盖率最低。第三，社区日间照护机构大部分没有配备专门的护理员和照护员，运营经费仅1万~2万元/年，无法实现失能老人日常介护、短期托管、慢性病管理等功能，提供失能老人照护服务的仅占5.2%，社区日间照料总人数仅3931人。第四，老人对服务的利用率和满意度不高。课题组去年的调研显示有超过38.5%的社区开设了签约医生上门看病服务，但实际只有不到一半的失能老人利用过该项服务。

（四）失能老人照护成本偏高

福建省失能老人经济拮据，平均存款不足5万元，大多数（65.6%）农村老年人不但没有储备"养老钱"，每月领取的养老金也仅为170元左右，以漳州市、莆田市最低。针对失能、半失能老人的高护理级别收费都较高，一位失能老人入住中等条件的养老院包含房费和护理费等要3000~

5000元/月,且护理费和床位费都不能医保报销,雇用保姆也平均花费2625元/月,很多失能老人无力支付住院治疗或聘请护理员的费用,对子女的经济依赖很高。市场照护费用与老年人的期望值和实际支付能力差距较大。

二 对策建议

(一) 将社区失能老人纳入医联体建设重点服务对象

一是以医联体建设为契机,由福建省卫计委、各公立医院委员会等部门牵头,推动建立社区卫生服务机构与二级以上医院的业务协作机制,开设失能老人专项医护服务。将慢性病预防管理、康复理疗、常见病诊疗、介护、健康咨询、中医保健、心理关怀纳入医联体服务网络。实现失能老人无障碍转诊,社区预约、就医绿色通道、无障碍结算、处方流动等。增加社区失能老人日常照护类服务进入医保范畴。二是鼓励有条件的二级以上综合医院在社区内开设老年病、慢性病科,医生社区坐诊,鼓励高年资护士进入社区养老服务行业领域。三是以慢性病管理为切入点完善失能老人签约医生服务,由卫计部门明确上门诊疗的疾病范围、频率、责任风险、绩效奖励等。

(二) 增强社区"内嵌式"微型医养机构建设

一是拓展思路,着力发展以社区周边高龄、独居以及失能老人为对象,采取政府主导、商业引进的运营模式,容纳30~40人的社区"嵌入式"微型养老机构。主要提供生活照料、养老居所、医疗保健、心理慰藉于一体的复合型养老服务。二是增强现有社区养老服务中心(站)和医疗卫生服务中心的功能整合。省民政、卫计部门尽快研究并制定规范化、标准化的居家养老服务中心(站)、日间照料中心转型为社区内嵌式微养机构的相关政策。对批准成立的小型社区内嵌养老机构内设的医疗机构,如卫生所、保健站、医务室等,准予开通医保定点资格和实行医保定点刷卡结算。三是推动民营企业、医疗机构、慈善基金投资运营社区医养产业。省商务厅、民政厅推动社区医养机构运营方实现规模化、连锁化经营,简化项目审批事项,落实土地、人员等配套优惠政策,降低其建设和运营成本。允许医疗机构派遣或自建成立社区医养服务机构并制定相关配套措施。

(三) 研究并出台失能老人权益保障的专项配套救助政策

一是深化探索长期护理保险制度。在福州、厦门、泉州等人口密集、公共保障基础较好的城市率先尝试长期护理保险制度，把针对失能老人的安宁护理、日常介护、疾病康复护理从基本医疗保险体系中分离出来，定位为独立险种，着重对护理费用、生活照料费用进行补偿；尤其是筹资机制独立建账、单独使用、单独监管，但相关业务可由医保机构一并管理。二是进一步完善失能老人经济补贴政策。按照失能老人失能程度和家庭收入状况采取分级补贴，取消计划生育家庭限制条件，完善老年人服务卡服务范围，丰富补贴发放形式。三是研究并制定居家失能老人照护专项救助制度。由省卫计委、财政厅、民政厅等部门牵头，研究并制定医疗机构与专业组织为失能老人提供医护服务的合作机制、服务项目、质量评估、奖励机制，资金筹集等具体配套措施，并将针对失能老人的社区护理服务纳入发展社区居家养老政策措施中。

(四) 部门协同构建社区失能老人服务网

一是街道办、居委会、村委会加强对本区域内失能老人的定期走访和联系制度，尤其重点防范农村老人意外伤害而导致失能高发的情况，及时掌握老人发生事故、疾病等信息，帮助主动联系医疗、照护机构，降低失能风险。针对意外伤害的原因，加大沟通宣传力度和预防保障措施。二是民政部门将社区失能老人纳入年度人口情况统计工作中，方便掌握人口需求动态信息和合理配置资源。三是各级政府对新型居家养老服务模式加大宣传推广力度，重点宣传推广社区品牌、有口碑的服务机构，增进失能老人及家庭对就近养老的了解和信心。同时采用多样化的形式，加大对健康老龄化的宣传力度，加大对长期照护险、"新农小"等险种的介绍普及，号召老人适当理财，健康自立进入高龄。

城中村改造与社区资产建设的"地方维度"

厦门大学社会与人类学院　魏爱棠

一　问题提出

本文试图在中国城镇化的发展背景中探讨如下相关问题：作为中国传统社会结构基本单位的自然村落本身是否拥有自下而上实现社区发展的能力？城中村自然村落是否可能自内而外实现社区的发展？撬动城中村自然村落自内而外发展的内在动力是什么？在社会工作参与城中村社区营造日渐成风的今天，既有的城中村发展经验能否为社会工作在城中村发展中的干预行动提供有益的启示？本文应用的分析框架是"资产建设为本的社区发展"（Assets-Building Community Development）模式。这一模式包含三个相互联系的特征：资产为本、内在关注和关系导向。具体来说，首先，社区发展应始于社区所拥有的资产与能力，而不是所缺乏的和需要的资源。其次，社区发展应聚焦于当地居民、组织、当地机构的建设计划和问题解决能力。最后，社区发展应致力于在社区中持续地创造和再创造出人群间的关系。他们强调"资产为本的社区发展"是一种自内而外的社区发展路径，通过增殖能量和效率的方式，可以盘点和活化当地资产，使社区能够把它的优势重组为新的结合体，从而创造出新的机会结构、新的收入来源，发掘出新的生产力（Kretzman & McKnight, 1993：5）。

本文案例资料来源于厦门大学社会工作团队与一个城中村自然村落HD社及其所在街道办合作建设村庄博物馆的社区发展项目。这是一个与街道及HD社所属H村改居社区合作的探索性的社区工作项目。H社区辖HD、DS、TG三个自然村落（当地人称自然村落为"社"，以下称HD社），HD社是其中最大的自然村落。我们与H社区、N街道达成共识，以3~5年时间合作探索以村庄博物馆建设为媒介来改变城中村发展后出现的村落共同体日益解体与年轻一代不思进取的问题。因此，我们初入社区，选择与代表村庄老一辈的社区居委会和老人会合作，将问题的焦点聚焦在当地人最关心的"村庄团结"上，把资产评估的重点放在了他们最引以为豪的"村庄团结行动脱贫致富"的历程上，尝试运用资产为本社区发展的概念来分析村庄自主的发展行动地方经验知识。虽然这个分析研究并不聚焦于社工行动本身，但是，透过对村庄自主行动的研究却有助于社工认识当地人是如何理解"村庄改造"以及如何实施"团结行动"来带动社区发展，使我们能够更好地与"地方"联结实现改变。本文从 HD 社自发的发展行动，来探索到底是什么样的发展行动策略能够有效地实现地方独特性与外部环境要求整合连接。当地人在发展过程中是如何想象"发展"的图景、如何理解和实现改变目标的、如何动员和组织社区资源的。

二 旧村改造规划中的村庄行动

（一）自觉的村庄改造行动

HD 社的村庄改造历程大致可以分为三个阶段：培育阶段、发展阶段和提升阶段。1992～1998 年是 HD 社村庄的资产培育阶段。在这一阶段，HD 社仅靠其从村集体征收款中分得的 4 万元作为改造启动资金，成功使 HD 社一举成为 Q 市第一个以市政标准建设公共基础设施的城中村。同时，他们培育建立一个村庄的老年基金会组织。HD 社村小组、老人与 HD 社在村委的干部结成联盟，有效控制了村民个人的任意占地行为，同时在村集体无力建设的闲置杂地上自筹资金建设了村庄老人的集体"创收基地"。1999～2012 年是 HD 社资产建设的发展期。在这一阶段，村小组和老人俱乐部基金会的固定资产日益扩张，同时老人基金会的管理制度也逐步完善。村民个人资产积累也迅速发展，从而带来 90 年代末期社区民房的大规模重建。实际上，这一阶段 HD 社增殖的资产并不只是不动产。老人俱乐部基金会的发展，极大地强化了村庄老人的传统权威，激发了老人参与村庄发展的热情，使他们成为村庄政治精英治理村庄的有力伙伴。在老人俱乐部基金会的协助下，HD 社第一个在全社区安装门禁与监控系统，组成志愿巡逻队，使 HD 社成为当地有口皆碑的最安全的城中村。2012 年以后，HD 社的资产建设目标开始逐步从不动产、金融资产的累积转向对村庄文化资产延续的关注。

(二) 多元资产的协作利用与整合

1. 文化传统与政治资本①的活化与交融

HD 社在改革开放前是 Q 市城郊内一个贫穷破败的村庄。当 HD 社村庄领袖决定做旧村改造时，他们面临的是几乎一穷二白的困境。尽管如此，政府主导的村庄规划仍旧激发了他们发展的愿景。他们主动地去识别和回应政府的需求，积极争取政府支持其落实规划。这样，HD 社村庄领袖就将正面协作的政社关系转化成政治资本，建立起他们带领村庄迈向社区发展的基础。在村庄领袖与政府协同推动村庄形成共识的过程中，文化传统与政治资本的整合呈现出明显的"协作"与"交融"特征。一方面，政府这个外来干预者紧紧依靠村庄既有的组织权力结构来开展工作，不直接触动村庄原有社会文化传统关系，充分尊重了村庄的文化选择；另一方面，他们扮演一个协助村庄改善外在更大环境连接的角色，让村民看到城市大规划对村庄发展的影响以及村庄小规划的经济社会发展价值，更进一步帮助愿意参与行动的村庄领袖获得外部资源投入来缓解社区矛盾。而村庄，则将利益的调解立足于文化传统之上，活用村民传统的风水和村庄聚落观念，促进村民建立重构村庄聚落格局的共识。文化传统与政治资本的交融作用开创了平和、合作的社区发展氛围，促成社区共识的凝聚，最终也基本达成了政府及专业规划的城中村改造目标。

2. 文化行动开启的多元资产重组提升

在行动上，村庄领袖首先给村民描绘了一个"家家通小车，雨天没积水"的现代化家园图景。这个根植于翻建新房文化传统上的叙述，很快变成了村民共同的社区愿景，并被顺利地转换成村民们共同认可的社区发展目标。在这个共同目标的号召下，一些村民开始计划按规划要求翻建新房，从而实现了村社有限土地资产的整合，提升了土地资产的利用效率。而在基础设施资金筹措中，他们创新了闽南文化的"凑份子"传统，采取以全村各户水电实际支出为参照的创新的"凑份子"分摊原则。通过这种

---

① 迈克尔·谢若登认为"政治资本"的表现形式是通过参与、权力和影响在地方政府层面获得有利于自己的规则和决策。

方式，既有效地动员了所有村民的参与，把村民分散的个人金融资产聚合起来，又再次公平确认了村民在村庄建设中各自的责任与义务，重整了村庄居民之间的社会网络关系。从而重新组织和强化了村庄居民非正式的社会资本，创造了一个团结协力的村社氛围。HD 社在早期资产培育中的另一个创造性举措是建立村庄老人俱乐部基金会。实际上，这个基金会是村庄中来自行政和民间信仰的两个不同背景的组织资产相互协作整合，创造了一个村庄不同组织建设性协作行动的志愿参与平台。这增强了村庄整体解决问题的力量。在 HD 社，老人俱乐部基金会常常扮演着一种特殊的角色——为村小组做他们无力做或不能做的事，扮演着这样非正式资源供给者的角色，又作为村庄政治精英的支持者，分担村小组和社区居委会在现有体制中被限定承担的村庄共同利益压力，缓解他们在村庄中承受的压力，与村庄政治精英形成分合进退的同盟关系。通过这种同盟，有效地化解了村民与政府之间的对抗情绪，控制了村庄与政府之间的压力指数，创造了村庄与政府之间相对正面的对话协商关系。

（三）社区资产正面循环的累积效应

随着邻近工业园区的发展，HD 社规划改造的成果逐渐显现出来。那些早期拆迁新建的房屋成为村庄改造的样板房。由此点燃了 HD 社村民普遍的翻建新房热情。更多的村民动员其个人社会资本来筹措资金，按照规划翻建房屋，带来了村庄建设的新高潮。房屋资产的增殖反过来促进了村民家庭金融资产的迅速累积，使他们有更多的资金到较好的学区买房，送孩子上各种培训班甚至出国留学，使他们在人力资本的发展上有了更多的选择。另外，基于前期发展成果的正面经验，HD 社村民更加注重跟随政府社区建设的步伐来建设社区资产与提升社区设施功能。因而也使 HD 社在 Q 市城中村改造主题不断变化的这 20 年中始终立于标杆的地位。

三　村庄资产建设的内在动力与地方维度

由 HD 社社区发展的案例可见，促使城中村主动投入社区建设的直接动力是来自外部的、自上而下行政征收的发展威胁。正是城中村社区集体感受到这种危机，激发出城中村村民强烈的情感去保住自己的村庄，使其在自身的发展中扮演了积极参与者的角色，造就了自内而外实现发展的强大动力。但是，同样面对类似的拆迁威胁，周边各村为何只有 HD 社爆发出如此强烈的、足以促进其持续投入资产建设的动力？HD 社村庄团结、勤劳的文化传统构成了村庄发展可以依靠的、强大的社会和文化资产。正是这份以相互依赖、共同面对困境挑战、同乡同土的集体生活记忆所维系的乡土情感，使 HD 社两个不同的宗派以及杂姓家族最终联合起来，以自己的智慧去创新发展。

因此，从根本上说，乡土认同是 HD 社村民参与村庄发展的原动力。HD 村的社区发展，是在一个由村落乡土认同生发的资产建设过程，它所表现出来的强劲的动力足以激发村庄重组整合自身的优势，去为自己创造一个新的机会结构和不同的增长方式。HD 社资产建设的起点就是抓住适当的机会资本，调动了以乡土认同为核心的村落文化的这些元素，使之重新变得活跃（见图 1）。通过村庄内公共设施资产的建设这个干预焦点，一方面带动社区中个人与家庭的人力资产、金融资产，影响村庄土地及房屋资产的组织与结构，创造出新的经济增长空间；另一方面撬动村庄社区组织与外部拥有资源的政府部门的关系，为村庄创造政治资产的发展空间，利用扩展的政治资产来反哺经济资产、公共设施的发展空间，进而促成政治资产的持续累积。

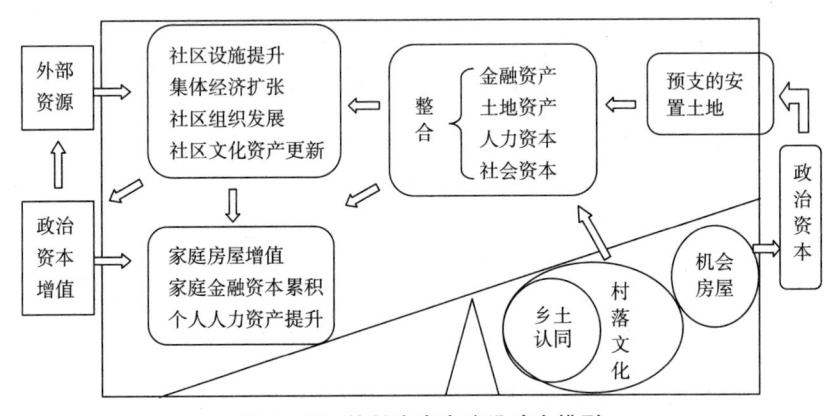

图 1 HD 社村庄资产建设动力模型

综上所述，在中国城镇化的背景下，城中村自然村落仍然拥有自内而外实现社区发展的意愿与能力。只要城中村社区干预的行动者能够更多关注城中村社区的"光明一面"与内在动力，城中村社区的"家园资产"就可能被激发与活化，从而以最小的外部资源投入带来社区最大化的更新与发展。从某种意义上说，城中村社区内自然村落在历史发展中所累积传承下来的"家园资产"，就是"地方维度"展现出来的具体形态。"家园资产"根植于"地方"。它以世代汇聚的乡土认同情感为纽带，串联起类型多样的工具性社区资源。归根结底，所谓"地方维度"，就是与这个"地方"相联系的独特知识与价值，是生活在这个"地方"的人们共享的生活经验与感受。

关于推进福建省应用型高校发展机制创新的对策建议（简版）

厦门理工学院　郭晓珍

福建省应用型高校转型发展过程中涌现出一些发展快、创新强的典型案例，同时也存在部分高校发展相对缓慢、思想保守、创新弱的问题。本文以厦门理工学院为重点研究分析对象，并对泉州师范学院、闽江学院等省内应用型高校进行深入调研，从中寻找推进福建省应用型高校发展机制创新的先进经验及存在问题，并提出若干建议。

一　应用型高校转型过程中主要存在问题

项目组在调研过程中发现各高校存在一些较共性的问题。

1. 部分高校及员工对于地方高校转型发展、供给侧改革的必要性以及建设高水平应用技术大学的重要性认识还不到位。

2. 部分教师的专业知识结构与建设高水平应用技术大学及培养应用型创新性高级专门人才的要求还不完全适应。外聘教师的管理工作尚待加强。部分专业领军人才和学科带头人不足的现象也较普遍。

3. 评价考核机制不完善。具体表现在：1. 评价指标不健全。2. 对专业技术人员科研成果所创造的经济效益、社会影响力的评价，在可操作性、科学性上均有完善空间。3. 未形成能上能下机制。4. 高级岗位数趋于紧张。

4. 科研考核压力较大。目前针对高校的评价还沿袭传统的研究型大学的评价体系，纵向课题、学术论文依然是衡量大学排名不可逾越的重要指标。

5. 科研人员收入分配机制不合理，开展科研活动存在障碍。

二 福建省应用型高校发展机制创新建议

（一）加大政策支持力度，引导、支持福建省应用型高校发展

1. 构建完备的应用型人才培养体系。应用型人才培养体系应该包含从职业技术教育、大学本科生、硕士、博士一系列完整的人才培养环节，这些环节可以满足地方经济中不同层次的需求，完备的人才培养体系也为应用人才的自我提升提供一条晋升道路。

2. 加强对应用型高校的公共政策支持。政府和教育部门应为应用型教育提供保障，完善配套政策体系，建立健全高等教育分类管理的制度体系，推进高等教育分类管理、特色发展。把应用型院校作为一种类型加以指导、培育，在人事管理、经费预算、项目立项等方面予以支持，教学质量评估、考核也应体现应用型的特点，其指标体系也应有别于其他类型的高校。应开放更多的服务地方的考核指标，在建设之初给予应用型高校更多的项目资源支持。

高校的上级主管部门对引进人才的条件限制应放宽，对人才在院校和企业间的流动人事方面给予支持。

3. 充分发挥试点高校改革创新的主动性、积极性，发挥示范引领作用。教育管理部门应及时总结交流推进转型发展的政策措施、转型高校改革试点进展情况和重要的经验成效。搭建地方应用型高校建设信息平台，提炼地方应用型高校转型成功典型案例、宣传展示应用型高校建设成果和改革亮点。

（二）学校明确定位找准目标，加强顶层设计，构建应用型人才培养体系

坚守应用型大学定位。应用型本科院校要有区别于其他类型高等教育院校的属性，其培养的人才要有鲜明的特征，解决高等教育办学趋同化问题。

做好顶层设计，人才培养方案应结合所在地域产业特色体现应用型特征。

（三）加强学习，促进高校、员工教育观念改变

各高校应进一步学习国家、省、市关于产教融合、转型发展的政策文件。明确人才培养是高校的根本任务，应用型高校更应把本科教学工作作为学校工作的重中之重，建立健全二级学院教学工作目标考核制度。在政策层面更加倾斜教学，将教学任务变成刚性指标。

（四）以产业需求为导向设置专业群，实现产教融合与学科建设共发展

1. 专业设置与地方经济发展特色紧密结合，实现产教融合与学科建设共发展。如厦门理工学院紧密对接厦门市十大千亿元产业链，布局发展8个学科专业群。泉州师范学院的体育专业结合晋江的体育产业发展，建立紧密合作，形成特色专业。

2. 落实学校转型改革方案、推进产教融合的制度措施，要求教师调整自我定位和职业发展定位，在教育及专业双重领域的理念、知识、能力及素养发展呈复合结构；鼓励引导教师走进产业企业，在产教融合中实现教育教学观念的转变；采取培养措施增加学校双师双能型专任师资比例。

3. 解决部分专业领军人才和学科带头人不足的问题。一是科学合理引进人才。按照学校发展规划对各学科各领域人才需求进行合理资源配置，合理规划引进人才目标。二是争取政府支持，设立人才专项资金，对高水平的领军人才和学科带头人、创新团队的引进采取更加灵活的政策。三是充分发挥二级学院在人才工作中的主体作用。建立和实施人才引进工作责任制和问责制。四是加大政策扶持，本着业绩优先、兼顾公平、向关键岗位和优秀人才倾斜的原则，对引进人才实行动态管理，保证人才的有效使用。五是为引进人才创造良好的成长发展环境，待遇引人之外，还要通过搭建平台、营造宽松和谐的人文环境等措施，为人才成长与发展创造条件。

4. 针对外聘老师存在问题，加强外聘教师管理，提升教学能力。应健全制度，明确外聘教师的工作职责及具体能力要求。依据制度严格遴选；重视外聘教师的培训工作；校院应采取有效措施，加强对企业兼职教师及

外聘教师的培训及教学过程的管理和监督。

(五) 师资评价培养机制创新

1. 改革教师聘任办法，上级部门应给予学校在岗位设置方面更多自主权。高校应进一步形成能进能出、分级流转、优胜劣汰的动态聘任管理机制。

2. 应用型高校的建设目标是服务于地方社会发展，每个高校所在的城市在文化、经济、社会的各个方面都有自己的特点，不能以统一的指标来要求。上级管理部门更应该适当改变工作方法，运用调查问卷等多种方法考核高校在服务地方方面的建设成果，给学校更多的评价权。科学设计评定指标，加大高新技术成果转化、技术创新的能力的比重。

3. 加大教学工作的考核权重。完善多元质量评价体系，从原有的定量评价为主转变为定性评价与定量评价相结合，从单一学生评教向多维评价结果的综合应用，充分发挥教学指导委员会对教学质量的指导与评价作用。

国务院最近出台了新的职称评聘办法，福建省各高校应充分调研，借鉴创新做法，制订相关办法，深入贯彻落实，如厦门理工首设的"重大业绩直接审定"的晋升方式值得借鉴。

(六) 应用型本科高校坚持将高水平作为其社会服务的价值导向，改革科研人员收入分配机制，提升科研效率，激发科研积极性

1. 进一步放宽科研经费支出管理，提高科研经费中间接经费比例。根据《关于实行以增加知识价值为导向分配政策的若干意见》进一步加大对科研人员的绩效激励力度，继续提高间接经费比例至40%，为科研经费使用"松绑"。也可借鉴闽江学院的做法，在横项项目给予免除管理费支持。厦门理工采取了放宽劳务费支出范围，不设比例限制；提高绩效支出额度且不设支出比例；改进结转结余资金留用处理方式；明确横向经费的使用范围，规定用按合同约定，不受纵向科研经费适用范围和比例的限制等做法值得借鉴。

2. 简化审批程序，提升科研效率。简化出国（境）审批手续，完善相关经费管理规定。目前使用科研经费出国出境开展国际合作交流需要提前一年报备，且要报相关主管部门审批，不符合科研工作的实际，建议缩短报备时间；放宽使用科研经费出国（境）至中长期，并建立相应的经费管理办法和报销标准。

厦门实施乡村振兴战略规划
(2018～2022年)(简版)

厦门市发展研究中心

徐祥清　彭梅芳　黄榆舒　欧阳元生　姚厚忠　兰剑琴

本规划按照产业兴旺、生态宜居、乡风文明、治理有效、生活富裕的总要求，立足厦门特色，对实施乡村振兴战略作出阶段性谋划，明确至2020年实现全面小康和2022年召开党的二十大时的目标任务，细化实化工作重点和政策措施，部署重大工程、重大计划、重大行动，确保乡村振兴战略扎实推进、走在前列，是指导全市各区各部门分类有序推进乡村振兴的重要依据。该规划共10篇34章，设置15个专栏，部署54项重点工程、重点计划、重大行动。

第一篇　绘就新时代乡村振兴新画卷

包括振兴基础、发展态势、总体要求三章四节。振兴基础和发展态势主要是在实地调研及各部门调研报告的基础上总结厦门城乡融合、现代都市农业、美丽乡村建设、农民收入、乡风文明、乡村治理以及农村农业体制改革等方面发展成就，以及厦门市乡村振兴迎来新形势新机遇、面临紧迫感使命感。

总体要求明确厦门实施乡村振兴战略的指导思想、基本原则、发展目标、远景谋划，围绕"产业兴旺、生态宜居、乡风文明、治理有效、生活富裕"5大类设置22个具体指标。其中发展目标既与国家分三步走的目标衔接，又考虑到厦门是沿海发达城市，可以适当超前，因此提出：

到2020年，乡村振兴取得重要进展，形成一整套具有厦门特色的乡村振兴制度框架、政策体系,农村环境明显改善,全面建成小康社会目标如期实现。

到2022年,乡村振兴取得重大突破,实现农村产业兴旺、生态宜居、乡风文明、治理有效、生活富裕,部分乡村率先基本实现农业农村现代化。

到2035年,乡村振兴取得决定性进展,农业农村现代化基本实现。

到2050年,乡村全面振兴,农业强、农村美、农民富全面实现。

第二篇 构筑乡村振兴新格局

内容包括统筹城乡发展格局、优化乡村发展布局、分类推进乡村发展三章九节。一是围绕统筹城乡发展空间,强调按照主体功能区定位,统筹优化国土空间的开发、保护和整治,完善城乡布局结构,划定城市边界,推进城乡规划一体化,构建城乡协调联动的融合发展新格局;二是提出坚持人口资源环境相均衡、经济社会生态效益相统一,打造生产空间集约高效、生活空间宜居适度、生态空间山清水秀,营造平等共享、人与自然有机融合的乡村生产生活生态空间;三是参照国家发改委的村庄分类,结合厦门市的实际情况,将厦门市村庄划分为集聚提升类、城郊融合类、拆迁撤并类,对不同类别村庄明确不同发展方向。

第三篇 培育都市现代农业产业新动能

内容包括健全都市现代农业产业体系、夯实农业生产能力基础、构建现代农业经营体系、创新农村产业融合发展体系等五章十七节。提出坚持走高端化、智慧化、生态化、国际化的现代农业发展的路子,构建都市现代农业产业体系,实现农业生产、生态、生活和示范功能的有机统一。充分利用各区资源,发挥比较优势,打造一批特色鲜明、优势集聚、产业融合、历史文化厚重、市场竞争力强的特色农产品优势区,促进优势特色农业产业做精做优。坚持农业提质导向,大力实施质量兴农战略,加快完善农产品质量和食品安全标准体系,加强农产品品牌建设,推进农业标准化、绿色化、优质化、品牌化发展。到2022年,厦门市都市现代农业产业区域化布局更加合理，都市现代农业产业特色更加突出，实现销售收入1200亿元，全市都市现代农业产业链销售收入达1200亿元以上，年均增长10%；一、二、三产业融合方面，到2022年，农村一、二、三产业融合发展水平进一步提升，产业链条完整、功能多样、业态丰富、利益联结紧密的格局基本形成，休闲农业与乡村旅游人次达1000万。

第四篇　塑造生态宜居美丽乡村新风貌

内容包括全面改善农村人居环境、推进农业绿色发展、加大乡村生态系统保护和修复力度三章十二节。牢固树立绿水青山就是金山银山的理念，以美丽宜居乡村建设、生态环境友好、资源永续利用为导向，全面提升农村人居环境质量，建设生活环境自然优美、生态系统稳定健康、人与自然和谐共生的生态宜居乡村。一是全面改善农村人居环境。以美丽宜居乡村为导向，以农村生活垃圾、农村生活污水治理和村容村貌提升为主攻方向，加快补齐农村人居环境突出短板，全面提升农村人居环境质量。二是推进农业绿色发展。以生态环境友好、资源永续利用为导向，推进投入品减量化、生产清洁化、废弃物资源化、产业模式生态化，加快形成农业绿色生产方式，提高农业可持续发展能力。三是加大乡村生态系统保护和修复力度。深入实施乡村山水林田湖草生态保护和修复工程，完善生态系统保护制度，促进乡村自然生态系统功能和稳定全面提升，生态产品供给能力进一步提升。

第五篇　焕发繁荣兴盛乡风文明新气象

内容包括加强农村思想道德建设、弘扬闽南优秀传统文化、推进农村公共文化建设三章十四节。以社会主义核心价值观为引领，深入挖掘和传承闽南优秀传统文化，推进农村公共文化建设，培育文明乡风、良好家风、淳朴民风，推动乡村文化振兴。到2022年，新时代党委政府领导、部门联动、城乡共建、全民参与的乡风文明建设制度框架和政策体系基本形成，精神文明引领作用进一步加强，社会主义核心价值观广泛弘扬，乡村社会文明程度显著提升，闽南优秀传统文化得到传承发展。

第六篇　构建现代乡村治理新体系

内容包括加强农村基层党组织对乡村振兴的全面领导、促进自治法治德治有机结合、夯实基层政权三章十一节。立足"全国一流、区域引领、厦门风格"工作目标，以农村社区治理和服务需求为导向，以城乡社区结对共建为抓手，健全以自治为基础、以法治为保障、以德治为支撑的"三治"相结合的乡村治理体系。复制推广城乡社区治理成熟的经验和社区工作法，助力实施乡村振兴战略，到2022年，形成党组织领导、政府主导、社会协同、公众参与、法制保障的多方参与、共同治理的现代乡村社会治理体制，确保乡村社会充满活力、和谐有序、温馨包容。

第七篇　增进乡村民生新福祉

内容包括加强农村基础设施建设、提升农民就业质量、增强公共服务供给能力三章十二节。以实施跨岛发展为抓手，围绕农民最现实的利益问题，加快补齐农村民生短板，不断加大对农村基础设施建设和公共服务体系投入，提升农民就业质量，持续缩小城乡居民生活水平差距，提高农村美好生活保障水平，满足农民群众日益增长的民生需要，让农民群众有更多实实在在的获得感、幸福感。

第八篇　增创农业农村开放新优势

包括深化厦台合作交流、融入"海丝"支点城市建设两章七节。围绕发挥厦门作为"21世纪海上丝绸之路"支点城市、厦台合作交流先行先试等优势条件，深化厦台农业产业对接、合作交流、乡村对接，主动融入"一带一路"，积极扩大特色农产品出口，提高利用外资水平，增创对外合作交流新优势，加快构建农业农村对外开放新格局。到2022年厦门农业农村对外合作交流先行先试的引领作用进一步增强。

第九篇　建立城乡融合发展新机制

内容包括强化乡村振兴人才支撑、深化农村土地制度改革、统筹推进农村各项改革、畅通乡村振兴投融资机制四章十六节。通过建立健全城乡融合发展的体制机制和政策体系，形成城乡融合发展新格局，更好激发农村内部活力、优化农村发展外部环境，推动资本、技术、人才、资金等要素向农村倾斜，激活市场、激活要素、激活主体，为乡村振兴注入新动能。

第十篇　强化规划实施新保障

主要从健全工作推进机制、健全政策法治保障、动员社会积极参与和强化考核评价评估、科学把握推进节奏五方面提出保障措施以确保规划落实落地，共五章。提出坚持党的领导，建立健全政府、市场、社会协同推进机制，科学配置资源，强化责任落实，广泛动员全社会力量，切实形成乡村振兴的强大合力，保障乡村振兴战略顺利实施。同时，体现习近平总书记的指示精神，强调乡村振兴战略任务的长期性和艰巨性，既尽力而为又量力而行，扎实有序推进乡村振兴。

海绵城市建设"厦门模式"研究报告（简版）

课题组[*]

党的十九大报告提出了"建设生态文明是中华民族永续发展的千年大计"的新论断，推动我国生态文明建设进入了新时代，使生态文明成为习近平新时代中国特色社会主义思想重要特征。海绵城市是生态文明在城市中的具体体现，作为国家第一批试点城市之一，厦门市以海绵城市试点建设为契机，把"创建国家海绵城市示范市"作为城市发展转型的具体抓手，秉持实事求是的原则，在现有城市建设体制机制的基础上先行先试，进行了科学的谋划和合理的决策，全方位植入海绵城市理念和管理方式，开辟多项举措，统筹推进海绵城市示范市建设。

一 试点探索与成效

根据海绵城市新老城区的不同建设要求，分别选取海沧马銮湾片区、翔安南部新城片区开展试点建设，总面积为35.4平方公里。

（一）海沧马銮湾试点区

海沧马銮湾试点区面积为20平方公里，位于厦门市海沧区北部，现状开发强度较大，以工业用地、城中村建设用地为主，存在7处村庄易涝点和1处黑臭水体（新阳主排洪渠）。

从自身突出的黑臭与内涝问题出发，试点建设需统筹黑臭水体及涝点整治，深入改造工业厂房、建筑小区、公建设施、市政道路等源头减排项目，全面开展市政管网清淤、截污、扩容改造工作，并新建调蓄设施，尽

---

[*] 课题组成员：吴连丰、谢鹏贵、王宁、黄黛诗、王泽阳、林俊杰、林卫红、王连接、张李翔。

可能地在岸上就将污染截住、把雨水留住。通过系统梳理,试点区计划建设项目127项,其中源头减排项目105个,过程控制项目12个,系统治理项目10个,计划投资43.92亿元。

通过三年试点建设,海沧马銮湾试点区系统解决新阳主排洪渠黑臭现象以及西园村、芸美村等7处内涝问题,显著改善试点区生活生产环境,为全市其他建城区解决黑臭、内涝问题及海绵化改造提供了优质样板。

(二)翔安新城试点区

翔安新城试点区面积为15.4平方公里,试点区内大部分区域尚未开发,无水体黑臭和内涝现状,但是初期传统的开发建设已使水面率呈逐年减少趋势,亟须转变新城开发模式,海绵试点的目的在于探索保护自然生态格局为先,坚持目标为导向,合理控制开发强度,统筹精细化的源头减排海绵设施与高品质的公共海绵空间,实现先"梳山理水"、再"造地营城"的新城开发模式。结合片区开发计划制定海绵试点建设任务,近期安排海绵建设项目共69项,其中源头减排项目38项,过程控制项目27项,系统治理项目4项,计划投资35.52亿元。

通过三年试点建设,翔安新城试点区重点探索了新城建设海绵管控,从源头上减轻传统新城开发建设模式引发的涉水问题,其规划建设管控经验已为厦门市推广海绵城市建设提供了坚实的基础,成为厦门生态宜居新城建设的典范。

二 保障机制

针对海绵城市建设的相关内容和要求,厦门市在现有"多规合一"等现有体制机制的基础上,构建形成由组织保障、制度保障、资金保障和技术保障等部分组成的机制保障体系,充分发挥机制保障对海绵城市建设全过程的协同支撑作用。

(一)组织保障

试点初期,厦门市成立由市委市政府主要领导组成的厦门市海绵城市建设工作领导小组,并将海绵城市建设职责纳入市市政园林局部门职能,统筹负责全市海绵城市建设的推进、考核等工作,同时要求各区分别成立海绵城市协调机构，全面推进海绵城市建设。试点结束后，为了进一步形成长效的体制机制，将海绵城市建设纳入市市政园林局职能，并且确立了各职能部门在海绵城市建设中的职能和责任，同时将海绵城市建设纳入生态文明建设评价考核体系，逐步实现了政府职能由试点探索到常态管理的转换。

（二）制度保障

海绵城市建设是一项涉及面广又周期漫长的民生工程，既需要"立规矩"，又要"放管服"。厦门充分利用市建设项目审批平台和海绵城市管控平台，在不增加项目行政审批环节的情况下，将各项管控权责细分到各建设节点和各相关部门，按照"事前强管控，事中抓监督，事后重评价"的思路，构建了完善的海绵城市建设管控体系。

在事前审批阶段，由土地规划管理部门在选址意见书和规划设计条件中直接明确具体的管控指标；在工程规划许可阶段，委托技术机构对具体建设方案进行联合技术指导，同时将海绵城市施工图审查纳入施工许可要求中；在施工组织阶段，质安站、监理单位和工程质量检测机构对海绵城市建设项目开展日常监督监测和"双随机"抽查；在竣工验收阶段，相关部门进行海绵城市设施的施工验收并同步开展项目质量评价；在后期的运营维护阶段，通过运营维护单位及时录入维护信息，确保工程可以长期有效运行。

（三）技术保障

一是加快本地技术力量培养。海绵城市建设理论知识涉及面广，专业技能要求高，强有力的专业技术咨询团队是工作顺利开展的坚强后盾。试点建设期间，制定"三步走"的技术保障策略，通过引入社会认可的技术专家和技术支持单位参与试点建设的谋划和咨询工作，同步培养本地化规划、设计、施工等海绵技术力量，以服务于海绵城市建设长远发展。

二是加强基础研究，制定规范标准。开展土壤下渗能力、土壤污染物、径流污染特征、植物适应性、地下构筑物影响等因素，重点加强了降雨频率图集、属地化参数及城市雨洪模型技术等研究，在各项研究的基础上，制定海绵城市建设设计、施工、运维等9项标准文件，为厦门市海绵工程建设各个阶段提供了有力的技术支撑。

三是建立高效、规范、科学的海绵城市管控平台。建设海绵城市信息化管控平台，用于实时掌握海绵城市建设的相关信息，而且为科学指导海绵城市建设提供了强有力的数据支撑，进一步提高了城市智慧管理水平。

（四）资金保障

整合市、区两级资金，全面推进海绵城市建设。具体包含城市基础设施建设资金、PPP模式融资投入、社会资金投入、中央财政专项补助资金四项。

三　经验总结

海绵城市不是一项具体的建设工程，而是一种城市发展方式。厦门在城市发展的决策与实践中，始终把生态文明摆在首要位置，充分利用已有的城市建设体系，与海绵城市建设有机融合，改进城市发展治理体系，提高城市发展治理能力，走出了一条具有鲜明特色的路子。

（一）海绵城市建设不是独立存在的体系，而是扎根于现有体系的创新理念

海绵城市建设如果脱离了现有规划体系与建设平台，再完美的规划方案也将成为一纸空谈，最终落不了地。从理念提出到落地实施，海绵城市建设都需要在现有规划体系与建设平台的基础上，不断地融合与创新，才能真正地面向管理、面向实施。

（二）海绵城市建设不是简单的项目拼凑，而是一项系统性工程

海绵城市建设注重流域整治的系统性，传统的"项目引导建设"模式已难以满足要求。经过探索，厦门利用"多规合一"平台，形成多部门协同的工作机制，将"项目引导建设"扭转为"系统谋划建设"方式，从而保障了海绵城市建设项目的系统性生成。

（三）海绵城市建设不是某个部门单干，而是多部门协同配合

海绵城市建设融合了多个专业，并不仅仅属于某一传统职能部门的管

理范围，不能将责任完全推给某一部门，而需要多个职能部门的协同配合和管理，才能保障海绵城市建设的水平和质量。

（四）海绵城市建设不是单专业的工程，而是多专业融合的系统

海绵城市建设具有多学科交叉、多领域配合的特点，单专业的技术标准体系无法指导海绵城市建设。为了弥补海绵城市建设方面的技术标准体系空缺，厦门在多专业研究的基础上发布了9项海绵城市技术标准，形成涵盖规划、建设、运营管理等全生命周期的海绵城市标准体系，保障海绵城市建设项目的每一个步骤都有据可依、有章可循。

（五）海绵城市建设不是政府闭门造车，而是集思广益，从人民群众的切实需求出发

海绵城市建设不仅需要政府部门之间分工协作，也需要社会力量的共同参与。只有让人民群众在海绵城市建设中扮演"共谋、共建、共管、共评、共享"的角色，问需于民，回馈于民，才能不断地了解并满足人民群众的实际需要，提高群众的获得感和幸福感。

厦门市分级诊疗实施现状及模式特色的调查与研究

张兴祥　庄雅娟　陈申荣　杨叔禹　洪丰颖　陈粮　周文

从制度经济学的视角看，无论是改革开放、体制转型还是经济发展方式的转变，说到底都是深刻的社会制度变迁。中国医改是在探索中前进的一场制度变迁，其动力来自医疗领域供、求两方面长期存在的累积性矛盾。建立全民医保体系、推进公立医院改革、完善基层运行机制、发展社会资本办医，这四个方面的改革主导了"十二五"期间医改的方向。然而，当前"看病难，看病贵，看病累"仍成为举国上下关注的重大民生问题。

一　新一轮医改与厦门的分级诊疗试点实践

2010年，国家卫生部、中央编办、国家发展改革委、财政部、人力资源和社会保障部正式发布《关于公立医院改革试点的指导意见》（以下简称《指导意见》）。全国遴选了16个有代表性的城市作为首批公立医院改革试点城市，厦门市名列其中。2013年，党的十八届三中全会审议并通过《中共中央关于全面深化改革若干重大问题的决定》，提出要"完善合理分级诊疗模式，建立社区医生和居民契约服务关系"。2014年，一些地方开始着手试点，国家层面也逐渐把注意力转向分级诊疗。可以说，随着新一轮医改的启动，分级诊疗被置于重中之重的位置。

实际上，早在2008年，厦门市就立足于地方实际，率先开始了分级诊疗方向的改革尝试，经过不断地调整和完善，形成了"慢病先行，急慢分治，上下一体，三师共管"的分级诊疗模式，取得了令人瞩目的阶段性成果。2015年，福建省被列为全国四个医改综合改革试点省份之一，厦门市同步制定了公立医院综合改革试点实施方案。同年9月，"厦门模式"的试点经验和一些成功做法被国务院办公厅发布的《关于推进分级诊疗制度建设的指导意见》所吸收,这在一定程度上表明,厦门市分级诊疗改革经验具有可复制性和可推广性,为全国医改提供有价值的思路、方案与模式借鉴。在2015年底举办的第八届中国地方政府创新奖评选中,"厦门市分级诊疗改革"成为全国唯一获此殊荣的医改项目。

二 公立医疗改革难点与厦门分级诊疗改革的突破口

我们知道,在分级诊疗改革进入人们的视线前,新医改最难啃的"硬骨头"——公立医院的改革始终没有一条较为清晰的路径。大医院的"虹吸效应"不断加剧医疗资源分配的不均,越来越多的优质医疗资源集中于大医院,进而导致大量本可在基层社区就诊就医的患者被"虹吸"到大医院,"倒三角"结构非常突出。"虹吸效应"导致小病、慢病向大医院聚集,结果使大医院始终处于"战时状态",人满为患,不堪重负。由于三级医院有限的资源被小病、慢病占用,不少急危重症患者被延误,失去了最佳治疗时间。不仅如此,已有体制的弊端还衍生出许多相关问题,如民众就医难度大,"以药养医"现象极为普遍,过度医疗行为难以遏制,医疗费用不断攀升,医务人员负荷过重,医患关系趋于紧张,等等。

分级诊疗改革后,厦门市大医院和基层医疗机构的关系得以理顺,良性互动、互相促进、协调发展的格局逐步呈现。通过将原先由大医院承担的一般门诊、康复和护理等分流到基层医疗机构,促进"职级适配"诊疗层级分工体系的形成,有效缓解了医疗资源不足和资源分配不均的问题。同时,这场以"慢病先行、两病起步"为突破口的改革,还有效地提高了慢性病患者的控制率,使许多糖尿病、高血压患者以更低的医疗费用获得更全面的健康管理。随着分级诊疗向普通人群的进一步推广,"看病难,看病贵,看病累"的问题有望得到根本性的解决。

三 主要研究内容

第一章为西方发达国家分级诊疗体系比较,主要选择英国、美国、德国和日本这几个比较有代表性的经合组织(Organization for Economic Co-operation and Development, OECD)国家,通过梳理这些国家分级诊疗制度特点,能加深我们对分级诊疗模式的理解,同时有利于我们借鉴国际经验,完善自身建设。一是提高基层医疗能力,增强公众信任感;二是注重转诊秩序，完善分级诊疗；三是鼓励民间资本注入，缓解医疗资源紧张；四是适当引入竞争激励机制，提高医疗服务质量；五是强化政府监督管理职能，明确规范医患双方行为。

第二章考察了厦门医改经历的三个不同版本，分析这些版本的演变路径及其内在逻辑，进而归纳出厦门分级诊疗模式取得成功的原因。厦门医改1.0版本（2008~2011），主要以"医疗集团化"模式为核心，着力破解大医疗与基层医疗卫生机构的"两张皮"问题。厦门医改2.0版本（2012~2015），为了弥补1.0版的不足，提出推进慢性病防治医院—社区一体化管理的构想，即五个"一体化"：预防治疗康复一体化、社区与医院一体化、专科医生与全科医生一体化、医生管理与患者自我管理一体化、中西医结合一体化。2.0版经历了2012年至2015年4年的磨合和改进，厦门市在实践中不断改进，最终形成了相对成熟的"三师共管"医疗服务模式，创新了慢性病规范化管理工作模式，引导患者科学有序就医。厦门医改3.0版本（2016~），这一版本的改革重点在于将分级诊疗进一步普及化，也就是覆盖健康人群，逐步探索建立"家庭医生"制度。

第三章对已有研究文献的制度变迁理论和模式作了梳理，并构建了一个融合诱致性制度变迁与强制性制度变迁两种路径的分析框架。在此基础上，本文构建了以政府（包括中央政府和地方政府）为发起主体的一般性制度变迁模型，融合了诱致性制度变迁与强制性制度变迁两种路径。这一理论分析框架以中央政府发起强制性变迁为初始状态，将制度变迁过程中可能出现的情况分为三种：一是地方政府依照中央命令落实改革措施且新制度顶层设计科学，自上而下的推行畅通无阻；二是制度设计存在一定的偏差，推行过程中遭到来自微观主体的抵制，中央政府不得不重新调整制度甚至推倒重来；三是制度推行受阻，地方政府及时捕获了制度创新的机会，私下里根据市场需求主动发起制度创新，并在事后获得中央政府的认可。进一步地，本文把上述第三种情况独立细分出来，结合厦门市分级诊疗改革的案例，提出一个两阶段制度变迁模式。同时基于参与主体的成本—收益视角，对厦门分级诊疗改革的两阶段制度变迁路径进行详细分析。

第四章通过构建一个动态博弈模型进行分析，为分级诊疗改革的"厦门模式"取得良好效果提供了一种理论解释，在此基础上，以厦门市三甲医院为实验组，以福建省、广东省、江苏省省属三甲医院为对照组，采用双重差分方法（DID），对厦门市分级诊疗改革政策实施的效果进行量化评估。研究结果表明：以厦门市二级甲等医院为实验组，以福建、广东、江苏等地省属的三甲医院为对照组，厦门市的分级诊疗改革确实取得实质性成效，有效地引导慢性病患者下沉到基层医疗机构。趋势检验和稳健性检验也支持上述实证结果。

第五章从厦门市"高友网""糖友网"一共随机抽取了 2 万多条数据，采用逻辑回归（Logit）方法和最小二乘法（OLS）对厦门市实行"1 + 1 + X"和"三师共管"的慢病管理绩效进行实证分析。研究发现：（1）实施"1 + 1 + X"和"三师共管"后，有 76% 的可能性提高了收缩压指标的健康水平，有 23% 的可能性提高了舒张压指标的健康水平；（2）高血糖患者的血糖波动水平明显下降了 11.4%，同时发现年龄上升会增加血糖的波动水平。

第六章为社区居民满意度和分级诊疗的影响因素分析，本章利用问卷调查获得的数据，考察社区居民（患者）对厦门市"三师共管"分级诊疗政策实施的满意度，然后运用主成分分析法和 Logit 回归方法，筛选出影响分级诊疗模式实施的关键因素。最后部分为存在问题及对策建议。

四 结论

厦门的经验表明，激励地方政府制度创新需要建立"容错"机制，以发挥其"平衡器"的作用。同时，制度创新关键是人，不管是发起主体还是参与主体，只有把人的积极性释放出来，制度变革才能顺利推进。地方政府制度创新宜采取诱致性变迁路径，以需求侧为导向倒逼供给侧改革，使变迁的各参与主体最大化地步调一致，实现多方共赢。当然，在鼓励和激发地方制度创新的同时，必须加强顶层设计，突出中央政府的主导地位，注重各方面工作的衔接和协调，强化统筹和"一盘棋"方略，以克服分割推进、分散试点对制度整合带来的不利影响。

关于挖掘华侨文化遗产、延展鼓浪屿旅游深度的建议

中共厦门市委党校　袁绚

2017年厦门市接待海内外游客7830万人次，同比增长15.66%；旅游总收入1168亿元，同比增长20.68%。作为厦门旅游业的一面旗帜，鼓浪屿游客量几乎达到饱和状态。但是鼓浪屿旅游的业态依然是以半日游为主，大多数游客在岛上逗留的时间不超过4.5小时，很有必要拓展鼓浪屿的旅游空间，延展鼓浪屿的旅游深度。华侨文化在"鼓浪屿：历史国际社区"形成的过程中曾发挥过不可替代的重要作用，鼓浪屿申遗成功后，应充分挖掘华侨文化的潜在内涵，促使其不断发展，在新时代发挥新作用。通过保护、传承、挖掘鼓浪屿华侨文化遗产，增加新的文化旅游内涵，可以有效地延展鼓浪屿旅游深度，进一步提高鼓浪屿在厦门文化发展和旅游经济中的价值。为此，提出以下几点建议。

一　挖掘鼓浪屿华侨文化遗产，推动鼓浪屿旅游从半日游转化为一日游

在"鼓浪屿：历史国际社区"的形成过程中，华侨是主要的居民，他们奠定了鼓浪屿建筑的总体格局，完成了社区功能的建设。同时，华侨文化也是中西文化之间相互融合的产物和黏合剂，以对传统文化的传承和对外来文化的借鉴，形成其丰富、包容的文化特色。"鼓浪屿：历史国际社区"作为中国乃至世界首个明确将社区作为核心价值的世界遗产，对其核心价值的守护和传承应该体现在保护当下社区生活的真实存在和保证历史社区文化的延续。建议厦门市政府组织力量，挖掘鼓浪屿华侨文化遗产，整合鼓浪屿的华侨文化元素，突出鼓浪屿的华侨文化特色，增加新的华侨文化旅游项目，吸引游客在鼓浪屿延时逗留，把相当大一部分游客的半日

游变成鼓浪屿一日游。

二 打造华侨主题旅游线路，引导游客充分认识世界文化遗产的内涵

鼓浪屿近年来认定的391栋历史风貌建筑中，至少有80%以上是华侨和侨眷的产业。这些历史建筑和文化遗迹散布在岛上的各个角落。虽然鼓浪屿的岛屿面积仅有1.88平方公里，但道路蜿蜒交错，岛上又禁止行驶机动车，这些地理和交通因素使得游览和参观鼓浪屿成为"体力活"。因此，一系列已经制定好的、方向明确、标示清晰、各具特色的旅游线路，可以将分散全岛的景点串联起来，不仅能增加良好的旅游参观体验，还能充分展示鼓浪屿不同方面的特色。

虽然申遗成功，但来鼓浪屿游览的人群中不少人对鼓浪屿作为世界文化遗产的内涵并不了解，甚至片面地以为其只是"殖民地遗产"，忽视了华侨文化在其中发挥的重要作用。可结合华侨文化遗产的位置、内涵，精心制定数条华侨主题旅游线路。比如，可将私立鼓浪屿医院旧址、风琴博物馆（八卦楼）、延平戏院旧址、中南银行旧址、电话公司旧址、唱片博物馆（黄荣远堂）、钢琴博物馆（菽庄花园）串联为"华侨文化"线路，这条线路上的建筑都与华侨相关，行走在这条线路上，不仅可以领略岛上最具特色的几处建筑的不同风格，了解华侨建设鼓浪屿的历史和社区生活的各方面，宣传华侨们爱国、进取、勤劳、开放、包容、奉献的精神，还能同时参观几个较大规模的博物馆。可将旅游线路在官网和微信公众号的电子地图中明确标示，并配上相关导游词或语音讲解，方便游客或市民自助游览参观。

三 结合华侨建筑的特殊历史意义，建造相关主题博物馆

积极地使用，合理地利用，是对历史建筑最好的保护。可结合鼓浪屿"全岛博物馆"计划，挖掘涉侨历史建筑的渊源，改造成相关主题的博物馆，活态传承文化遗产。比如，可将鼓浪屿龙头路100号的中南银行厦门分行旧址（占地面积251平方米，建筑面积869平方米，在产权上属于公房公管）及相连物业改造成国内首家华侨金融博物馆。现阶段对中南银行厦门分行旧址的利用方式是作为中南银行的历史沿革展馆，同时有招商银行的营业网点入驻。可在此基础上扩建为专题性更强、展览内容更丰富的国内首家华侨金融博物馆，通过文字、图片、实物、模拟演示等方式，展示华侨在回国兴办实业、教育和公共事业过程中的金融活动。充分体现中南银行在中国近代金融业的地位，及其发起人黄奕住在近代金融史、华侨史和鼓浪屿发展史上发挥的重要作用。

四 规划出岛上部分区域建设文化艺术区，丰富社区人群结构，复兴社区文化活力

鼓浪屿岛上西部内厝片区的部分区域，远离龙头路商业区，地价相对便宜，环境相对安静。可依托原厦门工艺美术学院鼓浪屿校区的传统文化优势、教学优势、校园环境和地理优势，为海外归来的愿意在鼓浪屿定居的文化艺术工作者提供工作室和作品展览区，并打造成新的文化旅游项目，提升鼓浪屿的文化气质和国际知名度、影响力。

在建设文化艺术区的同时积极出台人才政策，吸引从事人文艺术学科的海外华侨定居鼓浪屿。主要吸引如美术家、设计师、音乐家、舞蹈家、作家、诗人、电影从业者等，来鼓浪屿定居或开设工作室。建议给予他们优先落户、人才住房、个人住房或工作室房租补贴、税收减免等优惠政策，帮助他们在鼓浪屿的优美环境和文化氛围下，创作出更多更优秀的作品。还可吸引世界各地华侨中的文化艺术类学生到鼓浪屿开设文化、艺术、设计类院系课程，或是访学班、写生基地、工作坊、夏令营等，广泛开展新生代华侨与鼓浪屿的文化艺术交流。

五 举办国际性艺术活动，营造文化精品岛的氛围

例如举办街头表演艺术节，为全世界的文化艺术工作者搭建沟通的桥梁，通过在其中糅入华侨元素或设置与华侨相关单元的方式，有针对性地在华侨群体中进行宣传，吸引他们来到鼓浪屿。街头表演艺术人数规模小、形式多种多样、内容灵动活泼，对表演舞台的要求不高，可借助鼓浪屿没有机动车，道路和建筑富有文艺气息的优势，将全世界的街头表演艺术家会聚于此，也为鼓浪屿增添一道道流动的风景。

福建自贸区背景下闽台高科技产业协同合作机制研究

林媛媛[*]　林朝晖　胡贤芳　刘峰　张轶岚
黄俏梅　沈少川　叶允华

2015年4月21日，福建自贸区正式挂牌成立，致力于立足海峡两岸，充分借助福建对台优势，把自贸试验区建设成深化两岸经济合作的示范区和改革创新的试验田，创新闽台两岸合作新机制，打造面向21世纪海上丝绸之路沿线国家和地区开放合作的新高地。对于身处经济结构转型重要期的福建省和台湾地区来说，福建自贸区的建立为闽台高科技产业深度合作提供了发展机遇，因此通过分析当前内外部因素对闽台高科技产业合作的影响，探讨闽台高科技产业合作系统内部运行方式，针对性地创新协同合作模式和协同合作机制，具有重大意义。

一　福建自贸区的建立效果初现

2014年12月中央批准福建建立自贸区，为区位和功能不同的三个片区，分别是福州、厦门和平潭片区。2015年4月21日中国（福建）自由贸易试验区正式挂牌。作为"21世纪海上丝绸之路"核心区建设的桥头堡和支点，福建自贸区的战略意义至关重要。

福建自贸区总面积118.04平方公里，其中福州片区31.26平方公里，分为福州经济技术开发区（22平方公里）和福州保税港区（9.26平方公里）；厦门片区总面积最大，为43.78平方公里，分为东南国际级航运中心海沧港区（24.41平方公里）和两岸贸易中心核心区（19.37平方公

---

[*] 林媛媛：博士，集美大学教授，研究方向为产业经济、两岸合作交流。

里);平潭片区总面积 43 平方公里,包括港口经贸区(16 平方公里)、高新技术产业区(15 平方公里)和旅游休闲区(12 平方公里)。

表1 福建自贸区重点创新举措和平台建设

片区	重点创新举措	功能性平台建设
福州	"一表申报、一口受理、一证三码"、"一掌通"3A 移动税务平台、"源头管理、口岸验放"快速通关模式、试点海运快件进出境业务、放宽直接运输判定标准、台车入闽一体化快速通关模式等	重点建设 11 个平台,已建成东盟海产品交易所和中小企业公共服务平台。正在建设的有自贸区保税商品直销中心、互联网游戏产业园创业平台、台湾青年创业营地、万国大宗商品交易和资源配置平台等
厦门	"三证合一、一照一码"、厦门海关和国检"一站式"查验平台、大力发展融资租赁等非银行金融业务和对台离岸业务、打造两岸互联网联盟、建立两岸青年创业创新创客基地等	重点建设 49 个平台,已建成平台 27 个,包括东南红酒交易中心、象屿商品展示交易中心等。正在建设的平台 16 个,包括象屿集团台湾商品 B2B 跨境直送分销平台、跨境电商综合服务平台等
平潭	对台企试行"台商协会总担保制度"、率先采信台湾认证认可结果和检测结果、试行"先放行,后报关"模式、创新台湾输大陆商品快速验放机制、与台湾联合主办培训、发放领骑证等	重点建设 15 个平台,已建成 6 个,包括海运快件中心项目、红石创业孵化器项目等。正在建设 4 个平台,包括互联网金融支付总部项目、台湾大宗商品交易中心、大学生创业孵化器、利嘉物流园项目等

资料来源:整理自福州自贸区管委会、厦门自贸区管委会、平潭自贸区管委会网站所载数据。

截至 2016 年 4 月,福建自贸区一共推出实施 160 项创新举措,其中有 63 项是全国首创,复制拓展 44 项,复制 53 项。包括备受关注的企业设立实行"一表申报"制度和企业注册实行"三证合一、一照一码"登记制度和"全程电子化登记"制度;简化 ECFA(海峡两岸经济合作框架协议)货物进口原产地证书提交需求;口岸通关"一关通"模式;国际海关 AEO(经认证的经营者)互认制度。这些措施和制度基本上已经都在福建省推广和实施了,无疑给闽台深度合作带来了新的机遇。

二 闽台高科技产业发展比较

1. 产业规模比较

福建省高科技产业规模在近几年取得了较高速度的发展,产值从 2011 的 8928.41 亿元增长到 2015 年的 13105.5 亿元,年平均增长率达到

11.7%，产值占工业产值比重在 2000 年时只有不到 20%，经过十多年的发展已经增长到 30% 以上，2015 年达到 30.7%，福建省的高科技产业发展速度总体上较快，但是还处于起步发展阶段。而台湾虽然增长速度不如福建，但高科技产业产值一直维持在福建产值的 2 倍以上，至今高科技产业占工业比重已高达 60.6%，其高科技产业已处于成熟阶段（见表2）。

表 2　2011~2015 年闽台产业规模对比

年份		2011	2012	2013	2014	2015
高科技产业产值（亿人民币）	福建	8928.41	10331.5	11562.02	12726.7	13105.5
	台湾	22435	23624	24876	26194	27582
高科技产业产值占工业比重（%）	福建	31.4	31.9	31.5	30.6	30.7
	台湾	60.3	60.5	60.5	60.8	60.6

资料来源：根据历年《福建统计年鉴》及台湾地区"科技部"所载数据整理。

2. 产业投入比较

台湾一直很重视科研经费的投入，在 2005 年 R&D 支出已经占到 GDP 的 2.32%（见图1），远远高于福建省的 0.8%。近十年以来，双方每年都持续加大对高科技产业研发的投入，2015 年台湾和福建 R&D 支出分别达到 1050 亿元和 401 亿元，R&D 投入占 GDP 比重分别是 3.0% 和 1.55%，福建与台湾在 R&D 投入上的较大差距，也从资金层面反映出双方产业投入的差距。台湾 R&D 支出占 GDP 比重除了在 2010 年比例有所下降，其他年份均实现增长，福建则每年呈递增状态（见图1）。

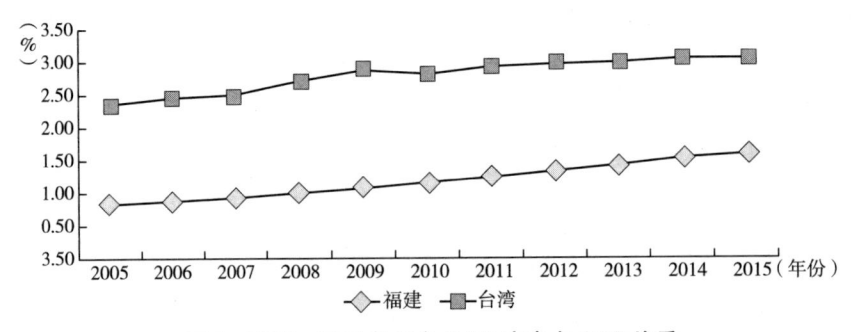

图 1　2005~2015 年闽台 R&D 支出占 GDP 比重

资料来源：根据福建省科技厅、历年《福建统计年鉴》和台湾地区"科技部"所载数据整理。

3. 产业结构比较

从产业结构来看，福建省的高科技产业产值主要集中在高新技术改造传统产业上，2014年占比高达60.8%，高技术制造业和高技术服务业分别占30.5%和8.7%，高技术制造业中又以电子及通信设备制造业（包括电子及办公设备制造、电子及通信、移动通信、集成电路等产业）最为突出，占到高科技产业产值的19.5%，其次是计算机及办公设备制造业（7%）、医药制造业（2%）和医疗仪器设备及仪器仪表制造业（1.1%）（见图2）。

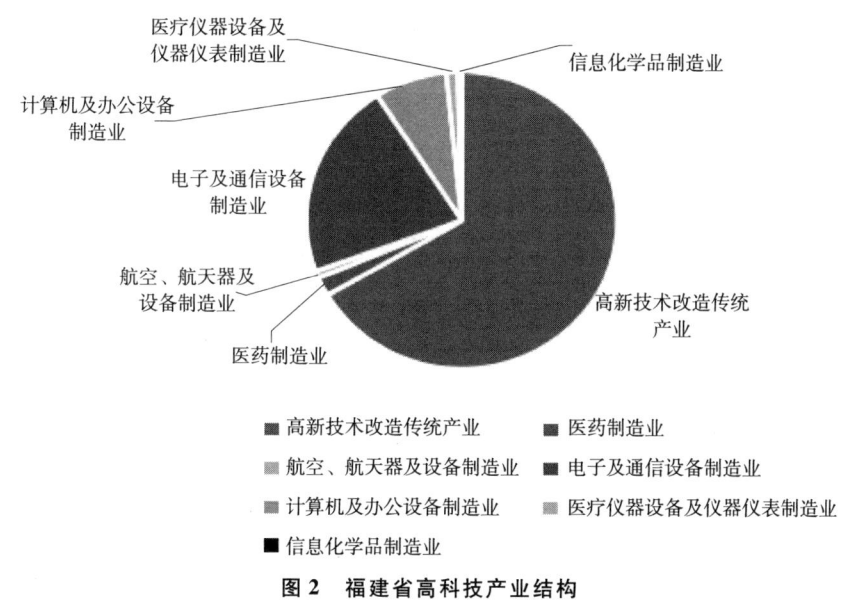

图2 福建省高科技产业结构

资料来源：根据福建省科技厅、历年《福建统计年鉴》所载数据整理。

从2014年台湾三大高新技术园区各主要产业产值分布来看，电子资讯工业的比重要超过90%，其中集成电路和光电产业的比重分别为62.6%和29%，精密机械、电脑及周边、通信产业分别为3.5%、1.8%和1.6%，目前来看，生物技术产业的产值还没有形成较大规模，占比为0.8%（见图3）。产业结构上的互补将帮助福建省从以低端产品向高端领域的结构性调整。

4. 高新技术园区发展比较

福建省目前有包括厦门火炬高新技术开发区、福州高新区、泉州高新区、漳州高新区、莆田高新区、三明高新区、龙岩高新区在内的7个国家

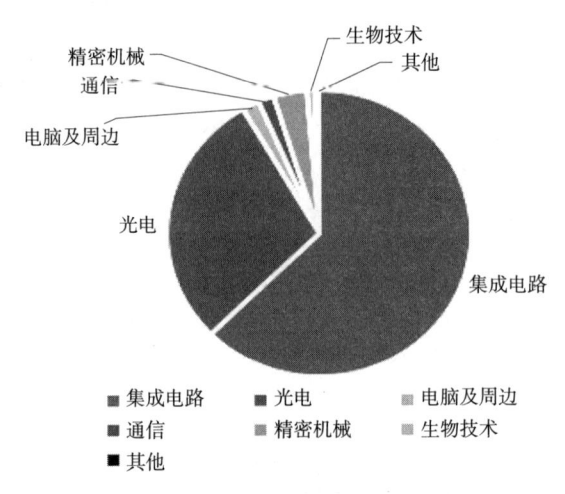

图 3　台湾高科技产业结构

资料来源：根据台湾地区"科技部"所载数据整理。

级高科技园区。根据中国科技部 2015 年公布的全国高新区最新评价结果，在全国 113 个国家级高新区中，厦门火炬高新区是福建省内综合排名最高的高新区，排在第 20 位，可持续发展能力则排在全国第 7 名。经过近年来的发展，形成了集成电路、电子计算机及办公设备制造、新型平板显示等产业集群，形成了较大的规模效应，并且逐渐发展形成生物医药、LED 产业和新材料等特色产业集群。

台湾方面，20 世纪 70 年代后，在台湾行政机构的引导下，台湾陆续建立起了北部新竹科学园区、中部科学园区和南部科学园区，并配套以产、官、学、研协同发展政策，发展至今形成了巨大的产业集聚效应，新竹科技园区形成了亚洲乃至世界知名的集成电路聚落，另外像光电产业、机密机械产业的集聚效应也很强大，台湾行政机构着手未来几年将生物医药技术产业发展成极具效益的产业群。

福建各高科技园区较之前有了较大发展，但总体上还没有能真正上规模和上档次，和台湾三大科技园区的规模、效益、层次相比还是相差很多（见表 3）。

表 3　闽台重点高新技术园区基本情况对比

高新技术园区	综合实力	重点企业	成立时间	重点产业
台湾新竹科学工业园区	世界高端水平	台积电、联电、联发科	1980 年	集成电路、光电、电脑周边、精密机械等

续表

高新技术园区	综合实力	重点企业	成立时间	重点产业
台湾内湖科技园区	世界知名的民间高新技术园区	光宝、仁宝、明基等	1996年	电子资讯和通信产业、生物技术、光电产业等
厦门火炬高新区	大陆第22名	宸鸿科技、友达光电、明达光电等	1991年	光电显示器件、LED芯片及封装产品、生物医药、新材料等
福州高新区	大陆第34名	中华映管、新大陆等	1990年	电子计算机及办公设备制造、电子及通信、软件及信息服务业等

资料来源：厦门火炬高新区和福州火炬高新区资料整理自厦门火炬高新区管委会、福州高新区管委会相关资料。

台湾高新技术园区资料整理自新竹科学工业园区"管理局"和内湖科技园区发展协会。

三 闽台高科技产业合作存在的问题

1. 高科技企业合作关系不对等

代工合作模式是一直以来福建企业与台湾企业合作最普遍的形式，虽然这种合作模式给代工企业带来了稳定的订单来源，但是这种合作模式并不对等，台湾高科技产业已经步入成熟期，相对于福建的科技企业，其具有明显的竞争优势，并且在产业规模、产品研发能力上压制福建当地企业，双方的合作还未走向水平合作。此外，台湾高科技企业大多掌握着相关领域的核心技术，产业效益较高，相较而言，以代工出身的福建企业则处于产业链的下端。这种合作模式的不对等会影响双方合作的效率和层次的提升。

2. 缺乏战略合作意识

产业链整合模式中，中华映管和厦华电子的合作失败给闽台高科技企业合作敲响了警钟，本应借助产业链整合的优势，发挥各自比较优势进行品牌建设，形成协同发展，却因为发展战略规划预期不足，调整不够及时，并且下游厂商的生产线布局脱节严重影响了协同合作效率，导致合作失败，说明闽台双方对市场变化应对不足，并且在一定程度上缺乏战略合作意识。未来合作双方应加强战略合作意识，借助行业协会的信息服务功能及时更新市场动态，及时作出战略调整。

3. 合作缺乏深度和广度

近些年闽台双方校企合作有了新的进展，但是并未扩展到全省其他高校，即使是厦门、福州的高校，参与到闽台校企合作项目中的也是少之又少，此外还存在合作学科不够多，合作领域不够广等问题，未来需要鼓励更多高校参与到这些项目中，引导企业加强与高校之间的合作；从产业技术创新联盟来看，产业技术创新联盟模式确实发挥了技术扩散的优势，帮助突破技术瓶颈，增进各方交流，但是目前建立的产业创新联盟覆盖面不够广，参与企业以大企业为主，中小企业参与度不够高，且这种模式在福建内陆地区还比较少，未能形成示范作用，且这种规模大、研发能力强的产业技术创新联盟目前还不够多，研发效应未能达到高度扩散，甚至会出现与市场对接效率不高等问题，应借助更多渠道让更多相关领域研究人员参与到理念的设计与产品的设计，达成观点共享的效果；从闽台高新技术园区合作模式来看，双方还未建立全面的合作机制，厦门火炬高新区和福州高新区通过对接台湾高新技术园区，未能形成大面积的示范效应，并且由于福建内陆地区高新技术园区发展水平相对不够高，与台湾高新技术园区合作机会不够多，造成高新技术园区制度建设和发展理念逐渐掉队，影响到福建省内各个高新技术园区的互动效果，进一步加大差距。

4. 科技金融服务缺乏质量

高科技企业的成长在一定程度上有赖于当地资本市场的发展，而福建的金融服务体系建设未能完全跟上高科技企业发展需求的步伐，出现金融产品创新不足、金融机构参与程度不高等问题，导致整体金融服务缺乏质量，特别是中小企业融资渠道少、融资成本高等问题也限制了合作模式的深度开展，因此政府应在产业发展政策上有所倾斜，鼓励诸如保险、银行、担保等金融资源参与，创新金融产品，引入私募股权等投资方式，通过提供更多的融资渠道，缓解中小企业融资困难的问题，提高整体金融服务质量。

四 福建自贸区与台湾自由经济示范区对接机制建议

1. 福建自贸区与台湾自由经济示范区对接机制

（1）区域高科技产业对接。从产业发展定位来看，福州经济技术开发区重点发展高端制造业，快安高端制造业集聚区应加强与新竹科学园区以及南港内湖软件园区合作，重点发展高端装备制造与电子信息产业，提升计算机产业、软件产业及电子信息产业的整体水平；长安高端制造业集聚区对接台中和台北港自由经济示范区，深化医药及生物科技领域的合作。厦门从电子信息、光电、LED、智能设备、新材料等几个领域加强与新竹科学园区与南部科学园区的对接合作，重点加强新一代信息技术、新能源、新材料以及海洋高新等战略性新兴产业的协同合作；平潭片区应加强与桃园空港、台中港在港口物流以及仓储方面的交流，加快两岸物流中转站的建设以及打造两岸高端制造业融合发展平台，开展与中部科学园区以及龙德工业区在高科技产业增值服务合作，吸引台湾高科技企业的落户。

（2）高科技人才对接。福建自贸区和台湾自经区都在人员流动上出现了"松绑"的迹象，促进了双方高科技人才的流动与合作。福建应重点引进包括现代信息技术人才、战略性新兴产业技术人才、海洋开放技术人才以及高端制造业人才等高层次技术人才。给予来闽投资、工作、创业的台湾高科技人才经费、税收、土地以及投融资服务方面的优惠；对在自贸区内投资、就业的台湾高管、技术人员，在项目申报、出入境等方面给予便利，以及适当放宽签证、居留许可的有限期限；在区内企事业单位任职的台湾高科技人才，允许对其台湾学历、技能等级和资格证书等方面视同大陆同等水平予以采认；推进厦门以及福州的台湾青年创新创业创客基地的建立，促进闽台高科技人才的交流和学习。

（3）顶层机制对接。借助福建自贸区和台湾自经区的对接，建立双方常态化的交流机制，通过相互设立办事机构来服务双方产业、人才及科研机构对接等事宜，研究闽台高科技产业协同发展可行性方案和规划；通过借鉴"粤台合作联席会议"，设立"闽台自贸区对接联系会议"，争取将"福建自贸区与台湾自由经济示范区对接合作"列入两岸的"两会"议题。此外，还应积极争取与上海、广东、天津自贸区统筹协调，构建大陆自贸区协作框架，推进福建自贸区和台湾自由经济示范区全方位地对接合作。

2. 完善知识产权保护机制

福建自贸区应该从四个方面着重完善知识产权保护机制：一是尽快完善知识产权管理和执法体制；二是扩大对台知识产权服务；三是创新知识产权投融资及保险、风险投资、信托等金融服务，推动建立知识产权处置机制；四是提高知识产权行政执法与海关保护的协调性与便捷性，建立知识产权支付协作调度中心和专利导航产业发展工作机制。除了要加强以上知识产权重点创新的脚步，要加快建设包括福州市马尾区人民法院、厦门市湖里区人民法院、平潭综合试验区人民法院下附属的自贸区法庭，各片区自贸区法庭的建设能够有针对性地应对自贸区成立后台资以及其他外资企业在自贸区中遇到的各种知识产权民事案件，有效应对包括侵犯著作权、商标权、特许经营合同、侵害商业秘密以及不正当竞争纠纷等类型的案件。

福建要利用自贸区知识产权机制创新的试验田，向全省以及海西经济区来复制和扩散，积极加强知识产权司法保护、知识产权行政管理、知识产权执法，深入推进闽台双方知识产权合作与保护机制的建设，创建一系列以自主知识产权为支撑的高科技产业体系，以此尽可能吸引质量高、数量多的台湾高科技企业入驻福建。

3. 成立园区顾问委员会和智库

福建的园区可以借鉴台湾科学园区的经验，适时成立高新区顾问委员会和专家智库，发挥他们在政策评估、招商引资、人才政策、重大项目的技术跟踪等方面的专业意见，使科学园区在发展过程中能够得到在战略性产业规划、产业发展方向等方面的智力支持。此外，还应发展园区内高科技产业和金融业的深度结合，例如吸引和发展一批经营规范的股权投资机构、会计师事务所以及律师事务所入驻园区，搭建金融资本项目与高科技产业的对接，促进园区内的产业孵化，推动海西股权投资中心的建设，形成规范效应和财富效应；积极推动厦门台湾科技产业园试点，提升闽台高科技成果产业化能力，共同推进闽台高科技产业协同发展。

4. 金融服务创新机制

福建自贸区内金融开放举措的先行先试，旨在探索建立与国际投资贸易规则相适应的金融新体制，以此促进跨境贸易、投融资结算的便利化，支持企业充分利用境内外两种资源和两种市场，极大丰富了企业投资和融资渠道。

福建自贸区要积极推动两岸金融合作先行先试的任务，包括在向台湾金融机构开放相关金融业务以及放宽台湾金融机构的市场准入，例如允许自贸区银行业金融机构与台湾同业开展跨境人民币业务；支持台湾地区的银行向自贸区内项目或者企业发放跨境人民币借贷；在自贸区内设立闽台合资银行等金融机构；支持符合条件的台资保险公司到自贸区设立经营机构；支持闽台银行业在自贸区内进行相关股权投资合作等。另外，在自贸区内还要跟进高科技服务、中介咨询等专业配套服务领域。这些金融服务领域的创新能带给闽台高科技企业更多的投融资渠道，助力闽台高科技产业协同发展。

5. 政府简政放权机制

在中央倡导政府简政放权的引导下，福建自贸区的作为市场先试先行的排头兵，建立服务型政府势在必行，旨在建立与国际高标准投资和贸易规则体系相适应的行政管理体系。政府管理方面，要从注重事前审批转向注重"事中事后"监管；政府服务方面，建立"一口受理"、综合审批服务模式，通过完善信息网络平台，实现部门间的协同管理，实现高效便捷的服务，促进投资和贸易便利化。例如，对于外商投资企业设立事项，在原来审批制和一般流程下至少需要 29 个工作日，而现在外商投资如果处于负面清单之外，则 3 个工作日可以完结；"一口受理"工作机制帮助企业简化办事流程，原先需要到工商、质检、税务等部门分别提交材料，现在则只需到一个窗口即可。要做到政府的行政管理以为企业提供高效服务为前提，一切改革创新都以为闽台高科技产业协同发展提供合理便利为依据。

厦门市集成电路产业链调研及行业发展情况报告（简版）

蒋 昊

前 言

近年来，中国半导体市场需求占全球比例持续攀升，并成为全球半导体消费的中坚力量。2016年，厦门市发布《厦门集成电路产业发展规划纲要》（以下简称《纲要》）及《厦门市加快发展集成电路实施意见》（厦府办〔2016〕220号），旨在充分把握新一轮国内外集成电路产业变革的历史机遇期，主动对接国家集成电路产业发展战略，厦门市将以企业为主体，坚持有所为、有所不为，聚焦重点方向和领域，以市场为导向，构建系统（整机）、方案（软件）、芯片设计、制造、封测、装备和材料的完整产业生态。

一 全球半导体产业状况

（一）2016~2017年全球半导体产业发展现状

全球半导体产业的销售额已经从1996年的1320亿美元增长到2016年的3389亿美元。

2016年全球半导体产业发展特点表现为：一是晶圆代工行业仍然红火；二是fabless的风光不再；三是兼并加剧；四是中国半导体产业崛起不可逆转（见图1）。

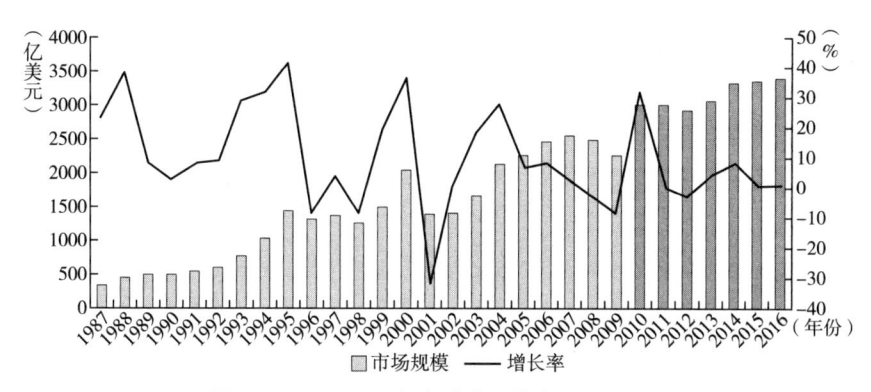

图 1　1987～2016 年全球半导体产业发展状况

资料来源：根据 2017 年中国半导体行业协会相关统计资料整理。

（二）全球集成电路产业分工趋势

近年来半导体技术研发成本以及晶圆生产线投资成本呈指数级上扬，更多的 IDM 厂商开始采用轻晶圆制造（Fab‑lite）模式，甚至直接升级为独立的芯片设计企业，垂直分工已成为半导体行业经营模式的发展方向。

二　我国集成电路产业发展状况

一是产业规模持续增长；二是产业结构趋于合理；三是发展环境不断改善；四是核心地位日益凸显（见图 2、图 3、图 4）。

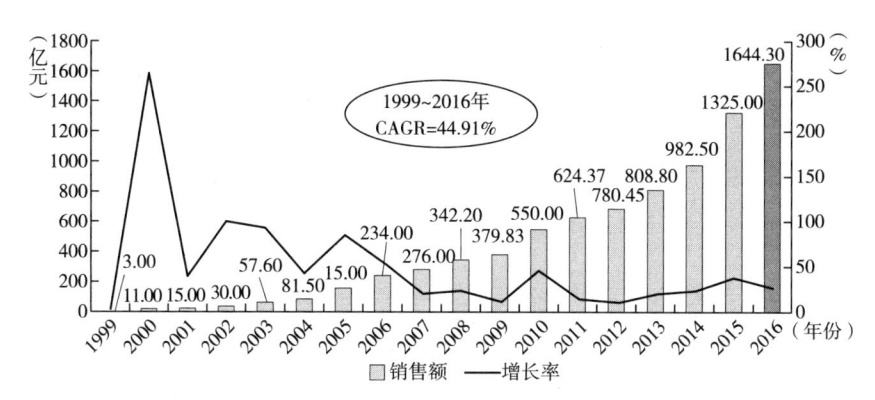

图 2　1999～2016 年中国集成电路设计业发展状况

资料来源：根据 2017 年中国半导体行业协会相关资料整理。

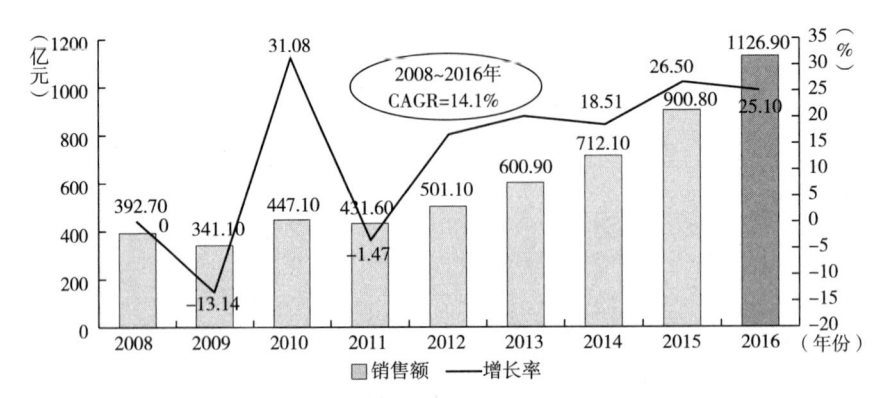

图 3 2008～2016 年中国集成电路制造业发展状况

资料来源：根据 2017 年中国半导体行业协会相关统计资料整理。

图 4 2008～2016 年中国集成电路制造业发展状况

资料来源：根据 2017 年中国半导体行业协会相关统计资料整理。

三 厦门市集成电路产业发展情况

厦门市集成电路产业快速发展，基本形成了涵盖集成电路 IC 设计、制造、封测以及装备与材料、应用等上下游配套产业的集成电路产业链。

（一）产业规模

2016 年合计完成产值约 104.16 亿元。2017 年 1～11 月完成产值 128.67 亿元，预计全年完成 140 亿元，保持年均增速 30% 以上，目前产业规模全国第五。

（二）产业链结构

截至 2017 年，厦门市集成电路产业链相关企业共 170 家。2015 年与 2017 年产业链中各行业的比重分布如图 5 所示。显然，近年来产业链中制造业的比重从 1.01% 增加至 12.67% 最为明显（见图 5）。

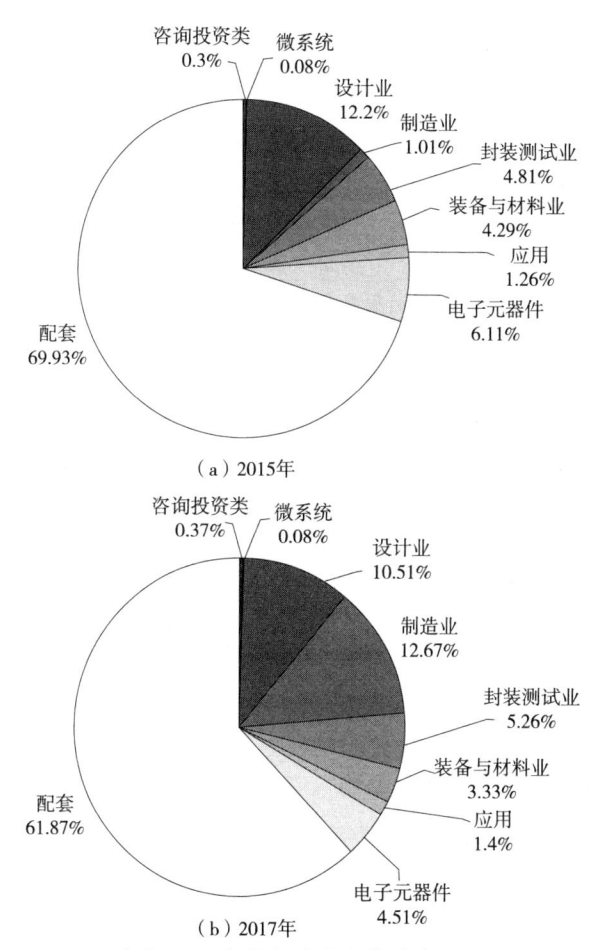

咨询投资类 0.3%
微系统 0.08%
设计业 12.2%
制造业 1.01%
封装测试业 4.81%
装备与材料业 4.29%
应用 1.26%
电子元器件 6.11%
配套 69.93%

（a）2015年

咨询投资类 0.37%
微系统 0.08%
设计业 10.51%
制造业 12.67%
封装测试业 5.26%
装备与材料业 3.33%
应用 1.4%
电子元器件 4.51%
配套 61.87%

（b）2017年

图 5　2015 年与 2017 年厦门市集成电路产业链结构的对比

资料来源：作者根据相关资料整理，后未注明数据来源的图表均为作者根据相关资料整理。

（三）企业和从业人员

截至 2017 年底，厦门市从事集成电路设计、制造、封测及装备与材料等企业从业人员共计约 21988 人，本科生、硕士生、博士生，各占从业人员总数的 19.04%、18.04% 和 28.57%，比 2016 年净增 4538 人，年增长 26%（见图 6）。

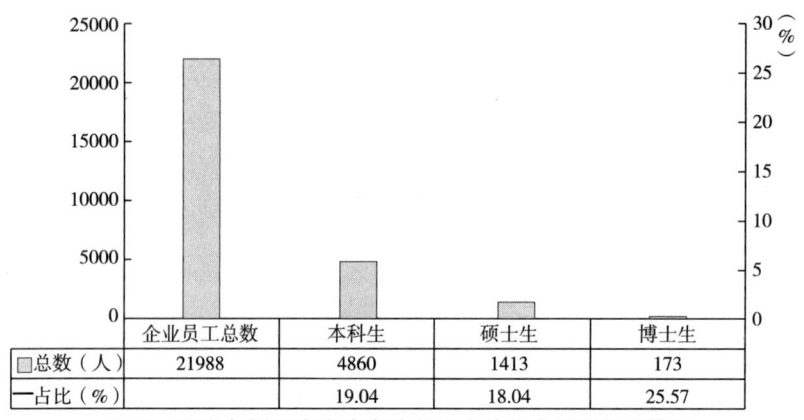

图 6 2017 年厦门市集成电路各层次从业人员增长率情况

	企业员工总数	本科生	硕士生	博士生
总数（人）	21988	4860	1413	173
占比（%）		19.04	18.04	25.57

资料来源：作者根据相关资料整理。

（四）产业投资

截至 2017 年底，厦门市集成电路产业共有企业 170 家，其中 2017 年新增注册企业 25 家，累计项目投资额为 256.39 亿元。

（五）经济效益

1. 利润总额

2017 年厦门市 45 家主要集成电路企业仍亏损 14.51 亿元，现阶段处于负增长状态，但 2018 年亏损将有很大幅度下降，按照整体增速来看，2019 年开始将逐步扭亏为盈（见表 1）。

表 1 2016~2018 年（预估）厦门集成电路各行业利润总额与增长率

单位：亿元,%

产业链行业	2016 年利润总额	2017 年利润总额	2017 年利润总额增长率	2018 年利润总额预估
设计业	0.29	0.73	151.06	1.83
制造业	-11.10	-16.88	-52.13	-25.68
封装测试业	-0.03	0.04	227.95	0.12
装备与材料业	-0.02	0.17	1097.17	2.08
应用	0.02	0.11	330.83	0.46

续表

产业链行业	2016年利润总额	2017年利润总额	2017年利润总额增长率	2018年利润总额预估
电子元器件	0.40	0.24	-0.4	0.15
配套	1.06	1.08	1.55	1.10
微系统	—	—	—	—
咨询投资类	—	—	—	—
合　计	-9.38	-14.51	-54.69	-19.94

资料来源：作者根据相关资料整理。

2. 缴纳税收

2017年厦门市20家主要集成电路企业缴纳企业所得税合计为1.43亿元，缴纳增值税合计为0.67亿元，两税合计为2.1亿元。

3. 最佳经济效益排名

从所属产业链环节来看，最佳经济效益前十名企业主要集中在配套、设计业、电子元器件、封装测试业等行业。

（六）知识产权

截至2017年末，170家厦门市主要集成电路企业，共计获得知识产权专利（已授权）1032项，其中发明专利192项，实用新型专利752项，外观设计专利88项。获软件著作权（已授权）共计311项（见图7）。

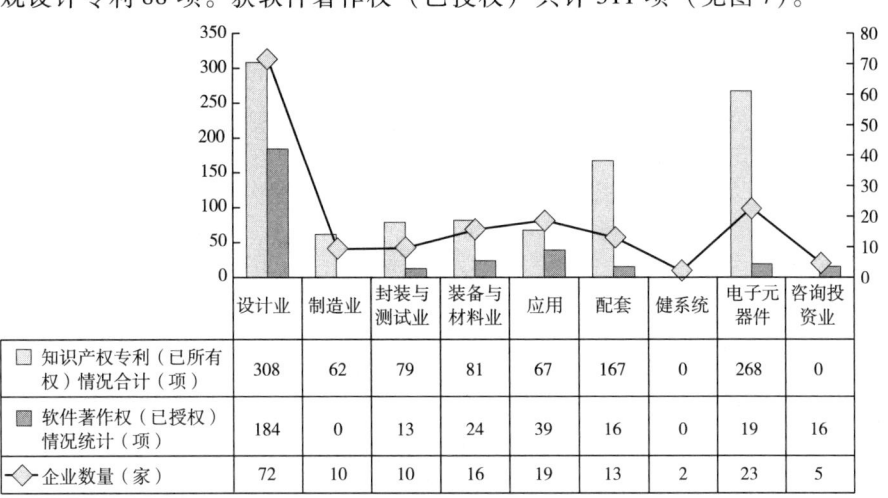

	设计业	制造业	封装与测试业	装备与材料业	应用	配套	微系统	电子元器件	咨询投资业
知识产权专利（已所有权）情况合计（项）	308	62	79	81	67	167	0	268	0
软件著作权（已授权）情况统计（项）	184	0	13	24	39	16	0	19	16
企业数量（家）	72	10	10	16	19	13	2	23	5

图7　厦门市集成电路企业已授权知识产权情况统计

资料来源：作者根据相关资料整理。

（七）厦门市集成电路产业的地区分布

1. 厦门市各区/产业园区集成电路产业分布

按照行政区域划分，厦门市集成电路产业主要分布在湖里区和翔安区。按照产业园区划分，厦门市集成电路企业主要分布在火炬（翔安）产业区、火炬湖里园、软件园二期、厦门创新创业园、湖里自贸区。以上五个产业园区，企业总数合计占全市的77.06%。

2. 厦门市各区/产业园区集成电路各行业发展情况

表2展现了2017年厦门市各区/产业园区集成电路各行业利润情况。

（八）厦门集成电路设计业

2017年厦门集成电路设计业预计销售收入为6.18亿元，预计实现利润总额约4.96亿元。2017年厦门设计企业共有72家，主要以产品设计企业为主，从业员工总数预计约2970人，比2016年的2373人增长25.16%，本硕博及大专及以下等从业人员均实现了增长，2018年拟招聘毕业生约355人。

（九）厦门集成电路芯片制造业

2017年厦门市芯片制造业实现销售收入11.1亿元，相比2016年得到了快速增长；主要芯片制造企业共10家，从业员工总数约1976人，比2016年人数增长22.22%，本硕博人员占比60.78%，大专及以下人员占比39.22%。企业主要业务涵盖高端芯片代工、化合物半导体芯片制造等领域。

（十）厦门集成电路封装测试业

2017年厦门封装测试业的销售规模为5.77亿元，占厦门集成电路产业链的比重为5.26%。2016~2017年厦门封装测试业增长速度较快，增速在62.2%，并预计实现部分盈利。总体上，厦门封装测试业的10家主要企业，大多集中在火炬（翔安）产业区和海沧信息产业区。从业务类型来说，主要集中在芯片、智能卡、半导体分立器件的测试和封装。从业员工总数约1224人，比2016年人数增长15.91%。2017年从业人员中，本、硕、博人员占比20.74%，大专及以下人员占比79.26%（见表2）。

表 2　2017 年厦门市各区/产业园区集成电路各行业利润总额

单位：亿元

区/产业园区　行业	思明区	湖里区	海沧区	集美区	同安区	翔安区	火炬湖里园	软件园一期	软件园二期	软件园三期	火炬（翔安）产业区	厦门创新创业园	湖里自贸园	海沧信息产业区	其他
设　计　业	1.75	2.08	0	0.29	0	0.84	0.75	0.5	1.14	-0.12	0.84	0.43	0.01	0	1.41
制　造　业	0	0	0	-0.2	-0.87	-15.82	0	0	0	0	-0.16	0	0	0	-16.73
封装测试业	0	0.02	0.04	0	0	0.1	0	0	0	0	0.11	0.02	0	0.04	-0.01
装备与材料	0	0	0	0	0	0	0	0	0	0	0	0	0	0	0
应　　用	0.05	0.02	-0.01	0	0	0.02	0	0.01	0.05	0	-0.01	0.03	-0.02	-0.01	0.03
电子元器件	0	0.34	0.35	0	0	0.94	0	0	0	0	2.68	0	0.17	0.35	0.43
配　套	0	0.34	0.56	0	0	2.55	0.34	0	0	0	2.55	0	0	0.56	0
微　系　统	0.01	0	0	0	0	0	0	0	0	0	0	0	0.01	0	0
咨询投资类	0	0.06	0.06	0	0	0	0.06	0	0.03	0	0	0	0	0.06	-0.03
合　　计	1.81	2.86	1	0.09	-0.87	-11.37	1.15	0.51	1.22	-0.12	6.01	0.48	0.17	1	14.9

资料来源：作者根据相关资料整理。

（十一）厦门集成电路装备与材料业

2016～2017年厦门装备材料业共有15家，注册资金累计46249.5万元，10家近三年成立，主要分布在火炬（翔安）产业园区、湖里区、软件园二期、海沧信息产业园。从业人员从717人增加至909人，主要以本科及大专及以下学历结构为主（见表3）。

表3　2016～2018年厦门市集成电路装备与材料业从业人员统计

单位：人，%

		员工总数	大专及以下	本科生	硕士生	博士生
2016年	人数	716	480	182	48	6
	占比	100	67.07	25.98	6.7	0.8
2017年	人数	909	677	218	12	2
	占比	100	74.48	23.98	1.32	0.22
2018年	人数	106	34	54	15	3
	占比	100	21.25	33.75	14.15	2.83

资料来源：作者根据相关资料整理。

四　厦门市集成电路产业发展环境分析

（一）厦门集成电路产业政策环境

为进一步加快厦门市集成电路产业发展培育，自2013年以来先后出台各项政策从人才、产业、税收、组织等各方面予以扶持。

（二）厦门集成电路产业投融资环境

厦门市出台的《厦门市加快发展集成电路产业实施意见》提出设立厦门集成电路产业投资基金，以财政资金为引导，发挥财政资金杠杆作用，重点支持厦门集成电路产业发展。

（三）厦门集成电路产业园区建设

火炬高新区近年来在市委市政府的指导下，经过两年多的努力，已初步形成覆盖"芯片设计、材料与设备、晶圆制造、封装测试、应用"等集成电路产业链布局，集成电路产业的企业数量和产值规模均"破百"。

（四）厦门集成电路重点项目建设情况

厦门市在集成电路领域的重点项目总投资约591.4亿元，2018年预计新增产值达89.13亿元。火炬高新区正积极储备在谈30多个优质的集成电路重点项目，项目总投资超过140亿元。

（五）厦门集成电路产业人才建设

为鼓励产业人才发展，厦门市政府部门制定了系列人才相关的扶持政策，吸纳全球高端集成电路人才来厦工作和创业。

（六）产业终端应用支撑市场广阔

依托厦门市电子信息千亿元产业集群，以及物联网、机器人、信息安全等下游应用，以厦门电子信息产业为核心的集成电路产业的应用领域和市场规模正不断扩大。

（七）化合物半导体居国内领先地位

厦门市的SiC半导体产业链已经雏形初具，上下游配套完整。

（八）厦门集成电路产业优劣势分析

1. 发展优势

一是覆盖完整的集成电路产业链已初步成形。二是具备相当规模的下游应用产业。三是拥有一批产业带动能力较强的核心企业。四是已建成一批有竞争实力的集成电路技术服务机构。五是厦台集成电路产业融合发展优势。六是拥有宜居宜业的良好人文环境氛围。

2. 存在劣势

一是产业整体规模不大，产业集聚效应有待进一步加强。二是下游应用行业层次较低，带动效应不够显著。三是产业人才缺乏，支持产业发展的人力资源基础薄弱。四是产业主要以中小企业为主，竞争力不足。

五 厦门市集成电路产业发展方向建议

引导产业做强做大发挥规模效应；注重产业生态环境建设吸纳优秀 IC 人才进驻；鼓励培育集成电路设计业自主创新；大力推动集成电路制造规模量产工艺提升；加速封测企业的落地并量产运营。

三等奖

国家税务总局厦门市税务局关于厦门集成电路产业税收经济分析情况的报告

国家税务总局厦门市税务局

雷晴　梁瑜　陈丝　吴凌昱　郑豪杰　宋百慧　吴佳璇

2016~2018年，厦门市税务局充分运用税务大数据，从税收视角对厦门集成电路产业发展成效进行分析，归集行业发展制约因素，并提出后续工作建议。现将有关情况报告如下。

一　总体发展情况

（一）行业进入加速发展黄金期

2016~2018年厦门集成电路产业增长迅猛，已成为提升地区经济发展质量、促进产业转型升级的重要推动点。2018年实现产值417亿元，同比增长19.2%，其中规上企业产值居全国前六，芯片设计业产值增速居全国第四，拉动地区生产总值增长约13个百分点。

产业链招商成效明显。根据税务登记数据，2018年厦门集成电路企业共207家，注册资本251.75亿元，较2013年分别增长148.53%、1186.38%。落地芯片设计企业73户，营收14.17亿元；制造企业9户，营收60.80亿元；封装和测试企业10户，营收1.70亿元；生产配套企业30户，营收32.15亿元——覆盖集成电路各环节的产业链布局已初步形成。

（二）进出口贸易快速增长

纳税申报数据显示，厦门集成电路企业进出口金额和比例均呈现快速上涨趋势。进口方面，2016年至2018年，相关企业进口额从8233.81万元增加到4.8781亿元，增幅达492.55%；在增值税进项中，海关进口进项占比从 1.07% 增长到 2.41%，三年涨幅近 1.5 倍。出口方面，2017 年、2018 年，相关企业出口营收分别达 24.91 亿元、33.9 亿元，增幅分别为 47.47%、36.09%。

（三）研发增长积聚创新动能

企业科研投入力度持续加大，带动生产效率和产品竞争力稳步提升。2018 年度，相关集成电路企业研发费用合计达 15.45 亿元，研发支出平均占比为 25%。2016 年至 2018 年，企业享受研发费用加计扣除额分别为 3.06 亿元、4.04 亿元、7.06 亿元，平均涨幅达 75.11%。集成电路企业户均享受加计扣除额 341 万元，相较厦门另一成熟产业软件和信息服务业高出 150.32%。

（四）政策助力企业成本显著下降

税收成本持续下降。2016~2018 年，行业企业缴纳税款从 1.45 亿元增至 1.84 亿元，而行业平均税负从 2.93% 变为 2.42%，在税收收入稳步增长的基础上实现了税负下降。退还集成电路企业增值税留抵税额政策也极大减轻了企业资金压力。近三年，厦门市税务机关共为联芯、三安等重点企业办理增值税留抵退税 20 户次，累计退还增值税 14.15 亿元。近期出台的财税〔2018〕70 号更扩大了留抵退税覆盖面，首批给厦门市集成电路企业带来 6.35 亿元资金红利。

二 存在的问题与风险

（一）行业整体盈利水平尚待提升

效益方面，厦门集成电路行业整体尚处于较低盈利水平。2018 年企业整体营业利润为 -14.23 亿元，盈利面为 31.4%，平均利润率 -8.83%，个体差异明显。其原因主要是集成电路初始资金投入大、项目建设周期长，短期内较难盈利。而近三年行业内新成立企业较多，故整体盈利水平较前两年有所下降，企业利润增长尚需时间。

（二）受国际贸易争端影响风险与机遇并存

近年来集成电路行业发展迅猛，但整体自主可控程度依然不够，特别在高端方面核心自给率较低，容易受限于国外关键设备和材料。部分本地企业也受到影响。例如，2018年4月份"中兴事件"至今，为中兴公司供应基带通信芯片的厦门优迅高速芯片有限公司，经历了2400万元订单被搁置后又逐渐恢复的过程。

（三）企业自主创新仍存在瓶颈

一是企业成立初期，面临大额研发投入与盈利发展难以得兼的两难局面。二是核心技术还需加快本土转化进程。以联芯为例，随着产能释放，其对台湾母公司支付的晶圆生产技术特许权使用费大幅增长，2017年达8.98亿元，同比增长333.82%，而2018年支付11.23亿元。三是行业部分政策确定性不足。例如，芯片设计企业委托境外加工过程中耗用的掩膜，占单笔交易金额的50%~80%且并未实际进口，但通常也会被列入进口增值税计税基础，给企业带来负担。

（四）本地产业链互动支撑作用有待增强

目前，厦门集成电路产业集中度偏高，2018年，联芯和三安半导体科技分别实现营收14.2亿元、47.27亿元，占行业总营收的9.78%和39.82%。而本地集成电路企业的集群共生效应还较为薄弱。以联芯为例，通过跟踪增值税发票流向可见，其下游14家晶圆客户中，本地企业仅有2家，其余客户均来自上海、北京、浙江、成都、青岛等地，2018年销售至外地金额比例达48%。可见目前能应用联芯40/50纳米乃至28纳米工艺的本地芯片设计企业还很少，并且除紫光展锐年营收突破4亿元以外，其他设计企业营收大多还处于千万元量级，亟须引入更多实力客户。同时，发票数据显示，目前厦门前十大芯片设计企业中仅有3家在本地进行封测和加工，而企业采购的装备、材料、器件、服务等，也以深圳、上海、江苏、西安等来源地为主，本地配套企业的整体实力和互动效应还有待增强。

（五）税基侵蚀和利润转移风险亟须关注

近年来，厦门集成电路企业离岸服务外包业务蓬勃发展。部分企业在厦门注册，享受本地各类优惠及补助，但设计、制造、交货等环节均在境外，要防范外方投资者采用转让定价、滥用税收协定等方式转移利润，侵蚀本地税基。

三 下一步工作建议

（一）加强招商环节对接服务，促进企业和项目落地

积极发挥税务机关服务职能，主动介入企业引进和筹备过程。为企业定制个性化纳税服务。重点关注股权转让、并购重组等复杂交易涉税事项，对集成电路企业未来事项如何适用税法加强政策解读并探索预先裁定等方式，消除企业投资顾虑，促进本地上下游企业合作壮大。

（二）助力企业拓展经营渠道，化解贸易摩擦风险

鼓励集成电路企业"走出去"，拓宽经营渠道，降低潜在贸易风险。税务机关梳理国别信息，帮助企业了解有关国家税收政策与征管情况；辅导企业享受税收协定待遇，消除重复征税；通过相互协商程序积极解决企业境外涉税争端，保障企业合法权益。

（三）积极提出部门性政策建议，争取先行先试

税务机关可在增值税全量留抵退税、扩大企业所得税优惠受惠面等方面提出建议，使相关政策覆盖集成电路全产业链，形成长效性激励效应。海关可以在进口增值税方面，针对集成电路特有的掩膜等耗材，提出明确税基计算标准或采取即征即退、先征后退等政策优惠建议。

（四）强化部门间协作监管，共同防范避税风险

建议政府协调有关职能主管部门与税务部门密切配合，加强税基侵蚀和利润转移风险防控。例如，商务部门在招商引资时，全面评估其商业模式及市场价值；财政部门在政府补助审批环节将税收贡献度纳入考核因素；科技部门严防企业提供虚假高新技术信息骗取政府补贴；外管部门定期同税务部门共享对外支付信息，联合打击国际逃避税行为。

促进厦门市共享经济健康发展的对策建议

厦门市发展研究中心

彭朝明　彭梅芳　许林　黄榆舒

一　厦门共享经济发展现状

1. 产业初具规模。2016~2017年，随着中国共享经济快速成长，厦门共享经济也迅速成长，共享经济已经渗透到几乎所有的领域。腾讯研究院发布的《2016~2017分享经济发展研究报告》显示，厦门跻身国内共享经济第二梯队，9大细分行业中厦门有8大细分行业为TOP10城市。调研显示，厦门金融共享领域截至2017年底累计交易额约200亿元；交通出行领域，2017年网约车营业额超过20亿元；知识共享领域，一品威客网拥有超1300万注册用户，成功服务超百万级的各类机构、单位和个人雇主，平台累计在线交易额近百亿元；房屋共享领域，去哪儿网和途家网相关数据显示，厦门在其平台上的房源供给和用户占比均占全省50%以上，是全省住房共享经济的"主阵地"；生活服务领域，三快在线致力于打造"互联网+生活服务"的共享经济平台，2017年实现营业收入超20亿元，并入选厦门市2018~2020年高成长型企业。

2. 带动就业贡献突出。厦门市网约车平台为全社会创造了10余万个灵活就业和收入机会，每天直接为司机提供日均超过160元的收入；一品威客平台集聚了国内外40多万威客，威客们通过该平台将自己的智慧、知识、能力、经验转换成实际收益；花木易购通过平台间接带动近万人就业。

3. 交通出行发展较快。作为"互联网+交通"下的新业态，滴滴出行、神州专车、首汽约车、曹操专车、易到用车等交通出行共享平台陆续进入厦门，本地平台的网约车平台有厦门公交集团掌上行公司、厦门空港元翔专车。在营网约车车辆最高峰值达到约16万部，在厦门市的订单量保持线性上扬趋势，2017年滴滴专快车营业额超过16亿元，首汽约车年营业额1.68亿元，神州专车年营业额1.2亿元，曹操专车年营业额7200万~8400万元。共享单车、租车、停车等细分市场也取得较快发展，解决了市民"最后一公里"的出行问题，近一年来相继建设了几个共享停车平台，如路桥的"i车位"、科拓的"速停车"及小泊科技的"小泊停车"，在一定程度上盘活厦门市存量车位、错峰停车、缓解停车难问题。

4. 金融共享市场规模较大。厦门拥有投融汇、拾财贷、金谷网盈、创泓财富、私房钱、诚泰小额贷款、妥妥在线、金拾集团、互助金服、富德胜、友前途、安赢、海豚金服、易天贷、利好贷、民贷通等20余家本地的P2P、P2B网贷平台和众筹平台，占全省44%。同时，国内知名的阿里巴巴、宜信等互联网金融企业也在厦分支机构。

5. 医疗共享逐步成为热点。厦门首家移动互联网医院——厦门友好妇产医院，厦门大学附属第一医院互联网医院也已开业，厦门眼科中心推出国内首家移动互联网眼科医疗服务平台"眼科通"，麦克奥迪建立的全国远程病理会诊平台是全国最大的病理会诊平台。

但厦门市共享经济发展仍存在以下需关注的问题。一是对共享经济的重视不足。二是大型共享平台总部设在厦门的少，对厦门本地产业链发展的带动、辐射作用弱。厦门本地的共享平台大多处于起步阶段，还没有一家企业是估值达到10亿元以上的准独角兽。三是前期投入大，企业盈利能力差。四是监管跟不上、保障不健全，存在属地监管难、消费者权益难以保障、劳动者权益保障问题。

二　厦门市共享经济健康发展思路

1. 发展目标

突出重点方向和重点领域，盘活存量，优化增量，充分释放社会潜能，努力打造一批具有全国或区域影响力的共享经济平台，培育一批特色鲜明、竞争力强的共享经济企业，形成一批分工明确、协同发展的共享经济产业链。到2020年，基本形成较为完善的共享经济生态体系，共享产业健康快速发展，生产、创新、生活领域闲置资源有效利用，支撑全市创新驱动发展、经济转型升级和绿色发展的作用进一步增强，成为驱动创新发展的重要引擎和全市新的经济增长动力。厦门成为全国领先的共享经济发展高地。

2. 重点领域

一是生产能力共享，包括建设制造能力共享公共服务体系、推动工业企业共享过剩生产能力。二是创新要素共享，包括引导科技资源共享、积极发展知识技能共享、推进人力资源共享。三是公共服务共享，包括支持教育资源共享、促进医疗资源共享、大力发展停车共享。四是生活服务共享，推进能源/废物、住宿、餐饮、交通、家政、养老、美容等领域和细分市场共享经济发展。

三 促进厦门市共享经济健康发展的对策建议

1. 优化发展环境，促进共享经济规范发展

一是加快完善政策法规。坚持分类指导，及时研究并制定分行业分领域共享经济管理办法，根据国家、省有关战略部署和共享经济发展特点进行制度设计，制定适应各行业领域成长特点的差异化治理策略，加强制度与监管的适应性。二是坚持审慎监管。建立针对共享经济等新业态新模式的部门协调机制，构建信息互换、执法互助的综合监管机制，打造线上线下结合、部门区域协同的现代化治理体系。三是完善社会监督。发挥市场机制作用，塑造互联网监管思维，建立平台企业、行业协会及资源提供者和用户共同参与的共享经济多方协同治理机制。

2. 明确权利、责任及义务，发挥平台企业和资源提供者市场主体作用

一是平台企业要完善安全保障机制，切实保证消费者人身和财产安全；及时推出相关技术标准和使用规范；构建科学合理的交易撮合机制及定价机制，保证交易公平性；建立便捷的消费者评价和投诉处理机制，加强消费者权益保护；加强网络和信息安全保护，保护用户合法权益等。二是资源提供者要强化共享经济资源的质量保证，履行信息公示义务，积极配合相关调查。

3. 完善综合服务体系，推动共享经济加快发展

一是对辐射带动作用强、有望形成新增长点的示范点、重大共享平台项目给予重点支持。二是在全市范围内遴选一批在共享经济领域具有代表性的平台企业，重点培育共享型种子企业，争取培育若干个在全国范围具

有影响力和辐射力的高成长性企业。三是推进以数据开发换项目、以平台建设招项目、以投资模式创新引项目，大力引进共享经济龙头企业。四是鼓励和支持具有竞争优势的平台企业、知名品牌"走出去"，加强对外交流与战略合作，积极开拓国际市场，构建跨境产业体系。五是加快建设统一的数据资源开放平台，优先向重点领域共享经济平台开放。六是依托目前厦门市正在构建的信用体系，推动各部门间的信用信息共享共用，依法推进各类信用信息平台无缝对接。引导平台企业利用大数据监测、用户双向评价、第三方认证、第三方信用评级等手段和机制，健全相关主体信用记录，强化对资源提供者的身份认证、信用评级和信用管理，提升源头治理能力。

4. 构建支撑服务体系，推动共享经济健康发展

一是夯实共享经济承载基础，拓展城域网出口带宽，提升网络承载和分发能力。推进数据中心、超算中心、铁塔基站等基础设施，加速5G网络协议和标准应用研发，在国内率先开展5G移动通信网络建设，实现有线/无线宽带"双千兆"服务能力，抢占未来信息网络空间的制高点。二是加强对知识产权的保护、创造、运用和服务，严厉打击网络专利侵权和假冒行为。三是合理利用公共资源，科学设定总量规模，运用灵活多样的手段动态调控供给规模和结构。四是研究并制定针对共享经济平台企业的税收征管措施，加快推进线上线下一体化管理。推广应用电子发票，推广第三方平台代扣代缴。五是研究完善适应共享经济特点的灵活就业人员社会保险参保缴费措施，切实加强劳动者权益保障。六是加强安全管理和风险防范，依法严厉打击泄露、篡改和滥用用户个人信息等损害用户权益行为。

5. 加强统筹协调，完善共享经济健康发展体制机制

建立常态化沟通会商机制，由市经信局、发改委牵头召集共享经济企业研讨，持续改进共享经济治理和发展。强化人才保障，优先将共享经济有关人才作为互联网经济创业人才的扶持对象，大力开展共享经济从业人员培训。完善投融资机制，整合现有资金渠道，用于进一步推动包括共享经济在内的互联网经济加快发展。加大宣传力度，支持平台企业制定用户规则，引导用户规范使用共享资源，文明参与共享经济发展。五是完善应急处置保障，联合共享经济平台企业，建立应对重大活动和突发事件的应急处置和保障机制。

集成电路产业厦台深度对接合作研究

厦门市经济和信息化局关于市政协十三届二次
会议第20181133号提案办理情况的答复函

课题组[*]

台盟厦门市委：

贵委提出的《深化厦台产业对接合作助力厦门市集成电路产业创新发展》（〔2018〕1133号）提案收悉，非常感谢贵委对厦门市集成电路产业工作的关注和支持。我局作为提案主办单位，对提案内容进行了认真研究，并征求自贸委、厦门海关、火炬高新管委会、市发改委等单位意见，结合近年来厦门市集成电路产业推进工作，现将提案办理情况答复如下。

一 办理工作背景

2014年以来，按照厦门市委、市政府部署和要求，针对集成电路产业具有技术和人才密集、资金投入大、附加值高的行业特点，抢先布局、积极对接台湾集成电路产业转移、主动谋划招商和培育集成电路产业，初步形成涵盖"芯片设计、材料与设备、晶圆制造、封装测试、应用"等各关键环节的产业规模集聚。2017年实现产值143亿元，同比增长38%。

二 措施与成效

（一）加大力度引导台湾集成电路产业聚集厦门

厦门市充分利用对台地缘及文化优势，加大对台湾集成电路企业招商

---

[*] 课题组成员：陈敏伟、郭东辉、凌朝东、林海军、郑政、梁旭、邓明祺、傅博洋。

引资，目前厦门市已形成火炬高新区、海沧区、湖里自贸区三大集成电路重点集聚区域。

一是火炬高新区突出联芯、三安集成等龙头作用，2017年与台湾前十大IC设计企业多轮洽谈，并促成台湾晨星、凌阳、天擎等项目落户。制造配套环节引进配套联芯的台湾美日光罩，提供高端检测分析服务的台湾闳康科技，以及集邦咨询平台等项目，进一步完善了厦门集成电路产业链。

二是海沧区出台配套产业扶持政策，重点发展产品导向的特色、封测和设计业。成立厦门半导体投资集团公司、信息产业公司、融资担保公司等专业投融资机构，构建产业金融产业体系；建设完成国家集成电路深圳产业化基地厦门（海沧）基地EDA平台，为设计类企业提供专业化的配套服务。截至目前，海沧区签约落户台湾恒劲芯舟科技项目、通富微、士兰微、金柏科技等制造类项目5个，以及绿芯、集微网、开元通信等12个设计类项目，项目总投资约350亿元。

三是湖里区发挥自贸区政策优势，以两岸集成电路产业园区为载体，建立专业企业孵化器。目前拟入驻产业基地企业152家，其中实际入驻办公企业78家，其中20家IC设计企业，43家IC应用企业，15家IC销售企业，2017年实现产值5亿元。

（二）打造集成电路及其下游产业链的协同创新平台

厦门市近年持续投入科技资金，依托科技产业化集团建设了集成电路系列公共服务平台，形成涵盖"集成电路设计—晶圆测试—失效分析—产品检测认证"的全产业链公共技术服务平台体系。加快科技集团圆片测试平台项目建设，重点围绕5G、车联网、物联网、虚拟现实（VR）、增强现实（AR）、数据中心等应用场景的测试认证需求规划建设厦门集成电路产品测试认证服务平台二期项目。建设厦门集成电路设计公共服务平台，针对广大中小型集成电路设计企业提供软件设计、研发测试、验证分析、技术培训等服务，带动厦门市中小集成电路设计企业发展。

2017年，厦门三安集成电路有限公司"面向下一代无线通信GaN器件"课题得到国家核高基重大专项批复立项，厦门市给予企业地方财政资金配套支持，提升厦门在集成电路核心高技术领域的技术显示度。

（三）建立集成电路人才培养培训基地

目前，厦门大学、华侨大学、集美大学和厦门理工学院均已开设集成电路相关专业。这些高校在集成电路人才培养方面各有特色，已有较好的集成电路人才培养基础。其中，厦门大学是中国最早成立半导体学科的高校之一，现已形成本科生、硕士生、博士生的集成电路人才培养体系。

一是加强校企合作，推动人才培养。为培养产业发展技术人才，2016年厦门大学、厦门理工学院相继成立微电子学院。其中，厦门大学等高校与台湾大学、台湾"清华大学"、台湾师范大学、台湾交通大学等台湾高校积极开展微电子人才培养方面的交流与合作，积极探索人才培养创新模式。厦门理工学院与联芯集成电路（厦门）公司、台湾鼎天基金会合作，开展订单式培养，直接为联芯培养集成电路等领域的一线工程师，借助联芯世界领先的集成电路制造实践培训经验与工程管理能力，台湾著名高校的优秀师资，培养应用型高级人才。

二是引进研究院所，培养集成电路高端人才。2016年11月30日，市政府与中国科学院签约共建中国科学院大学厦门微电子工程学院暨厦门微电子产业研究院。2017年，厦门市与清华大学签约共建厦门半导体工业技术研究院，打造半导体领域的国家重点实验室、技术中心、公共服务平台等，在先进工艺合作、科研成果落地、人才培养等方面给予厦门市支持。

三是多渠道开拓人才培养新模式。厦门市依托厦门集成电路设计公共服务平台，设立开放式的服务中心，面向社会提供人才培训、人才交流等服务，多次邀请国内外集成电路领域专家开展职业技术培训和研讨交流活动。2017年，厦门两岸集成电路自贸区产业基地与厦门大学、华侨大学、集美大学、厦门理工等高校签订了人才培育协议，充分利用产业基地的企业聚集效应与科湖·摩尔实验室设备技术资源，为校企人才合作培养搭建平台。

（四）打造厦门集成电路保税监管服务第三方平台

厦门市依托自贸区制度创新优势，推动建设集成电路产品保税交易中心。2015年厦门市在自贸区机场北片区建设"厦门两岸集成电路自贸区产业基地"，全力支持和重点打造厦门市集成电路产品保税交易中心，利用自贸区政策先行先试的优势，积极扩大集成电路贸易份额，已取得一定成效。

在厦门市相关部门及厦门海关共同推动下，2020年3月份工信部原则同意厦门市筹建"芯火"双创基地（平台），经与海关总署加贸司及工信部相关部门联系沟通，初步形成探索建立保税研发、设计等企业挂靠集成电路设计公共服务平台统一办手（账）册，共同享受进口料件、软件、设备保税优惠政策的基本思路，相关工作有序推进。下一步探索将发展集成电路产业纳入厦门市建设自由港工作方案中，依托自由港在对外开放、税制、人员进出、外汇管理、监管创新等优势，继续发挥对台先行先试优势，探索实施特殊制度安排，打造对台集成电路贸易中心。

（五）优化政策环境，加速政策落地

2017年4月，厦门市出台《厦门市加快发展集成电路产业实施细则》，拟从投融资、人才、科研、成长激励等方面加大政策支持力度，加快发展集成电路产业。根据《厦门市加快发展集成电路产业实施细则》，由IC办牵头编制申报指南，兑现各项政策，相关政策将于近期逐步落地。下一步将依托火炬高新区、海沧区、厦门市科技局以及市集成电路行业协会等有关部门，积极向企业宣贯厦门市集成电路相关政策，支持企业发展。

三 存在的问题及今后推动计划

一是积极兑现政策。以厦门市集成电路产业发展领导小组及办公室为依托，加强统筹协调，进一步优化集成电路产业发展工作机制，加快《厦门市加快发展集成电路产业实施细则》落地实施。

二是持续深化对台招商引资，建立招商项目库，重点围绕针对产业链薄弱环节进行项目谋划，突出专业招商、精准招商、以商招商，有针对性招引一批投资量大、带动性强的企业，着力推动一批重大在谈项目尽快落地。

三是完善"芯火"双创平台建设方案，制定"芯火"平台叠加海关监管创新的工作方案，支持以市科技产业化集团为主体加快平台建设，推动在两岸集成电路产业园设立保税交易平台。充分发挥对台先行先试优势，用好国台办《关于促进两岸经济文化交流合作的若干措施》，支持台湾集成电路，特别是研发设计类企业、人才，入驻航空港北片区两岸集成电路产业基地，享受政策扶持，争取对接台湾大联大等知名代理商入驻。

四是打造对台贸易中心。探索将发展集成电路产业纳入厦门市建设自由港工作方案中，依托自由港在对外开放、税制、人员进出、外汇管理、监管创新等优势，继续发挥对台先行先试优势，探索实施特殊制度安排，打造对台集成电路贸易中心。相应工作方案仍在研究起草当中。

五是发挥厦门自贸试验区青创平台作用，积极打造对台集成电路自贸区孵化器和柔性电子研究院。

厦门民营经济发展报告（2016~2017）

王立凤　林媛媛　王彧

2016年来，中国经济进入"十三五"规划的第一年，步入全面建成小康社会、推进供给侧结构性改革的攻坚阶段。民营经济作为中国经济最具活力的部分，截至2017年底，占GDP的比重超过了60%，已成为推动经济发展、优化产业结构、扩大就业的重要力量。从厦门来看，经历了2016年超强台风"莫兰蒂"的正面袭击、2017年金砖厦门会晤，城市的治理能力与管理水平大幅提升，整个社会正能量汇聚，为民营经济提供了良好的发展环境，厦门民营经济在这两年也克难攻艰、砥砺奋进，交出了一份亮丽的答卷。

一　厦门民营经济发展的基本情况

（一）规模实力不断增强，拉动厦门经济快速发展

2013年以来，我国从上至下出台了许多促进民营经济发展的政策，带动厦门民营企业数量连续五年保持两位数增长。从表1和表2数据来看，2016年始，厦门民营企业数量的增长放缓进入回调阶段，但能体现民营企业实力的注册资金增速仍维持在30%以上，远高于企业数量的增长速度。具体到企业层面，2016年厦门市境内A股上市的民营企业有21家，占全市上市A股企业的56.76%；有85家民营企业在全国中小企业股份转让系统（"新三板"）挂牌上市，占全市"新三板"企业的93.62%（见表1）。在A股上市公司中，三安光电、亿联网络、吉比特、盛屯矿业都是市值超百亿元的公司（见表2）。此外，2017年中国民营企业500强中有均和（厦门）控股有限公司和禹洲集团两家厦门民营企业入围，厦门百强企业中过半数都是民营企业。

表1 2015~2017年厦门个体、民营企业户数变动

单位：万户，%

年份	民营企业 户数	民营企业 增长率	个体工商户 户数	个体工商户 增长率
2015	17.99	30.4	17.31	18.5
2016	22.43	24.7	20.00	15.5
2017	26.57	18.5	21.05	5.3

表2 2015~2017年厦门个体、民营企业注册资金变动

单位：万元，%

年份	民营企业 注册资金	民营企业 增长率	个体工商户 资金数额	个体工商户 增长率
2015	83846316	53.05	1012279	33.75
2016	116871650	39.39	1348669.83	33.23
2017	157064775	34.39	1713563.00	27.06

（二）民间投资回温，引领产业结构优化布局

如表3所示，2013年以来厦门市全社会固定资产投资额一直保持高速增长，2017年的民间固定资产投资额为753.9亿元，在全市固定资产投资的比重也达到31.7%。厦门民间投资结构趋于优化。近年来拉动作用较大的民间投资项目主要有厦门光电产业化项目、厦门海西国际商贸物流城和华强文化创意产业园等，这些项目成就了一批优秀的厦门民营企业，也为厦门产业转型升级、优化布局奠定了坚实的基础（见表3）。

表3 厦门固定资产投资民间占比情况

单位：亿元，%

年份	2013	2014	2015	2016	2017
全社会固定资产投资额	1347.5	1572.5	1896.5	2159.3	2381.5
全社会固定资产投资额同比增长	1.2	16.7	20.6	13.9	10.3
民间投资额	565.9	776.8	587.9	626.2	753.88
民间投资额同比增长	5.4	37.3	-24.3	6.5	20.4

民间投资对厦门产业结构优化升级的影响突出表现在以下几个方面。一是民营企业成就厦门千亿元产业链。在厦门现有的五条千亿元产业链中，软件和信息服务业 2017 年实现收入 1282.9 亿元，增长 16.4%。二是高端制造业中的民营企业后劲增强。2016 年以来，陆续有三安集成电路、乾照光电等一批项目建设、投产，其中三安光电、乾照光电、立达信等企业行业龙头地位稳固，在技术及产能方面都处于行业前列。三是服务业中民营经济撑起半壁江山。仅规上重点服务业中的民营企业 2017 年就完成营业收入 683.87 亿元，占规模以上服务业的 42.7%，增长 1.2%。四是民营企业以产业园区为中心形成集聚效应。大量民营企业集聚在火炬园、软件园、创意产业园等众多产业园区内。以厦门软件园为例，作为软件与信息服务业的重要载体，在 2017 年实现营业收入近 840 亿元，同比增长 19.8%。

（三）经济效益增长，加大对地方经济的贡献

厦门民营经济增加值这两年也在调整中保持上升势头，如表 4 所示，民营经济的增加值 2017 年为 2198.75 亿元，增长了 8.4%，高于全市 GDP 的增速，民营经济增加值自 2015 年以来占全市 GDP 的比重都大于 50%，2017 年测算的对全市 GDP 的贡献率达到了 55.6%，民营经济实力的不断增强，已成为厦门国民经济发展的主要力量之一（见表 4）。

表 4　厦门市民营经济增加值产业分布

单位：亿元

指标 产业分类	民营经济增加值		全市增加值	
	2016 年	2017 年	2016 年	2017 年
第一产业	22.75	23.23	22.75	23.23
第二产业	1003.42	1110.79	1694.00	1815.92
第三产业	1003.52	1064.73	2328.11	2512.03
合　计	2029.69	2198.75	4044.86	4351.18

税收方面，2016 年民营企业和个体工商户缴纳各项税收总额为 176.28 亿元，2017 年去除民营参股部分的民营企业税收总额也达到 91.77 亿元。在以年销售收入 1 亿元以上，纳税总额 1000 万元以上的龙头企业评定中，首批就有宏发股份等 30 家民营企业入榜；2016 年厦门总商会会员企业中

有30家被授予"纳税大户"称号；2017年厦门百强企业中民营企业过半数，民营企业已成为厦门的税收主体来源。就业方面，2016年，民营企业和个体工商户（含投资人）的从业人数有213万人，同比增长了22.84%。2017年从业人数达到245.03万人，同比增长15.04%，民营经济从业人数一直处于高速增长状态。

（四）外向发展导向，助力对外贸易成效显著

厦门民营企业的对外贸易展现出良性发展势头。主要表现为以下方面。一，出口商品结构优化。传统的加工贸易呈现下滑萎缩状态，2017年进口中来料加工总量仅占进口额的4.2%，一般贸易占进口贸易的68.4%，增长37%。二，民营经营主体比重增加。2016年实际从事进出口业务的民营企业有9050家，占全市实际从事进出口业务企业总数的81.66%，其中，出口值超过1000万美元的企业有2368家，进口值超过1000万美元的企业有439家。三，新型贸易业态不断涌现且发展迅速。2016年，嘉晟成为全国首批外贸综合服务试点企业，"一达通"正式落户厦门。2017年，亿联网络入选中国服务外包成长型企业100强，优利得等六家民营企业获评国家文化出口重点企业。民营企业聚集的软件园荣获中国服务外包产业集聚园区（见表5）。

表5　厦门2016~2017年进出口指标分析

指标 年份	全　市		民营企业	
	进口总值	出口总值	进口总值	出口总值
2016	1997.33	3094.22	489.60	1503.00
2017	2562.39	3253.65	570.73	1542.36

（五）创新创业效应明显，企业优化升级步伐加快

厦门作为国家第二批创新城市试点单位，多年的投入与经营已经取得丰硕的成果。一是创新创业集聚发展，小微企业活力四射。2016年，厦门新增2个国家级小微企业创业创新示范基地，新培育成长型中小微企业492家、55家专精特新小微企业，每万人拥有有效发明专利数18.4件，为全国平均水平的2.3倍。二是高新技术产业优势明显，涌现一批优秀的民

营高新技术企业。2017年，全市规模以上高新技术产业增加值976.3亿元，增长8.4%，新培育省级科技小巨人领军企业182家。在厦门新兴产业专精特新企业十强中有七家民营企业，这些企业科技含量高、竞争力强、效益好，其中的美图移动的产值增长超过了50%。三是互联网、电子商务发展迅速，成为厦门民营经济的一大特色。在2017年中国互联网协会、工业和信息化信息中心联合发布的"中国互联网企业100强"中入选的7家福建企业中有5家是厦门企业，且全部为民营企业。电子商务业态丰富，既有特步、安踏、匹克等传统行业企业对接互联网形成的一批网络零售企业，也有美团、美柚、35互联等一批垂直型电商平台、电商专业服务平台。

二 厦门民营经济发展的SWOT分析

（一）优势

首先，产业集聚为民营企业提供了发展空间。以软件和信息服务业为例，厦门软件园是其重要载体，2017年实现的营收占整个产业营收的65%以上。园区内企业有3300多家，在五大细分行业领域形成特色鲜明的产业集群。产业链群内不但有众多活跃的中小企业，还有实力雄厚的龙头企业与高成长性企业，其中，美亚柏科是全球最大的电子数据取证公司；亿联网络统一通信终端全球第二；美图公司在"全球前十大移动应用开发商排名"中排名第六……2017年厦门评选的78家贡献大、增长快、创新强等三类重点软件和信息技术服务企业中绝大多数为民营企业。

其次，创新为民营企业注入了新的生机。厦门地处福厦泉国家自主创新示范区内，拥有4家国家级重点实验室，2家国家级工程技术研究中心，847家创新型（试点）企业，创新氛围浓厚，创新驱动力也在不断增强。一批民营创新型企业通过加大科研投入力度，提高创新能力，成为厦门经济的引领者。以三安光电为例，企业承担国家"863""973"计划等多项重大课题，拥有国家级博士后科研工作站和国家级企业技术中心，是"国家高技术产业化示范工程"企业。目前，全市共有二百多家众创空间，其中，美亚柏科网络安全国家专业化众创空间依托其上市公司及行业领先地位，为企业内外部的创业者提供了全产业链创业支持与服务，孵化了34个创业项目；金旸高分子新材料国家专业众创空间则采用合伙制模式整合产业链资源，孵化了33个创业团队。截至目前，在这些众创空间内注册的企业超过3000家，培育了12家上市（挂牌）企业，众创空间已成为厦门创新创业基地。

再次，闽南文化精神为民营企业扎稳了脚步。厦门民营企业文化各不相同，但企业家身上都有着低调、务实、拼搏、自信、果敢的特征，这些属性由闽南文化浸染而来，可归纳为重义逐利的经商意识；爱拼敢赢的拼搏精神；兼容并包的和合思想。福建闽南地区自古就有重商情结，追求义利一致，既要务实求利，又强调获利反哺。反映到现实中，可以看到民营经济在闽南地区发展迅速，很多地区民营经济占比超过了90%，晋江经验成为全民学习的楷模，即便在厦门面对强大的国资与外资，民营经济也占据了半壁江山。

（二）劣势

多数民营企业规模小、实力弱，抗风险能力低。2017年厦门民营企业户均注册资本不到600万元，当年新设企业中近90%为注册资本（出资额）在500万元以下的小微企业，企业的资产规模小、销售收入少，资本积累有限，资金实力弱，很难抵抗市场风险。2017年厦门百强企业的前十名中只有均和（厦门）控股有限公司和厦门中骏集团有限公司是民营企业，营收突破千亿元的企业全部为国有企业。民营企业聚集的服务业里，能列入十强的也只有均和（厦门）控股和禹洲集团两家公司。截至2018年，厦门没有一家民营企业入围科技部公布的独角兽企业名单。

低成本优势消失挤压了利润空间，造成许多民营企业陷入经营困境。近年来，原材料成本、用工成本、融资成本、用地用能成本等不断攀升，税费虽有下降趋势，但总体负担并未实质性减轻；紧缺的教育资源培养的人才，但匹配的是不占优势的薪酬水平，近几年已成为阻碍人才落地的主因；社保、高管退税等人力资源相关政策在执行层面上存在的问题不但没有减轻企业压力，反而在一定程度上加重了企业负担；《劳动法》等法律制度在对员工提供保护的同时存在损害企业权益的情况，最终损及的仍是职员的利益。投资方面。民营企业在投资上遭遇歧视性待遇，加之急功近利的取向加大企业在投资、经营上的风险。融资方面，银行对民营企业的

"惜贷""抽贷""压贷"现象依然存在，融资条件严苛、抵押担保难度大、成本高。

（三）机会

战略层面。对外，厦门作为21世纪海上丝绸之路战略支点城市，已针对9个"海丝"沿线重点国家在基础设施、贸易金融、双向投资、海洋合作、旅游会展、人文交流六个领域制定了行动方案，2017年设立了全国首只地方政府主导的"海丝"投资基金，引导社会资本支持本地企业境外投资，为"走出去"企业保驾护航，2017年"走出去"的民营企业有261户，占比高达87.87%。对内，配合"中国制造2025"的提出，厦门在产业布局上持续优化，通过一系列政策规划，明确产业转型升级的发展路径。

政策层面。对于重点扶持的产业领域，诸如人工智能产业、软件和信息服务业等，均有专项政策支持。鉴于当前企业存在的困难，政府专门颁布了"科技创新25条""人才新政45条"等提供帮助。针对民营企业面临的困境，出台了《关于促进民营经济健康发展的若干意见》，近两年结合形势变化又进行了修订，各行政部门以及各区、园都有具体的实施细则陆续出台，为民营经济的发展营造了良好的环境基础。

（四）威胁

国际市场上由于发达经济体经济增速明显回落，使得世界经济增长低于普遍预期，国际贸易投资更加低迷，全球债务水平继续升高，金融市场脆弱性增大。低迷的国际市场环境导致贸易保护主义和去全球化势力的抬头，企业为应对贸易壁垒，经营成本进一步加大。以外向型经济为主要特征的厦门对美贸易的依存度高于全国平均水平，进出口额中对美占比均居国家和地区的首位。特朗普当选总统后，推行贸易保护主义政策给中美贸易带来巨大变数，不利影响增加，此外，2016～2017年的外汇市场波动剧烈，人民币对美元汇率的变动幅度超过6%，许多企业受影响丢了利润。

国内市场，2016～2017年，市场需求较弱，产能过剩、资金瓶颈、成本压力、创新难题等诸多问题一直困扰着企业。厦门实体经济形势同样严峻，有两个现象尤为突出。一是房地产价格。厦门在我国15个副省级城市中 GDP 排名靠后，2017 年的房价却在全国排名第四，房价工资比更是排名在第二位，过高的房价不但推高企业的经营成本，还抑制了人才的流入。二是实力强大的国企与外资威胁。差距过大的强弱对比决定了民营企业在厦门市场中的劣势地位。此外，网络经济的快速发展也带来了许多隐忧。目前我国网络经济的发展主要是利用平台建设整合中低端制造业和服务业资源，实现规模收益。从当前来看，这种平台经济对于高附加值创新领域或者说对于实体经济创新发展的作用并不直观，若平台经济的发展最终没有将资本的流向转往高端创新需求领域，势必造成劣币驱逐良币的结果，影响企业乃至产业的优化升级。

三 厦门发展民营经济的建议

首先，积极落实民营企业的平等国民待遇。一是继续优化法治环境，依法保护民营企业和企业家的合法财产权不受侵犯，合法经营不受干扰，以此强化民营企业的平等地位，提振民营企业家的信心。二是在服从宏观调控的基础上，强化微观服务，为企业提供快捷高效的全方位、多层次服务，在简化办事程序的基础上，公开政务，实行首问负责、限时办结，在实际工作中落实民营企业的平等待遇。三是完善相关政策措施，破除各种壁垒，大力清理民间资本准入的不合理限制，持续推进行政审批制度改革，允许民营企业进入所有法律法规没有明令禁止的行业领域。四是应加大对本土企业的扶持力度，在不降低标准的前提下，适当给予本土企业一定的优先权，夯实本土企业在实体经济中的支撑地位。

其次，持续增强民营企业抗风险能力。一是要弘扬企业家精神，完善企业文化。民营企业应提炼自己的企业文化，增强民族文化的自信和自觉力，努力营造鼓励创新、宽容失败的创新文化氛围，弘扬创新精神与工匠精神，紧抓主业、深究品质，逐步从规模扩张向高质量发展转变。二是优化组织架构，实现管理现代化。民营企业应尽快建立起现代企业制度，以规范化的管理降低决策风险；应自上而下进行组织变革，以达到组织形态、规模以及绩效方面的有效管理，减小企业运营风险；应横向联合、集群发展，抱团形成优势，以对抗市场风险；应理性设计企业传承计划，规避企业新老交替过程中的各类风险。三是培育、储备人才以备企业未来发展之用。民营企业要构建金字塔形人才储备系统及制度体系，既要发挥高端人才在创新方面的引领作用,也要认识到中低层次人才对创新乃至企业的支撑作用,通过落实人才优惠政策、完善薪酬激励制度与人才培训规划,为企业做足引人、育人、留人、成就人的功课。

再次,努力提升民营企业经济实力。一是以创新驱动收入增长。政府方面,应加快科技服务平台、资源共享平台、创业服务平台、科技企业孵化平台等创新载体的建设;创新运行模式以完善科技研发、引进、培育与转化机制;加大知识产权保护力度。企业方面,应明确发展定位,培育创新思维与创新意愿;加强合作,广泛利用各方资源,加大研发力度,以技术创新带动产品创新及模式创新,推动企业转型升级;二是多方位降成本策略增大企业利润空间。推行积极财政政策,对现行各项扶持、优惠政策进行梳理,规划重点发展和扶持产业目录,有针对性地扶持。鼓励符合条件的民营企业参与或申办银行等金融机构,小额贷款公司、要素交易市场等都是较为合适的融资渠道;健全市、区两级政策性融资担保体系。加大土地供给,简化用地审批手续,可以考虑借用级差价格来解决企业土地使用过程中的效率问题。通过高层次人才个税奖励比例,灵活的参保方式等为企业减负;放开民营企业参与廉租房建设,推动各区在人才集聚区周边建设人才公寓,帮助企业完善产业园区周边的教育、商业等配套设施,缓解高房价对企业及人才的影响。

最后,主动出击缓解民营企业面临的外部压力。一是搭建文化展示交流平台,展示厦门与交流地区的优秀文化。二是要搭建贸易交流信息平台,做好信息沟通桥梁的纽带作用。三是尝试建立对外贸易地区与企业的信息档案库或技术贸易壁垒数据库。四是要建立、完善针对外界环境突发事件的预警、应急反应机制,协助民营企业预作判断,快速反应以降低经营风险。五是要推动双边、多边贸易谈判或投资贸易洽谈,为"走出去"企业在当地创造良好的经营环境。六是加大金融、保险、外汇、知识产权等方面对民营企业的支持力度,为民营企业"走出去"提供动力。

加快厦门新经济发展研究（简版）

厦门市发展研究中心
彭梅芳　谢强　黄光增　林智

一　厦门市新经济发展现状

1. 新产业快速发展。一是新一代信息技术产业形成了以计算机、平板显示、手机、数字视听、电器为主导的产品结构，集成电路2016年产值超过100亿元，规模在全国排名前六。二是拥有钨材料、铝箔、新能源材料、稀土材料、磁性材料、碳纤维复合材料、功能橡胶、特种玻璃等十多个品种为主导的新材料产业集群，2016年实现产值420亿元。三是生物与新医药企业600多家，2016年实现产值421亿元，特宝生物、未名生物、大博医疗等一批企业加速产品创新，优势产品不断涌现。三是新能源产业2016年规模以上新能源汽车实现产值超百亿元，LED产业链较为完整，国产芯片总量已连续10年位居全国第一。四是软件和信息服务业2016年继续保持平稳快速发展态势，实现软件业务收入1102亿元，在新三板成功挂牌企业42家，在港交所上市企业2家、A股主板1家、创业板3家、中小板1家，总市值超过1000亿元。五是文化创意产业2016年总收入830亿元，增长15%。数字内容与新媒体、创意设计、高端艺术品、演艺娱乐等产业门类发展迅猛。六是物联网产业2016年经济规模突破300亿元，物联网企业近300家，其中有26家上市公司。

2. 新业态加速聚集。2016年，全市电子商务交易额达2619亿元，网络零售交易额414亿元，跨境电商交易额约1100亿元。交通出行、家居生活、知识技能、生活服务等分享经济新业态蓬勃发展。融资租赁、商业保理、互联网金融、科技金融、大宗商品交易等新金融业态加快形成。厦门市互联网金融园区正式挂牌成立，以金融信息服务或金融技术服务名义注册登记的企业超400家。已构建起了较为完善的港口保税冷链、食品加工冷链、城市城际共同配送的冷链物流体系。邮轮、游艇、房车露营等高端业态发展迅猛。互联网教育市场规模日益壮大，涌现出众多优秀平台企业。"互联网+健康医疗"发展迅速。新媒体营销有飞博共创、多想互动、十点文化、三蝌优等多家全国知名企业。

3. 新模式蓬勃涌现。智能制造模式热潮正在兴起，金龙汽车、强力巨彩、路达等重点行业龙头企业正在掀起一轮智能化转型升级的浪潮。海翼集团、金龙旅行车、蒙发利、盈趣、福慧达、大千振宇等一些大中型制造业将非核心但具有比较优势的业务环节剥离出来，成立具有法人资格的服务业，为行业提供专业化、社会化生产性服务。O2O及第三方平台服务模式进入高速发展阶段，在家政、社区服务、家居、教育、团购、旅游等领域快速发展，涌现了一品威客、好慷家政、神州租车、任我游等成长型平台企业和盈拓商务、美家帮、会计乐等O2O发展模式企业。供应链管理模式逐步兴起，嘉晟集团、云宝商盟、乐商云集等运用供应链管理模式，专业整合各环节资源，为上下游企业提供商流、物流、信息流、资金流四流合一的供应链整体解决方案。

二 厦门新经济发展面临的问题

1. 新经济企业主体不强。厦门市新经济领域规模大、叫得响、拿得出手的龙头企业不多。2016年我国新经济领域独角兽企业131家，厦门没有一家独角兽企业。

2. 自主创新能力有待提升。总体上厦门国有企业和外资企业占主导地位，但国有企业受制于体制机制，创新意识和创新动力不强，外资企业的核心技术主要依赖进口，创新氛围不浓，而创新积极性较高的民营企业和小微企业科研力量相对薄弱，创新辐射力和带动力有限。2016年，全市1719家规上工业企业中，仅有629家企业开展了研发活动，超过六成以上的规上企业没有研发投入。

3. 二、三产融合有待深化。"互联网+现代制造"、智能制造和智慧生产等产业才刚刚起步，在数字化车间、数字化工厂、智能工厂等设计、研发领域基本处于空白，以"互联网+现代制造"为主导的产业体系还远未形成。

4. 新经济普遍存在融资难。大部分新经济领域企业以技术和模式创新起步，企业规模小、资信水平不高，轻资产无抵押物，难以获得银行贷款等传统金融服务。新型金融服务供给不足，厦门天使投资、创业投资及私募股权投资发展相对缓慢，在中国证券基金协会备案的私募股权投资企业共269家，仅为深圳备案数的7%，而且主要投向项目的中后期，创新创业企业获取天使投资、股权投资等"最先一公里"的起步成长资金难度较大。

5. 政府引导和支持力度有待加强。新经济相关的制度供给创新不足，现行税收优惠或资金支持政策在扶持初创型企业尤其新业态、新模式领域存在盲区，新经济统计、分析亟须落实。

三 厦门市新经济发展的方向、重点

1. 培育布局新产业，打造未来发展新优势。围绕发展前景好、有基础但仍薄弱的产业，运用新技术、新模式，培育发展人工智能、生命健康、新材料、节能环保、大数据、物联网等新兴产业。

2. 以"互联网+"为重点，促进新业态蓬勃发展。促进新一代信息技术与现代制造业、金融、商贸、物流、旅游、健康、教育、文化等领域的跨界融合创新，推动更广领域新业态蓬勃发展。

3. 推进二、三产融合，不断创新发展模式。重点推进智能制造模式、个性化定制模式、网络化协同制造模式、制造业服务化模式、网络平台模式、供应链管理模式。

四 加快厦门市新经济发展的建议

1. 培育新经济主体，提升新经济支撑能力。充分发挥自贸区、福厦泉国家自主创新区、火炬高新区等产业园区、科技企业孵化器等作为新经济发展的载体作用，吸引龙头企业和创新型企业集聚，打造新经济主体聚集平台。实施高成长性企业培训计划，搭建线上线下相结合的高成长企业服务平台，培育一批具有行业引领作用的企业。实施科技"巨人"培育计划，力争更多企业成为高科技上市公司和新经济领军企业。

2. 坚持创新驱动，提升核心领域技术创新能力。瞄准世界科技发展前沿，集中财力支持事关发展全局的共性关键技术和核心技术研究，重点在信息技术、人工智能技术、区块链技术、新型显示技术、生命健康技术、"石墨烯+"应用关键技术、节能环保技术等实现一批产业核心技术和关键技术重点突破，部分领域达到世界领先水平。

3. 实施"腾笼换鸟"，拓展新经济发展空间。尽快淘汰落后产能和"僵尸"企业，腾出更大发展空间，引进新项目、发展新产业。大力引进新兴市场主体，突破性发展战略性新兴产业和高新技术产业，突破性发展新技术、新材料、新工艺、新模式、新业态，加快各类创新要素和新经济主体在各产业园区集聚。深入推进大众创业、万众创新。加大"放管服"改革力度，清除创新创业藩篱，放开创新成果涌现的束缚。

4. 拓展投融资渠道，增强新经济发展后劲。采用小额担保、投保贷联动、风险补偿和"银税互动"等方式，加大对新经济发展的信贷支持。进一步发挥政策性金融的作用，为新经济的发展提供贴现、信用保险、无息贷款和融资担保等服务。推进国家科技与金融结合城市试点，完善科技金融服务体系。发挥市、区两级产业引导基金杠杆和引导作用，设立厦门科技创业种子暨天使投资基金，缓解企业"最先一公里"的资金来源问题。培育壮大多层次上市后备企业梯队，支持新经济企业上市融资。以两岸股权交易中心为依托，联合金融机构和专业中介机构为新经济企业提供股份改制、股权托管、股权流转等服务。落实企业创新优惠政策，切实降低企业创新成本负担。

5. 实施人才兴"新"战略，提升新经济核心竞争力。实施"企业家培育工程"和"企业家创新能力提升计划"，大力培育引进创新型企业家。实"科技十条""新九条"，完善高校院所科技人员兼职和离岗创业政策，促进科技人员从高校院所向企业流动，充实和壮大企业研发人才队伍。弘扬"工匠精神"，建设一批技能大师工作室、技师工作站、高技能人才培训基地。

6. 加强政府引导服务，全面提升新经济的治理能力。加快修订完善新经济发展领域中的法规规章，积极营造适宜新业态、新模式、新产业成长的法治环境。优化对新兴经济领域市场主体的审批服务，及时将新产业、新业态、新模式纳入支持政策清单。探索包容创新的审慎监管制度，完善数据资源开放共享制度，建立健全新经济统计制度。

促进产业融合创新，加快厦门全域旅游发展

民进厦门市委员会、厦门市政协文史与学习宣传委员会*

全域旅游起源于游客消费习惯的改变，游客以自由行的方式在整个城市内体验异地人文生活。2016年2月，国家旅游局启动"全域旅游示范区"创建工作，2017年3月，"大力发展全域旅游"被写入政府工作报告，一股全域旅游的春风正吹遍美丽中国的山山水水城市乡村，成为任何一个城市都想抢抓的重大发展机遇。厦门成为旅游目的地热点城市已近十年，旅游效益逐年上涨，但整体上总量不大，旅游业对GDP直接贡献率仅在5%左右，主要以"小清新"城市旅游形象吸引国内外游客，短线游、低消费游占据市场主体，加快全域旅游发展，融入全域旅游带来的消费大潮中已势在必行。

厦门会晤的举办和鼓浪屿申遗成功，为厦门创建"国家全域旅游示范区"带来了新的契机，2018年国庆黄金周，旅游业再现"市场井喷"，全市接待国内外游客量和旅游总收入同比分别劲增23.57%和28.65%，显示厦门旅游发展潜力巨大，旅游热点效应仍在聚集。而近年来，厦门旅游人口中超过80%的自由行（自助游）游客，更为厦门发展全域旅游带来了巨大的市场商机。

厦门全域旅游发展现状及存在问题

在"全域旅游"概念提出前，杭州等地就已提出"全城旅游"，即以

---

* 课题组成员：课题指导：傅兴星；课题组组长：吴丽冰；课题组成员：曾理琳、李明辉、陈琦、朱敬恩、林晓晖、马琨、李忠安；课题执笔：李明辉、曾理琳。

产业融合为核心推动旅游与城市融合发展，以旅游业统筹城乡发展，辐射带动周边区域旅游业协调发展，形成"大旅游"格局。厦门通过近两年的全域旅游创建，在会展旅游、体育和赛事旅游、工业旅游、文化旅游、乡村旅游等跨界融合发展方面，以及改善提升旅游厕所、游客集散中心、客运车辆服务，强化旅游公共服务体系，提升旅游服务品质等方面已初显成效。2017年3月，厦门市旅发委正式挂牌，全域旅游发展将进一步提速。但厦门旅游天然资源不足，旅游热点过于集中，过度依赖"门票经济"；新兴旅游业态及项目的总体开发水平不高；岛内外旅游发展不平衡，各区未能形成联动和优势互补，没有做到"全市一盘棋"；跨区域融合发展、中心带动作用力尚未凸显；"旅游产业全要素大数据平台"功能优势尚未充分发挥；社区参与利益共享机制缺乏；特别是作为全域旅游的重要推手，目前全市民宿中绝大部分仍属于证件不齐或无证经营状态，成为厦门发展全域旅游的一大"痛点"。

资源整合协调、产业融合发展是全域旅游的核心，社会共建共享是其最终目的。旅游与其他产业融合创新，是贯彻落实旅游供给侧改革的重要举措，可以极大弥补厦门旅游天然资源的不足，为厦门旅游发展注入更多内容与文化元素，进一步扩充旅游供给市场，并对周边地区形成示范作用，进一步加深区域合作，扩大厦门旅游腹地。同时，可以解决社区参与缺乏多维度的问题，让不同层面、不同诉求的社区利益共享者，有条件并积极地参与到厦门全域旅游发展大军中。

促进产业融合发展创新，加快厦门全域旅游发展的建议

一 从发展理念上，要推动全市上下对"全域旅游"发展达成共识，齐心共建全域旅游示范区

当前，"城市即旅游、旅游即生活"的全域旅游发展理念，以及推动旅游业从"自我封闭的行业内发展模式"向"与几乎所有产业融合发展的新模式"转变，助推城市转型等创新做法，已经渗透到各地各级政府的城市经营理念中。促进旅游业与其他产业的融合发展，是把旅游发展跳出旅游的自循环，跳出旅游看旅游、抓旅游。厦门作为区域性中心

城市，不仅要促进产业融合，最终还要走向"城旅融合"，通过将旅游景区规划发展模式推广至"全域"，实现全域景区化、景区内外一体化，把整个城市作为最大景区、最美旅游目的地进行建设，从而实现"城即是游，游即是城，主客共享"的旅游城市新局面，实现"一个岛内核心带动岛外一大片，一个厦门中心城市带动若干周边县市"的"大厦门旅游格局"。

一是在政府层面，要树立"统筹协调"的理念。结合国家全域旅游示范区创建工作，将厦门市"旅游会展产业发展领导小组"更名为"全域旅游发展领导小组"，统筹协调全市全域旅游工作。通过构建大旅游、大视野的综合统筹发展和综合协调管理体制，保障旅游在综合产业发展和综合执法的需求，实现产域、区域综合化管理。

二是在产业层面，要树立"融合创新"的理念。通过优化配置社会资源，科学分布旅游及关联产业上下游链条和业态在岛内外、市内外的合理布局，加大旅游与农、工、商、教、科、文、体、医、养等产业的深度融合，形成综合新产能，推动旅游业"量增质升"。

三是在社会层面，要树立"共建共享"的理念。让游客、居民既是旅游发展成果的受益者，又是全域旅游建设的参与者。

二　从发展机制上，要建立和完善保障各产业间有效融合协作的体制机制，合力推动全域旅游发展

1. 切实发挥旅游"局"改"委"后作用。进一步明确旅发委在一些细分行业领域中的主导作用，进一步加强旅发委的职能配备，加强旅游"1+3"体制建设，如：进一步强化旅游部门在民宿业发展中指导、管理、培育、服务、评定等作用，尤其是协调主导作用，消除多头管理又多头不管的体制弊端。从行业发展需求看，建议将一些需要侧重由旅游部门牵头、管控的领域如邮轮、低空飞行等旅游交通新业态，划归旅游部门牵头管理。

2. 加强各行业主管部门的协同合作。针对各类跨产业融合领域，尽快形成专项指导意见、实施举措或扶持政策，引导行业主体和企事业共同发展融合产业，并进一步完善各细分行业管理规范和建设标准。加强产业统筹，打通规划、部门与产业之间的关系，充分利用"多规合一"领先成

果，建立旅游产业土地供给的综合协调机制和涉旅城市规划的联席会审制度。打开行业领域"疆界"，保障旅游信息数据实时共享，实现旅游产业运行数据化的科学管理和调配，构建有效的旅游监管体系。

3. 创新统计监测和评价体系。建立适应全域旅游发展特点的旅游服务质量评价体系，着重考评游客体验度、服务满意度、城市记忆印象分值、文化感受等；建立网上评价系统，构建旅游产品和服务优胜劣汰机制；制定参与旅游市场综合协调管理的部门、企事业单位"责任清单"和"业绩清单"，以建立现代旅游科学的评价机制和全域旅游综合效益评价体系，逐步摆脱对门票经济严重依赖的经济评价标准。

4. 设立旅游产业发展基金。截至2016年底，国内已有超20个省份设立了省级旅游产业基金，65%以上的全域旅游创建城市利用财政资金设立产业发展基金。建议设立厦门旅游产业发展基金，搭建跨产业融合新兴旅游业态投融资平台，通过产业基金撬动各类资本投资本地企业包括"旅游+"产业项目投资建设；支持国有企业以PPP模式参与重要旅游资源开发建设和运营项目，有效盘活缺乏市场活力的优势资源如园博苑景区等。

5. 引导和鼓励社会居民参与到全域旅游的创建中。建立旅游项目开发"社区参与"机制，引导原居民参与到民宿业开发运营中。重视旅游志愿者队伍在学校、社区、企事业单位的建设，扩大全域旅游社会共享成果的宣传面。

三 从发展模式上，要依托现有基础和优势，立足"融合""创新"，拓展全域旅游广度和深度

1. 把握要点，以点带面推动"门票经济"向产业经济转变

充分汲取杭州"打通西湖环线，把湖还给居民与游客共享"的经验做法，通过试点"打开围栏"的景区，做好核心景区从点、线到面的结合与发展，逐步推动厦门旅游"门票经济"向产业经济转变，实现"一业带百业、一业兴百业"，让旅游人气变为真正的购买力。如，以厦门二十四景今昔为旅游线路，打造一个"城市明信片"系列的旅游品牌，通过二十四景之间的串联推介、整体营销、以优带平，以及持续规划完善各景区景点及周边食、宿、行、购、娱等消费业态，围绕主题系列带动周边消费收入换取门票经济。也可扶持和鼓励一些具有良好接待条件的景区景点作为试

点，取消门票，转为开发景区内外文化娱乐消费、购物消费，或周边衍生产业产品的开发，提高产业链价值增值。

2. 抓住"痛点"，多方合作引导民宿业向经营方式多样与经营业态多元发展

全域旅游起源于游客消费习惯的改变，而民宿业正是在游客消费习惯的改变中逐步兴起并成为全域旅游发展的重要推手。虽然厦门市近期出台了《厦门市民宿管理暂行办法》对民宿进行规范，但对于大量事实、无法满足《办法》的民宿业聚集区和经营者而言，依然无法解决需求与规范之间的矛盾。建议在规范的同时更加注重引导，政府、协会、居民通力合作，多渠道多形式改变民宿的建设和运营模式，如：针对岛外乡村民宿"小、散、弱"的特点，可由政府、协会负责开发管理，村（居）民以服务入股，以利于宏观调控、统筹规划与环境保护。对于以乡村游为主题的区域，规划中注重保护当地的民俗文化特色，丰富渔、养、种植业产业类型，为民宿的建设、布局和个性化发展注入鲜活的地方文化内涵，打造民宿区域性形象品牌。针对违建现象严重的民宿集中区，政府统一引导当地居民根据《办法》要求自行改造，政府配套投入公共环境的改善、区域文化的挖掘和跨界合作的支持，主动引导家庭旅馆个性化发展，拉长民宿产业链和联销率。此外，政府还可以通过星级评定、建立民宿排行榜、黑名单，开发民宿线上集结的云平台，依托行业协会开办民宿学校，举办区域性节庆活动，鼓励民宿加盟进军民宿领域的酒店集团提升经营档次等举措，推动厦门市民宿业健康发展，并成为全域旅游发展的强大引擎。

3. 推进重点，融合创新推动"旅游+"向"+旅游"转化

结合厦门产业发展优势和全域旅游示范区建设重点，除继续推动厦门市会展业品牌化、集团化、国际化发展，持续做大做强旅游会展产业外，还要立足已有基础和优势，率先在体育、农业、交通、医养、特色小镇建设等领域打造一批创新示范基地或项目，同时，注重从单一业态或产品的融合向产业链延伸，从第三产业到综合第一、二产业发展，实现产业链全域化。

体育"+旅游"方面，重视发挥厦门在发展旅游用品、户外休闲用品和旅游装备制造业方面的基础和比较优势，在着力发展体育赛事旅游的同时，拓展上下游产业链，重点扶持一些户外运动知名品牌系列和帆船游艇业知名企业品牌，并通过鼓励、引导二、三产业的企业间通过资本纽带进行合作、投资加强联系协作。

农业"+旅游"方面，通过打造全市统一的"乡村旅游"服务平台，做好全市乡村旅游品牌的整合营销，启动"乡村旅游示范村"建设。重视发挥厦门在引入台湾和东南亚果蔬品种方面的优势，拓展农业种植采摘、果蔬贸易、特色果品加工等上下游，发展农耕文化旅游；在同安前格村等试点基础上，持续探索扶持推广"众筹农业""定制农业"，形成乡村旅游发展、社区参与共建的健康共享机制；发展科技生态项目以及植物课堂、观鸟社团等生态环保旅游。

医养"+旅游"方面，依托厦门舒适的气候环境和山海生态资源，结合近年在医疗资源逐步增强的优势，大力推进医养结合、智慧养老城市建设，以汀溪"乐活小镇"等为示范点，逐步打造一批中医药养生、温泉疗养、山间休养等健康旅游产品或休闲度假型养老养生产业聚集区。

借鉴浙江等地经验，以"宜居宜业宜游"为标准全力推动产业型特色小镇规划建设，重点依托软件与信息、生物医药、航空维修、文化创意、航运物流等优势产业，力争打造若干个全国、省级特色小镇，带动工业"+旅游"创新，通过打通生产—体验—购买全产业链，让旅游人气变为真正的购买力。未来可借助城际轨道，充分发挥区域性中心城市的辐射带动功能，依托厦漳泉三地产业集群分布，打造厦门周边三小时半径特色小镇圈，带动周边产业特色小镇集群发展。

此外，在众多新兴旅游领域中，还可重点推动环岛路观光、地铁文化圈、空中自行车道、BRT游览、演武大桥观景等"通行+体验"叠加，扶持民间艺术、渔港海鲜、婚纱摄影、帆船体验、观鸟休闲等特色潜力行业向旅游产品转化。

4. 紧跟热点，做足"互联网+旅游"文章，提升全域旅游品质

加快"厦门市旅游产业全要素大数据平台"应用，持续加强全市景区，旅游点，消费热点，旅游交通等的智慧化建设与完善，实现"全市旅游一张网"平台信息格局，为"全域旅游"各参与方提供全方位、精细化管理和精细化服务，并为其他产业和领域的"+旅游"对接创造条件。

5. 把好节点，加大跨界旅游营销，丰富全域旅游内涵

以政企协作、企业结对、区域联合等方式，鼓励拥有文化旅游资源的企业与具有营销推广能力的旅游企业对接；重点培育各行业协会的项目孵化能力和组织营销能力，依托民间行业协会提升市场主体整体营销和平台服务功能。借助海峡旅博会平台，开展旅游跨界产品联合营销宣传、各种主题系列O2O线上线下推广活动，开展"年度旅游创新产品"评选。引导行业导游朝文创旅游、工业旅游、乡村旅游等多领域分流、专精化发展，同时鼓励各领域专业人员兼职参与导游工作，通过产业间人员双向流动协作，促使导游队伍由原来旅行社委派的封闭管理体制向导游依法自由有序流动的开放式管理转变。

中美贸易摩擦背景下海沧口岸发展前景的思考与对策

海沧海关课题组[*]

海沧口岸是厦门关区最重要的港口，以海沧港为主的厦门港集装箱吞吐量已位居全国第7位、全球第14位。2017年我国沿海港口完成美国航线吞吐量2161万TEU，占沿海港口国际航线吞吐量的18.6%，主要集中在深圳、上海、宁波（舟山）、青岛、厦门（海沧）等五大港。

一 中美贸易摩擦对海沧口岸企业外贸发展影响深远

海沧口岸作为厦门关区最大的出口口岸、第三大进口口岸，依托其优良深水港优势，港口虹吸效应辐射全省乃至全国众多进出口企业。2018年1~7月，海沧口岸对美进出口企业合计6282家，其中福建省内企业4832家、省外企业1450家。商品涉及中美双方第一轮两批次征税清单出口企业969家、进口企业119家，分别占海沧口岸对美出口、进口企业的15.9%、28%。课题组通过发放问卷、电话询访、实地走访调研，企业普遍反映此次中美加征关税幅度较大，后势不可预测因素增加，存在较大变数，集中在三方面困境：一是第一轮实施加征关税进口产品成本增加，出口产品利润下滑、销量下降；二是第二轮实施加征关税产品比重大，企业应对措施有限；三是受加征关税影响较大的外资企业或考虑转移工厂。

---

[*] 课题组成员：刘杨武、郑喜涛、许炯锋、翁凌旖、吕琦、黄丽燕、何高颖。

二 推动海沧口岸进出口持续健康发展的契机与对策

(一) 总策略：政企齐心，国民协力

海关与当地政府保持战略定力，做好舆论引导。一是组织权威发声，发挥主流媒体渠道及民间自媒体力量做好新闻宣传导向，稳定民心民生。二是明确把握舆论主基调，引导理性思考中美贸易摩擦，密切跟踪监测美国经贸政策及国内扶持措施，深入揭露美方双重标准等虚伪行径。三是进一步推进简政放权激发市场活力，主动提供产业政策指导，关切企业困难和实际需求，支持通过行业性整合重组做大做强，增强企业作持久战的信心。

(二) 短策一：强力扶正，化解风险

海关与地方政府加强沟通协作，建立联合研究团队与协调机制，开辟企业沟通机制和专门渠道，就中美外贸进出口形势、重点敏感商品进出口动向及数据异动等方面加强专题调查研究。加强交流与共享，关注上下游相应产业链的相互关联影响，聚焦中小企业融资难、缺乏财税政策支持等突出问题，出台更多因地制宜的措施，形成政策合力，妥善化解当地企业经营困难和经济短暂下挫的即时风险。

(三) 短策二：注重纠偏，严厉打私

在涉及贸易战原先商品品质优良、市场需求不减而内外差价更加显著的特定阶段，极有可能诱发不法企业产生新的虚假贸易、伪瞒报违规违法情事或更严重的走私行为，从而间接破坏我方反制措施打击美方的预期威力和效果。海关监管缉私部门与地方市场监督管理部门须防患未然，强化行业性风险研判与情报经营，突出市场监控及源头核查力度，形成管控机制。

(四) 中策一：对接国策，产业转型

"到2025年迈入制造强国行列"，地方政府要围绕高科技领域强化产业布局，扶持海沧当地生物制药、集成电路等集群产业，对接做好结构调整和转型升级；加快供给侧结构改革，加速酒类、燕窝等专业市场建设，

扩大内需消费，增强回旋纵深。同时，加大扶持鼓励企业调整对美贸易安排，拓展货源渠道，通过"金砖国家＋"等新兴经济体以及其他发展中国家的经济高增长伴随而来的需求增加，进一步消弭损失。

（五）中策二：后发优势，做强特色

海沧口岸处于"丝调之路经济带"与"21世纪海上丝绸之路"的连接点，多式联运条件越发成熟，凸显后发优势。口岸系统协同配合，加快推进"一带一路"沿线国家共同发展，加大力度扶持中欧班列，迅速拓展辐射台湾地区及东南亚，长远看形成有较大影响力和较强竞争力的未来国际联运新路线。另外，海沧作为全国整车进口口岸，自美进口占比小，不存在大幅受损，在扩展培育市场上，地方政府及相关企业强化定位宣传、推广布局，可以向欧盟、日本转移重心，以同类品质车替代满足美国车潜在客户，培育新的经济增长点。

（六）长策一：保护产权，实力竞争

中美之间的经贸摩擦具有长期性，外贸企业必须转向质量竞争、创新竞争、设计竞争等全面实力竞争。美国征税清单覆盖"中国制造"诸多商品，短期内难以获得替代，其国内消费者遭受实质损害陷入两难。这也给我国内企业带来结构调整良机，以加速转向以品质、品牌取胜的"中国创造"。当地政府要健全知识产权保护机制，鼓励地方实力企业"亮剑"、打造自主品牌，海关也顺势优化政策，不断增强自主品牌产品竞争力，增强外贸整体抗压能力。

（七）长策二：引领开放，发展自由港

厦门等经济特区是改革开放的重要窗口、试验平台、开拓者、实干家，如今还要成为新时代全面深化改革开放的新标杆，形成更高层次改革开放新格局。海沧口岸得益于改革开放筚路蓝缕、得益于"六区叠加"政策优势，以自由贸易港为目标，持续改善营商环境，提高通关效率，优化完善口岸监管服务配套体系及快速高效疏港物流交通运作机制，进一步提升海沧在全球港口竞争力，成为海峡两岸最成规模、最强辐射、最具前景的东方大港。

厦门创新创业基地的发展状况及提升对策

集美大学财经学院副教授　邱月华

一　厦门创新创业基地发展现状

截至 2018 年 8 月，厦门共认定市级众创空间 203 家，经认定的市级众创空间面积 42.2 万平方米、在孵创业团队 4686 个、吸纳就业人员 18625 人、累计新注册企业 3095 家、培育了 12 家上市企业；厦门拥有市级科技企业孵化器 15 个，在孵企业 1069 个，在孵企业从业人员 18499 人，拥有各类有效知识产权 3348 项。

2015 年 7 月厦门市获批国家小微企业创业创新基地城市示范。截至 2017 年 12 月 31 日，厦门已有 22 家市级小微企业创业创新示范基地，其中 6 家入选国家级小微企业创业创新示范基地，5 家入选福建省省级小微企业创业创新示范基地；小微企业创业创新示范基地面积达到 128.35 万平方米，入驻企业 3120 家，吸纳就业人员 3.65 万人。

二　厦门创新创业基地发展中存在的问题

（一）盈利能力差，盈利模式单一

2017 年 12 月，厦门市众创空间产业协会调查的 159 家众创空间中仅 51 家实现了盈利，占比 32%，虽然整体盈利比例比 2016 年的 19% 有较大幅度提高，但总体上看众创空间的盈利能力仍然较差。与 2016 年投资收入作为众创空间最主要的收入来源不同的是，2017 年厦门市众创空间的服务收入占比增加，成为当前众创空间的首要收入来源，反映了大部分众创空间一年来对盈利模式积极探索和升级的有效成果，收入结构趋于健康和可持续。但服务收入的占比仅为 38%，众创空间总收入中财政补贴收入占比高达27%，说明众创空间还未发挥其核心价值，盈利模式单一，仍较大程度依靠财政补贴。

（二）行业资源对接不足，服务能力有待提升

2017年12月，厦门市众创空间产业协会调查了全市众创空间3506个在孵团队，其中，705个是大学生创业团队，占比20%，科技人员创业和大企业高管离职创业与2016年相比虽有所增加，但所占比例仍然不高，占比分别为18%和16%。目前厦门不少创新创业基地仍然缺乏专业性服务，不能提供诸如专业技术、融资渠道对接、运营模式等孵化性服务，或提供的孵化性服务内容过于单一，孵化创业能力比较有限。

（三）高水平的运营管理人才缺乏

根据《2017年厦门市众创空间运行监测报告》，以民营企业为主的众创空间运营主体占总数的88%，2016~2018年来这一比例年年攀高，民营企业已成为无可争议的市场主力。2017年底22家市级小微企业创业创新示范基地中13家为民营企业，占59%。由于民营企业稳定性差，用人制度不够完善，在就业者落户、职务晋升、子女入学等问题方面难以满足人才需求，很难吸引高层次人才的加盟。

（四）与实体经济的结合度较低

目前厦门创新创业基地在国家鼓励的重点产业领域和厦门优势产业领域发展力度不足，相关产业的龙头企业对于发展创客空间尚不够重视，缺少厦门龙头骨干企业和科研院所创办的众创空间，众创空间中与实体经济转型所需的技术和装备型项目偏少，产业需求和行业共性技术衔接难，对实体经济的支撑和服务效果较弱。

三 构建具有海西特色的厦门创新创业基地模式

（一）发挥区域对台优势，打造两岸创新创业交流的前沿阵地

应继续充分发挥区域对台优势，将支持台湾企业和青年来厦创业作为

其创新创业基地发展的特色，通过政策、资金、载体、机制、服务五个方面的创新探索，对接台湾高科技产业，吸引台湾创新企业来厦创业发展，打造两岸创新创业交流的前沿阵地。

（二）借助自贸区改革创新探索，进一步完善创新创业生态系统

应借助自贸区改革创新探索，从体制机制改革与创新创业环境优化改善入手，在营造宽容失败的创新创业氛围基础上，制定有利于创新创业的扶持政策，进一步完善创新创业生态系统。例如，利用自贸区先行先试的政策优势，通过机制创新，引导创业投资机构运用阶段参股、风险补助和投资保障等方式，投资创业创新型企业发展，支持服务创业创新的企业公共服务平台建设，推动创新创业基地的发展。

（三）构建"一体双翼"发展体系，实现创新创业基地可持续发展

建议构建"一体两翼"的创新创业基地发展体系，以实现创新创业基地的可持续发展。"一体两翼"中的"一体"是指大力支持龙头骨干企业围绕产业发展定位举办专业化创新创业基地，"两翼"是指一方面鼓励高校和科研院所举办培训辅导型创新创业基地，另一方面鼓励投资机构举办投资驱动型创新创业基地。

四 厦门创新创业基地的政府扶持提升策略

（一）加强政策间的系统性与协调性，完善分类扶持政策

目前厦门已出台了诸多政策大力推动创新创业发展战略。然而，各项创新创业基地扶持政策的落地往往涉及科技局、财政局、税务局、经信局等多个部门。应注重各项政策的系统性和协调性，进一步理顺各管理部门的关系，确保数据共享和政策对接。

在制定相关政策时，应坚持整体谋划、分类指导的原则，制定既能普惠又有差别的政策，为各类创新创业基地发展提供对口且优质服务。另外，应加强规划引领，科学合理布局，整体谋划全市范围创新

创业基地的建设，推动不同区域、不同类型创新创业基地的差异发展和共赢发展，提高厦门整体的空间承载力和资源聚集度，促进大众创业、万众创新。

（二）合理制定绩效评价指标，建立健全监管和评估制度

为促进创新创业基地的健康长远发展，应建立健全创新创业基地的监管和评估制度。例如，可定期委托独立第三方评价机构对各个创新创业基地进行绩效评价，依据所提供专业服务质量、孵化成功率等指标对创新创业基地进行考核评估，并将绩效考核结果作为创新创业基地获得资金补贴和政策支持的依据，以激励创新创业基地不断提升其服务能力和运行绩效，引导创新创业基地有序健康发展。创新创业基地的绩效评价结果应向社会公布，接受社会的监督。

对于创新创业基地的绩效评价，应合理制定创新创业基地的绩效评价指标，以市场化手段推动社会资源的合理化配置。一是绩效评价指标体系的设计应避免把建设创新创业基地的数量当作硬指标，或者通过政策优惠强行推出一些成长性较差、功能性较低的创新创业基地，这只能形成表面的繁荣，难以从实质上促进创新创业。二是应当不唯孵化面积、在孵企业数量、服务创业者数量等指标，而是应更加注重其所提供的专业服务质量、创新创业服务能力和孵化企业存活率等质量指标。三是应通过绩效评价指标体系的设计，鼓励创新创业基地的联合、联盟，支持有实力的创新创业基地开展对外投资并购、股权合作，追求规模化发展，实现取长补短、资源互换、信息共享，通过全国化布局实现做大做强。四是引导创新创业基地差异化发展，根据各区域特色资源与产业优势，把握"互联网+"发展趋势，瞄准未来新兴产业，推动众创空间发展不同产业领域，创新商业模式，积极培育创新创业基地发展新业态。

（三）坚持市场化运作，推进企业化管理

政府相关部门在制定促进创新创业基地发展政策时，必须坚持市场导向，科学界定政府与市场、社会及企业、创客之间的关系，不越位、不缺位、不错位，更多地发挥协同效应。市场化运作主要体现在以下两个方

面：一是举办主体企业化，创新创业基地应该由企业主体根据市场需求决策并采取行动；二是经营与管理市场化，推进创新创业基地企业化管理。市场化运行的创新创业基地能有效降低创业和创业孵化的门槛，吸引各类社会机构参与到双创工作当中。

关于推进厦门市健康医疗大数据中心国家试点城市建设的对策建议

厦门市卫生资讯协会[*]

党中央、国务院高度重视健康医疗大数据的研究与应用发展工作，健康医疗大数据已经成为国家重要的基础性战略资源。习近平总书记指出："要深刻认识互联网在国家管理和社会治理中的作用，以推行电子政务、建设新型智慧城市等为抓手，以数据集中和共享为途径，建设全国一体化的国家大数据中心。"[①] 在厦门市委、市政府的高度重视和积极努力下，2016年底厦门市获批成为开展健康医疗大数据中心及产业园建设首批国家试点（福州、厦门、南京、常州），为推动厦门卫生健康事业再上新台阶提供了宝贵机遇。在2016年底厦门市第十二次党代会上，厦门市已将健康医疗大数据作为推进健康厦门建设的一项重点工作，进行专门部署和推动，尽快为全国提供可借鉴、可复制、可推广的试点经验。

一 近年来厦门市区域卫生信息化规划和建设的主要成效

从2006年开始，厦门市就着手布局医疗卫生信息化建设。2009年启动建设的"厦门市民健康信息系统"在全国率先创建了全新的数字化市民健康管理和区域协同医疗服务模式，被誉为国内区域医疗信息化迄今为止最为成功的实践蓝本，为实现医疗卫生信息化、云计算提供了经

---

[*] 作者：陈彼得、程明、周文勇、简裕卿、孙中海、江妙君。
[①] 习近平：《在中央政治局就实施网络强国战略进行第三十六次集体学习时的讲话》，新华网，http://www.xinhuanet.com/politics/2016-11/13/c_1119902533.htm，2016年9月日。

验和示范。过去十年，该系统已经积累大量患者就诊信息和电子病历，这也成为厦门市开展健康医疗大数据试点城市建设中重要的数据基础。另一个卫生信息化亮点是2013年建设的厦门市"健康医疗云"项目，这是全国首个"健康医疗云"项目，让厦门市民步入了医疗"云时代"。目前，厦门市"健康医疗云"已接入了占95%医疗卫生资源的医疗卫生机构，实现了市民门诊、住院、检查检验、体检信息、妇幼保健、儿童计划免疫等数据共享，已经建立个人健康档案330余万份，占95%的常住人口。

二 厦门市推进国家健康医疗大数据中心及产业园建设试点工作的应用前景和机遇

（一）有利于更好地立足自身特色，面向海西，服务"一带一路"倡议

厦门作为海峡西岸重要中心城市，建成国家健康医疗大数据中心，对促进福建省经济建设，提高医疗科技创新应用水平和医疗卫生政策水平，促进以厦门为核心、辐射到全国各地医疗卫生事业的健康发展，对开展东南亚地区国际医疗合作，具有十分重要的现实意义。到2020年底，力争成为国家健康医疗大数据中心并形成可复制可推广的厦门模式，健康产业产值将达到1200亿元，市场前景非常广阔。

（二）有利于形成可推广的医疗大数据发展模式，服务国家医改方针

厦门已累积近十年全人口电子健康数据信息，内容涉及健康医疗的方方面面。在厦门大学建立健康医疗大数据国家研究院，依托"产学研用"模式，整合厦门大学、厦门市医院和相关企业的力量，建立起医疗大数据云平台。在这样具有典型代表意义的地区打造集数据、技术、应用三位一体协同发展的全新医疗大数据应用示范基地，以点带面形成具有全国性示范效应的医疗大数据应用平台，构建全新的医疗生态网络，在探索可复制可推广的医疗大数据发展模式的同时，更有利于重新构建本地更为合理化的医疗体系。

（三）有利于搭建国际合作平台，运用自主创新，支撑"一带一路"建设

2018年底，国家试点项目将完成东南区域四省数据汇集，建成东南数据中心，这将充分发挥厦门地缘优势和医疗水平相对领先的优势，积极探索建立丝绸之路经济带医疗卫生领域合作机制，利用医疗大数据技术，为"一带一路"建设提供数据和决策支持，推动厦门市与东南亚周边国家在重大传染病防治、医疗保险、医疗协作等方面的国际合作。

三 推进厦门市健康医疗大数据中心国家试点城市建设的对策建议和实施路径

（一）加快建设共享开放的健康医疗大数据应用基础体系

1. 加快区域健康医疗大数据平台建设。建议进一步加强顶层设计，完善厦门市"健康医疗云"项目。建成全市统一的全员人口、居民电子健康档案和电子病历三大数据库，以三大数据库为核心，建设市级全民健康大数据中心。

2. 加快全市医疗卫生机构信息系统提升改造。建议借助厦门大学附属第一医院通过HIMSS七级认证和JCI国际认证等成功的信息化探索实践，加快改造升级以电子病历为核心的医疗卫生机构信息系统，建议各级医疗卫生机构信息系统要全部实现与市、区全民健康信息综合管理平台的对接，实现医疗卫生机构内部的数据融合，以及医疗机构之间、医疗机构与公共卫生机构之间的数据共享。

3. 建立健康医疗数据汇集共享与开放机制。建议加快推动政府健康医疗信息系统与全市全员人口、居民电子健康档案、电子病历三大数据库互联互通，数据共享共用，业务应用高效协同。建立卫生计生部门归口管理，中医药、发改、教育、科技、经信、公安、民政、人社、环保、农业、商务、安监、检验检疫、食药、体育、统计、旅游、气象、保监、残联等各部门密切配合的健康医疗数据定期交换、共享共用机制。

4. 推动产学研紧密合作，为全国健康医疗大数据标准管理提供样板。建议加快进度建设厦门健康医疗大数据国家研究院（目前该项目进度较缓），通过建立高校、医院、企业的产学研联合体，探索制定居民健康医

疗隐私信息脱敏开放办法，建设和完善健康医疗数据开放平台，畅通数据开放渠道，稳步推进健康医疗大数据开放。探索建立厦门市健康医疗数据资源目录体系，做好与国家健康医疗数据资源目录的衔接。

（二）全面深化健康医疗大数据应用，服务民生补短板，发挥国家级试点的特殊价值

1. 推进健康医疗行业治理大数据应用。建议要通过试点城市的契机，结合厦门新一轮深化医改的重要任务，建立完善医改效果评价模型，实现对医疗服务价格、医保筹资和支付、居民医疗负担控制、药品使用等关键指标的实时监测，深化全市医改效果的精准评价。建议尽快打通医疗机构管理信息系统和临床信息系统之间的数据通道，整合分析临床、运营、成本核算、质量评价数据，推动深化厦门市公立医院改革，促医疗服务质量的提高，减轻居民看病就医负担。建议以厦门市翔安区今年上线运行的"智慧健康'云卫监'综合监管大数据平台"为试点，通过信息化手段推动精准执法，加快卫生计生监督信息整合，实现卫生综合执法信息与健康医疗相关信息系统互联互通，提升行业监管水平。

2. 推进临床医疗和科研大数据应用。建议要充分利用厦门市现有的国家重点临床专科、省级重点临床专科、国家级和省级重点实验室等优势资源，依托厦门大学健康医疗大数据国家研究院和协同研究网络，加强临床医学和基础医学科研数据资源的整合共享，提升医学科研转化及应用效能。建立基因组数据库和专科、病种病例数据库，推进疾病标识物研究与应用。打造一批精准医疗专科、精准医疗试点医院。

3. 全面建立远程医疗应用体系。建议要加快建设连接三级医院和全市38家社区卫生服务中心、乡镇卫生院的远程医疗系统。加强全市远程医疗网络与北、上、广医疗机构、国际学术机构、国外知名医疗机构的连接，发展省际、国际远程医疗。建议要借助复旦中山厦门医院、厦门市心血管病医院等新建设的优质医疗平台，建设区域病理、影像、心电诊断中心，进一步完善检查检验结果互认机制，实现检查检验结果的互联共享。配合厦门市分级诊疗的工作部署，加快构建基于互联网、大数据技术的分级诊疗信息系统。

4. 发展智慧健康医疗便民惠民服务。建议要加大力度整合线上线下资源，建立"互联网＋健康医疗"服务、支付和信用、健康管理与促进体

系。建议可借鉴贵州贵阳、宁夏银川等地的做法，推广网上医院、掌上医院、云医院等新型网络医院建设模式，发展互联网医院。

5. 推进中医药大数据应用。建议要借助厦门特殊的两岸中医药地缘交流优势，建设海峡两岸中医药大数据资源管理与利用平台，发展中医药数据资源增值服务、中医药创新服务，推进中医重大疾病协同攻关。

6. 培育健康医疗大数据应用新业态。建议要发挥软件园（三期）作为厦门健康医疗大数据产业园的集聚优势，结合海沧区的生物医药，翔安区的电子信息、光电技术等产业优势，加速健康医疗数据与云计算、大数据等新一代信息通信技术的集成创新，促进健康医疗业务与大数据技术深度融合，加快构建健康医疗大数据产业链。

（三）健全健康医疗大数据保障机制，形成可复制可推广的厦门经验

1. 完善法规制度和标准，加强健康医疗数据安全保障。建议尽快研究并制定《厦门市健康医疗大数据资源管理办法》，建立"分级授权、分类应用、权责一致"的管理制度，强化居民健康信息服务规范管理，明确信息使用权限，切实保护各方合法权益。建议厦门市推行居民健康医疗服务实名制、健康医疗数据使用实名制管理。制定并完善数据管理、数据与信息系统安全、健康数据隐私保护制度，明确数据采集、传输、存储、使用、开放等各环节的边界、责任主体和具体要求。

2. 加强健康医疗信息化复合型人才队伍建设。建议依托厦门大学医学院、厦门医学院等院校资源，加强卫生信息学学科建设。建立和完善卫生信息学人才培养体系，紧贴健康医疗大数据行业发展需求，开展继续教育和培训，促进健康医疗大数据人才培养和队伍建设。

3. 加强健康医疗大数据的政策支持和舆论宣传。建议要大力发挥政府引领作用，形成政府引领、社会参与、公众响应的局面，加强政策导向与扶持力度。统筹有关市级专项资金向健康医疗大数据产业倾斜，充分发挥新兴产业基金等作用，加大对健康医疗大数据产业的支持力度。同时要加强政策宣传，加强健康医疗大数据应用发展政策解读，大力宣传厦门市参加健康医疗大数据国家级试点应用发展的重要意义和应用前景，积极回应社会关切，形成良好社会氛围。

厦门"一带一路"建设系列咨询报告

何军明　朱金松

一　台湾参与"一带一路"的安排与厦门对策

2015年3月，中共中央在《推动共建丝绸之路经济带和21世纪海上丝绸之路的愿景与行动》中，已经将两岸经济关系、台湾经济发展考虑纳入其中。

但是，台湾当局对大陆的真诚邀请迟迟未作回应。在中央"十三五"规划中提到了支持香港参与"一带一路"建设，未再提台湾参与"一带一路"建设。目前，民进党当局的消极态度导致台湾从"政府"层面参与"一带一路"建设处于搁置状态，而且可能会持续一个较长时期，但是台湾工商界具有参与"一带一路"建设的积极愿望。我们认为，厦门市可以积极探索民间层面台湾参与"一带一路"的新模式，为中央对台工作闯出新局面、开辟新思路。

1. 应将对台合作与对东盟合作的优势结合起来，以创新理念探索台湾企业层面参与"一带一路"建设的新模式。厦门市作为"21世纪海上丝绸之路"的战略支点城市，同时具备对台合作与对东盟合作的双重优势，可以利用"一带一路"建设的机遇将二者结合起来，提高厦门市在中央战略中的地位。厦门市可积极探索台湾企业层面参与"一带一路"建设的新模式，为中央对台工作闯出新局面、开辟新思路。

2. 推动厦门企业与台湾企业共同开拓"一带一路"国际市场，加强厦台"离岸式"合作。目前，福建已经把"推动闽台携手拓展国际合作"列为建设"海丝"核心区的八项主要工作任务之一。厦门可探索厦门企业与台湾企业共同开拓"一带一路"国际市场，如厦门企业与台商共同与东盟进行产能合作、共同在东盟国家建设工业园等，共同参与"一带一路"投资和发展，实现"两岸联手赚世界的钱"，尤其是加强现代农业和服务业方面的合作。

3. 加强厦门相关企业的涉台培训。企业作为资本、知识、技术和人才高度密集的社会组织，是世界经济网络的重要节点，是社会经济、文化交往中最活跃的主体之一，具有开展对台工作的自身优势，厦门市应进一步加强相关企业的涉台培训，在经贸合作中做好对台工作，让企业发挥重要的对台宣传作用。

二 当前厦门市推进"一带一路"建设的几点思考

当前"一带一路"建设的国际国内环境正在不断发生变化。"一带一路"建设的大方向是长期稳定的，但是国际国内环境不断发生变化，地方"一带一路"建设的具体措施应根据国际国内环境的变化而应适当有所调整。当前"一带一路"建设逐步从中央布局进入地方实施阶段，存在基层创新不足的情况。"一带一路"建设主要涉及与相关国家互联互通、经贸合作、人文交流等方面，并非单纯的国内建设问题，另外，"一带一路"建设涉及多个方面和领域，是一个经济、文化、政治外交等综合复杂的系统。各个省市地方在"一带一路"建设上存在一些基层创新不足的问题，往往缺乏具体抓手。

我们认为，厦门市政府在推进"一带一路"建设中要把握好几个要点。

1. 把握好政府的角色定位。把握好政府的定位十分重要。一方面，市场运作是"一带一路"各方面合作的基本原则。政府在"一带一路"合作中的主要任务是加强统筹协调，制定发展规划，改革管理方式，提高便利化水平，完善支持政策，营造良好环境，为企业创造有利条件。但是另一方面，"一带一路"建设和各方合作仅仅依靠市场也是不行的，核心区建设中政府的主导和推动作用是不可替代的，政府必须发挥主导推动作用。应注意把握好政府作用"度"的问题，主要应注意以下几点。一是集中力量打造好标志性、示范性项目。厦门市可以在一些标志性和示范性的重大的合作项目上发挥主导作用，政府全面参与，以国有企业为依托，集中全市力量打造成功典范，为核心区建设进一步推进积累经验，形成一些可复制、可推广的模式。二是提供更高水平的便利化。政府对"一带一路"经贸合作、人文交流及其他的相关服务工作可进一步缩减流程、简化手续。三是做好相关服务，重点建设生产性服务平台。为"一带一路"建设各类企业和单位、组织做好相关服务，帮助企业与"一带一路"沿线国家进行沟通协调、为企业提供信息、中介、交流合作平台等公共品，尤其是重点建设生产性服务平台，由政府出资建设一批适合中小企业需要的生产性服务平台。

2. 把握好推进速度与阶段。从中央层面看，"一带一路"的顶层设计与中层设计已经基本完成，进入全面实施阶段。厦门市推进"一带一路"建设也应当把握好推进速度，分阶段进行、稳步推进。第一阶段应当首先打造标志性项目；第二阶段应重点打造各类平台，尤其是生产性服务平台，为经贸合作、人文交流等创造更多机会，使全国各类资源向厦门流动聚集，凸显核心区的核心作用；第三阶段应在前期各类建设取得经验的基础上，总结规律，推动制度创新，解决"一带一路"建设中的制度性问题；第四阶段全面推进，从政策沟通、设施联通、贸易畅通、资金融通和民心相通五个方面推进核心区建设。

3. 将"一带一路"建设与厦门产业升级转型与社会经济发展结合起来。对于地方来说，"一带一路"倡议既是一个全方位的对外开放战略，同时又要求地方把最终落脚点落在产业的不断升级、生产力水平的不断提高上。应把"一带一路"作为厦门经济产业转型升级的重大机遇、基础设施完善提升的重大机遇、对外经贸合作与开拓市场的重大机遇。应抓住"一带一路"所创造的有利外部环境来推动省内的产业升级和技术创新，将二者相结合，发展地方经济。厦门在"一带一路"建设中不仅要"走出去"，也应继续积极"引进来"。

4. 把握好"一带一路"建设的目的。作为地方政府，"一带一路"建设可更多地从地方经济社会发展的角度出发，在服务中央全局的同时，也注重利用"一带一路"政策优势，使"21世纪海上丝绸之路"核心区建设为厦门经济社会发展服务。

推动厦门实体经济创新发展对策建议

王进法* 刘绵星 郑伟强 习玲

2018年以来，中美贸易摩擦加剧，给中国实体经济和外贸出口带来严峻挑战。对于以外向度较高的厦门，特别是集美、杏林台商投资区的制造业等工业产业的影响不可低估，应该引起更多的警示：未来，无论是政策制定，还是民营企业、外资企业的经营，都应该把重点放在提高科技创新，重视并充分挖掘国内市场。只有审时度势，转变思路创新和满足国内市场的需求，民营实体经济才能赢得更加美好的未来。

建设高素质、高颜值的美丽厦门，核心基础是实体经济必须保持可持续的高质量发展。只有实体经济发展了，才能满足人民群众不断增长的美好生活需要。精神文明、文化建设、生态环境等才有充足的资源和财力去发展。因此，加快先进制造业和现代服务业的创新发展，实现经济结构调整和发展方式转变，推动实体经济持续高质量发展具有重要的现实意义。

厦门实体经济创新发展当前面临着几大方面的挑战：一是中小微实体企业科技创新投入不足，研发能力欠缺；二是大部分民营实体企业融资渠道少，贷款成本高；三是民营实体企业引进人才难、留住人才难；四是领军型龙头企业的规模和数量偏小偏少等，为此建议从以下几方面推动实体经济"强筋健骨"。

1. **强化创新引领作用。**（1）突出创新平台建设，加快科技要素集聚。加快厦门国际创新中心、中国数码港海西运营中心、云创漫谷产业园等项目建设，努力推动中科院知识产权运营管理中心、教育部科技发展中心、安妮国家知识产权数据库等技术转移机构落户集美软件园区。（2）新增一批国家级高新技术企业、创新型企业和研发机构。发挥稀土、石墨烯、复

---

* 王进法，厦门集美区工商联四级调研员、民建厦门市委副秘书长。

合材料创新资源优势，发展钨业稀土永磁电机、新能源电池、稀有金属材料等特色新能源产业，支持虹鹭钨钼、春宝钨钢、新凯碳纤维复合材料、华懋高强度纤维、菲尔镀膜材料等高新技术企业项目做大做强。加快厦钨稀土永磁电机产业园建设，打造国家级稀土材料研发基地、稀土材料应用技术研发与产业化示范基地；深化产学研、产教融合，推进华侨大学与路达（厦门）石墨烯项目中试基地建设，强化产学研科技合作项目成果对接，鼓励骨干企业与高校组建实训基地及创新战略联盟，促进科技成果转化与应用，重点加强石墨烯在高分子复合材料、新能源电池等领域的产业化应用。(3) 致力于打造软件园三期"智慧园区"。建设集创客工厂、孵化器、加速器、产业园于一体的综合创新园区。

2. 培育发展龙头企业。要大力抓龙头培育，促进企业快速成长。提升产业基地集聚能力，打造一批"双高龙头"、独角兽、瞪羚等企业。(1) 引进发展新"龙头"。比如厦钨龙头产业——厦钨永磁电机产业落户集美后，预计未来该产业产后年产值达 200 亿元，将拉动上下游新材料产业增加 500 亿元产值。(2) 巩固扶持"老龙头"。要继续扶持厦门光电信息产业、大金龙汽车、正新橡胶等老"龙头"项目，推动厦门经济增长上新台阶。(3) 培育壮大"新龙头"。要推动类似"好康家政"等一批新龙头企业进军养老服务、健康服务、供应链运营等领域，这些服务业每个龙头项目预计年产值将达到 100 亿元、拉动上下游产业产值 50 亿元。

3. 优质推动"两化"融合。要狠抓创新驱动，推进重点领域产业技术创新，加强创新平台建设，在科技创新上补短板增实力。(1) 深化智能公共技术服务平台建设。深化厦门（集美区）机器人及数控技术应用研发平台建设，建设中控人工智能等智能公共技术服务平台，实施宏发汽车继电器自动化生产线等 200 多个技改项目。(2) 引进华为工业智造云和软件开发云。引进人工智能"独角兽"公司云知声在厦门集美软件园区设立全资子公司云知芯，推动人工智能产业的芯片端、应用端和研究端在集美落地、生根；支持快速智造国家工程研究中心，引进华为工业智造云，推广 3D 打印技术。扶持推动思尔特海西智能制造协同创新产业园等一批工业互联网行业协同平台，为厦门中小微智能制造特别是传统产业转型发展企业提供研发创新技术支持；建成全省高端装备制造重要聚集区，打造海西先进制造业基地。(3) 建立健全双创优胜劣汰机制,借助微软、百度、腾讯等优质众创空间,促进双创和实体经济深度融合。

4. 优化创新营商环境。

(1) 解决中小微企业融资难、融资贵问题。一是要深化政银企对接,支持企业上市,引导金融机构实行差别化信贷政策,创新金融产品和服务模式,建立"政府+银行"的联动机制,形成"政策+金融"的支持模式。二是建议设立小微企业风险投资基金、小额贷款保证保险基金,完善提升投资担保公司。对小微企业中经专家评定具备较好的发展潜力、具有独创性、颠覆性、技术门槛较高且处于初创期、早中期的小微企业提供资金支持,以股权投资、担保融资等方式支持先进制造业、现代服务业、战略性新兴产业领域的小微企业发展。三是鼓励社会力量创办专业化科技中介服务机构,拓展科技担保、投贷联动等新业务,解决中小微企业融资难、融资贵问题。

(2) 梳理完善现有政策体系,提高政策的针对性和实效性。已有政策要落地见效。要充分整合现有产业政策资源,深化重要政策的宣传解读,加大各项扶持政策兑现力度,让更多企业把现有政策用足用好,享受政策红利。行业政策要梳理规范。对目前尚未出台行业扶持政策的产业链群,政府有关责任部门要加快研究,精准补齐政策短板。对已出台的政策,要根据产业链群发展阶段和薄弱环节及时调整完善,确保政策符合实际,符合产业需求。特别针对当前中美贸易摩擦的非常时期,要及时走访相关企业,评估可能产生的不利影响,抓好帮扶服务,及时帮助企业研究应对措施。个案政策要及时研究。对新引进的大企业大项目,政府各部门要高度重视,强化跟踪,提供保姆式服务,协调解决从储备、签约、审批,到开工、建设、投产全过程的问题,真正做到私人定制。

(3) 吸引一批优秀基金落户产业聚集区,提升金融服务实体经济水平。一方面要搭建完善的基金体系,不断做大做强产业引导基金。另一方面积极推动基金发挥资本招商功能。

(4) 构建完善的人才服务体系。一要完善人才政策体系,深入实施"双百计划""聚贤人才"政策,深化实施"金蓝领培养工程",加大技能型人才培养力度,鼓励企业与辖区内高校、职校合作,建立一批高技能人才培养基地。二是加大高端领军人才和紧缺人才引进力度。建立引进人才绿色通道，建立健全人才信息库和人才服务机构，为本区总部经济发展提供人才支撑；重视人才激励，设立"工匠奖"，推动企业注重培育"工匠精神"；推动建立"创新设计孵化室"。着力提升高职院校制造业专业建设水平，加强"双师型"教师队伍建设，推动智能制造关键的设计人才与精工师傅的培育。三是加大公租房、人才房建设使用力度。实施人才安居保障工程，为引进和留住的人才提供住房、子女就学、税费减免优惠等方面的保姆式的服务，让更多的科技型创新性企业人才能够"引得进、留得住、扎下根"。

（5）加强知识产权保护。保护知识产权就是保护和激励创新。实现创新发展，离不开一个尊重知识保护产权的环境，建立起完整的知识产权法律保护体系。要努力强化知识产权创造、保护、运用，力争厦门安妮知识产权管理中心与国家知识产权局的数据库中心落户集美软件园；力促成立知识产区法庭，加大知识产权执法力度，提高违法成本，鼓励企业间正常的交流合作，保护所有企业合法的知识产权。

厦门进口酒市场发展研究

中国（福建）厦门自由贸易试验区
厦门片区管理委员会课题组*

摘要

2010~2017年以来，我国进口酒市场的发展虽有波折，但总体依然呈现较好的增长态势。比较2017年我国酒类进口主要的口岸分布情况，上海、深圳口岸进口额分列前二位，在全国主要口岸中优势明显。厦门在全国列第三，具体品种上，啤酒列全国第一位，葡萄酒列第七位，烈酒列第五位。在经济发展、消费升级和消费者偏好改变的背景下，我国进口酒市场面临良好发展机遇。根据我国当前人均酒类消费水平情况以及IWSR等机构的预测，至2021年，我国进口葡萄酒、啤酒、烈酒的发展空间依然较大。

2010~2017年，厦门口岸近来进口酒增速高于全国的平均值，尤其是啤酒，增幅是全国的两倍以上，葡萄酒也呈现较好的增长情况，但烈酒的增幅低于全国的平均水平。2017年厦门口岸进口酒企业共有611家，其中涉及葡萄酒进口的企业496家，涉及啤酒的进口企业156家，涉及烈酒的进口企业113家，啤酒进口企业有8家进入全国进口额1%的行列，葡萄酒和烈酒没有一家进入全国1%行列，呈现明显的啤酒企业强、葡萄酒烈酒企业弱的特征。在进口酒均价方面，厦门口岸除啤酒高于全国均价，葡萄酒与烈酒均小于全国均价，但烈酒中的威士忌均价高于全国均价。啤酒强的原因主要有：厦门口岸处于我国最重要的啤酒消费地区，从厦门口岸报关具有物流成本优势；厦门古龙进口的超级波克最近几年市场销售增长

---

* 课题组成员：黄书猛、何静、陈靖博、邵海员、周耘涛、杨泓、陈惠玲、薛德志。

较快；喜力和百威等啤酒巨头选择厦门口岸报关；厦门已经形成良好的啤酒进口港氛围。葡萄酒、烈酒较弱的主要原因：缺乏一线主流品牌，品牌不强；进口企业呈散、小化特征，企业竞争力较弱。

厦门进口酒产业在自贸区的发展定位是重要品种、重要市场，是优先发展的大宗商品之一。利用相对购买力模型分析厦门口岸进口酒市场辐射力，显示啤酒具有较强辐射力，葡萄酒和烈酒则相对较弱。厦门口岸进口酒目前虽然处于全国第三，已经具备区域性集散中心的功能，但总体上与上海、深圳口岸相比差距依然较大，且葡萄酒和烈酒的辐射能力相对较弱，是一种弱第三的地位。

未来厦门进口酒市场应定位于：重要的进口酒集散中心，包括啤酒、葡萄酒、烈酒都具备较强的辐射集散功能。厦门进口酒市场发展目标：至2021年，进口酒占全国的比例达到15%，缩短与第二位的差距，改变目前的弱第三的地位，成为能与上海、深圳口岸鼎立的真正的全国进口酒口岸三强。厦门口岸进口额预测：2021年，厦门口岸酒类进口额预计约为11.2亿美元，年复合增长率约为28%。其中葡萄酒进口额约为6亿美元，占53.6%；啤酒进口额约3.6亿美元，占32.1%；烈酒进口额约1.6亿美元，占14.3%。到2021年厦门口岸进口酒的批发销售额预计将达到28亿美元。

2012年以来，烈酒在厦门进口酒批发市场上一直占据较大份额，烈酒在厦门市场批发销售额每年基本维持在15亿元左右，但与厦门口岸烈酒进口额差距较大，进口自给率都在15%以下，显示厦门地区销售的烈酒有接近85%来自异地口岸。厦门市场进口威士忌发展情况良好，增速和进口均价都远高于全国水平，单一麦芽威士忌进口额位列全国榜首。一些机构研究显示，2013年威士忌全球消费量是仅次于伏特加的烈酒品种，预计2018年威士忌将超过伏特加成为消费量最大的烈酒品种；威士忌在高净值人群中的偏好超过干邑，高端单一麦芽威士忌在送礼、收藏上有较大潜力，是未来洋酒的发展方向。

厦门进口酒市场基础设施建设不足，现有的交易平台功能定位不够清晰，功能没有得到充分发挥，应重新定位平台功能，增强第三方服务功能，在条件许可时，研究建设具有单向挂牌功能的国际酒类交易所。厦门口岸仓储物流分散，成本较高，严重制约市场发展。货物通关准备时间和货物提离时间较长，导致总放行时间较长。

厦门进口酒市场发展的战略如下：一是实施龙头企业战略，做大做强厦门的进口酒市场；二是实施厦门企业进口酒业务迁移厦门口岸战略，鼓励异地口岸报关业务迁移厦门口岸；三是实施差别化进口酒市场发展战略，啤酒主要是稳住龙头地位，做到稳中有升；葡萄酒主要实施品牌战略，在3~5年内培养几家进口额较大的品牌；烈酒实施总体推进，重点支持威士忌进口，做大威士忌市场；四是建设进口酒市场平台、跨境电商平台、进口酒文化产业园区、进口酒集中物流园区、进口酒前置仓库等一批基础设施；五是打造高效的贸易便利化环境；六是实施进口酒人才培养工程。根据上述发展战略，需要加强顶层设计，出台基础设施建设的扶持政策，实施总部经济扶持政策、龙头企业税收优惠政策、重点品牌扶持政策、品牌引进奖励政策、进口增量奖励政策、仓储码头和物流补贴措施、人才奖励政策、人才培训扶持政策、参展参会扶持政策、进口酒跨境电商平台奖励措施、进口酒供应链金融扶持政策等财税支持政策，推出进口酒贸易便利化扶持政策，加强招商，规范市场监管。通过全面的政策扶持和贸易便利化措施，促进厦门进口酒市场做大做强。

厦门市引进国际科教资源的研究报告（简版）

厦门市丝路国家战略研究中心

盛思鑫　王伶鑫　陈树志　郗胡平

党的十八大以来，各地纷纷加快谋划引进国际科教资源，以此作为推动经济转型升级和高质量发展的重要抓手。苏州、青岛、广州、福州等城市在国际科教资源引进方面动作频频，呈现你追我赶、争先恐后的发展态势。建议厦门积极借鉴苏州和深圳等地城市的发展经验，加快推动国际科教资源的引入工作，以补齐厦门在高端科教资源方面的短板，促进厦门市的高质量发展与可持续发展，为全面实现"两高""两化"的建设目标而努力。

一　厦门引入国际科教资源的重要性与紧迫性

国际科教资源引进是推动高质量发展和培育竞争新优势的重要基础。从经济发展看，厦门GDP与国内GDP万亿俱乐部成员相比差距巨大，与泉州和福州的GDP相比也有较大差距。经济保持高速增长以及赶超先进城市的压力较大。同时，厦门产业发展存在产业规模偏小、产业结构不优、科技创新能力不强等问题，并面临着环境约束趋紧、劳动力成本上升等一系列结构性的挑战。

从现有科教资源看，厦门市科教资源的数量和质量都较为缺乏。全市仅有厦门大学进入国家"双一流"院校建设名单，高质量的工科院校严重不足，难以为产业转型升级提供有效的技术支撑与人才支持，这已成为制约厦门经济转型发展的一块明显短板。

从国际科教资源引入情况来看，厦门现有本科层次中外合作办学机构和项目数量少，且无硕士及以上学位中外合作办学机构与项目。与苏州、深圳、青岛、广州、珠海和福州等兄弟城市近年来的努力及成效相比，厦门在国际科教资源的引进工作方面已落人后，且差距有持续扩大的趋势。

国际科教资源引进是破解厦门技术创新和人才培养短板的关键一招。总体来看，厦门市在引进国际科教资源方面有较大的提升空间，主要存在四个方面的问题：一是引进形式单一，主要依靠中外合作办学项目；二是项目数量少、理工科实力较弱的情况突出；三是优质科教资源缺乏；四是科技成果转化成效不明显。

二　国内重点城市引进国际科教资源的典型经验

在积极引进国际科教资源的热潮中，苏州和深圳分别是先发城市与后发城市的典型代表。总体而言，苏州和深圳有五方面的做法和经验值得借鉴。

一是确保引进工作力度。将科教资源引进"列入一把手"工程，由市主要领导抓总负责重大事项的协调与决策，通过区县和市两级财政不断加大资源投入，"只算大账、不算小账"，并通过年度考核督促完成相关工作。

二是坚持本地需求导向。结合本地社会、经济与产业发展需求，依靠高素质的专业招商队伍，始终坚持高标准、有重点和有策略地引进不同类型的国际科教资源，不搞大而全，追求小而精。重视前沿科学研究和创新创业人才的培养，注重发挥世界一流大学和世界一流专业对于科技和产业创新中心建设的支撑作用。

三是精准物色目标高校。充分发挥自身区位、产业、政策等方面的优势，充分利用大学或科研机构中外两方合作共建的积极性，原则上要求外方院校的综合排名应为全球前100名或专业排名前20名，参与合作的中方院校的综合排名应为全国前30名或专业排名前5名，坚持引进外方院校的优势学科和优势专业，确保落地机构在本地有足够的资源投放意愿和投放能力。

四是灵活采取合作形式。尊重和注意发挥外方的积极性，根据项目特点与项目方需求，项目主体的性质可以是独立法人或非独立法人；可以是事业单位或民办非企业单位，也可以是外商独资公司或中外合资公司。在科教基础设施配套方面，根据项目的不同要求，灵活实施高校购地自建、政府代建并由项目方回购、项目方租赁等方式。配套经费支持的类别与具体数额则采用"一事一议"的方式灵活处理。

五是重视集约协同发展。坚持集聚化发展,主要包括地理位置集聚、生产要素集聚、配套政策集聚三个方面。将国际科教资源项目相对集中在科教创新区内,同时通过各种配套为科教项目落地与产业孵化提供系统支撑,汇聚国内外创新资源,打造产、学、研、用一体的创新生态系统。

三 厦门引进国际科教资源的具体工作建议

通过对厦门市国内外潜在的合作院校进行系统分析、梳理和筛选,锁定了厦门市引进国际科教资源潜在的合作对象。最终确定了包括来自英国、澳大利亚、新加坡等国家在内的国际备选高校共计19所;在此基础上结合国内高校的类型特点和优势学科等情况,结合厦门重点支持的新一代信息技术、新材料、生物与新医药、海洋高新、文化创意等战略新兴产业的发展需要进行匹配,最终确定了国内备选高校13所。

在确定备选高校名单的基础上,提出了"1+6+N"工程的具体建议,即在未来3~5年,引进1~2所具有独立法人资格的新办国际高水平大学或非独立法人资格国内外高水平大学厦门办校区(分校)或研究生院;以应用性研发与产业化为导向引进6所国外"大院大所"项目;以推动国外科研成果在厦门落地为导向,落地N所(至少10所)国际高校及科研机构技术成果转化中心。

在具体工作层面,第一,强化组织保障。可借鉴苏州和深圳等地的先进经验,将引进国际科教资源列入"一把手工程",提高全市有关部门和地区对此项工作重要性和紧迫性的认识。建议成立厦门科教资源引进项目领导小组,多部门共同参与,负责项目引进过程中重大事项的协调与决策。

第二,确保资金支持。结合苏州等地引进国际科教资源引进项目财政投入情况,制定项目落地投入的预算与经费筹集方案,根据各类项目建设进度和需要,市政府每年拿出专项经费重点支持相关项目的发展。从办学经费补贴、安家住房补贴、专项资金资助、资金奖励等多个方面强化资金支持体系。

第三,统筹基础设施。项目基础设施选址采用集中选址与分散选址相结合，在充分考虑厦门市已有规划衔接性、产学研用的协同性、土地资源利用的集约性与可拓展性、基础设施资源共享性，建议厦门借鉴苏州独墅湖科教创新园区的聚集化发展模式，在翔安区文教园区已有规划基础上，对产城融合与交通枢纽建设等进行统筹考虑，加快建设科教创新区。在筹建过程中可以充分挖掘厦门现有基础设施资源，将部分存量空间改造为办学场所；提供办公、办学场所免租金或租赁补贴等优惠政策；对重点支持项目，可支持办学主体购地并自建校园基建，政府给予购地优惠与政策倾斜，或由政府先行代建，后期再由办学主体回购。

关于迎接金砖会晤、提升厦门城市形象的建议

中共厦门市委党校

彭心安　王华　林晓芳　张壮波　袁绚

2016年10月16日，习近平主席在访问印度并出席金砖国家领导人第八次会晤时，向外界宣布，中国将于2017年接任金砖国家轮值主席国，并于2017年9月在厦门举办金砖国家领导人第九次会晤。一个月后的11月16日，厦门市召开2017年金砖国家领导人会晤筹备工作动员大会。市委强调：办好金砖会晤是中央交给我们的重大政治任务，必须举全市之力当好东道主，争分夺秒，全力以赴做好各项筹备工作。

金砖国家首脑会晤将在厦门举行，这给厦门城市建设与环境整治、优化城市形象与提升国际化水平、展示厦门发展成就与提高厦门国际影响力带来重要的契机，但也带来了直接的压力。如今离金砖会晤召开还剩八个多月的时间，怎样在如此短时间内取得工作成效，需要多方面群策群力。市委党校紧紧围绕这项重大政治任务，组织课题组开展研究，就迎接金砖会晤、快速提升厦门城市形象，从金砖会晤的氛围营造、征求创意搞好主要湾区可移动风景设计、滨海滨湖岸线整治、国际化社区建设、老街区传统风格彰显、主干道与交通节点的中英文标识、提升酒店和会晤接待单位的国际化服务标准、重点落实有关主干道基础设施建设控制工程和街景整治八个方面，提出以下几点建议。

一　建议在新年伊始加力推动金砖会晤的氛围营造

与杭州"G20峰会"相比，厦门准备金砖会晤的时间短，任务重。在市委市政府动员会议以后，很多部门组织人员到杭州参观取经，也有的部门和区街开展发动工作，开始营造氛围。调研中发现，如今两个多月过去

了，一些部门和单位已经投入了紧张的筹备工作，但是整个城市营造的氛围达不到应有的浓度和强度，一些部门认为金砖会晤的重要性远不及杭州"G20峰会"，不需要大张旗鼓、全力以赴；一些干部甚至认为杭州筹备G20峰会，采取了很多超常规措施，投入大量人力物力财力，是"过头了""有负面影响"，厦门没必要，就像每年办"九八投洽会"一样就可以了；一些部门和单位认为金砖会晤与己无关，没有任何动作，连宣传发动工作都不做，就等着金砖会晤期间放假外出旅游。这种思想情绪与市委市政府"争分夺秒""全力以赴""举全市之力""重大政治任务"的要求差距比较大。

建议在新年伊始，再次发力推动金砖会晤的氛围营造，对各级各区各大系统提出明确的要求，形成全市上下高度重视、积极参与的生动局面。各大主流媒体应创新专版和栏目，形成持续宣传效应。各区都应该在显要节点位置，布置大型展板，宣传"举办金砖会晤，厦门人人有责""世界注视厦门，厦门走向世界""金砖会晤，让厦门的美丽向世界绽放"等。

金砖会晤的举办，将使厦门走到世界的聚光灯下，成为2017年9月世界关注的焦点，这是提升厦门城市知名度和国际影响力的重要节点，也是厦门城市营销的绝佳机遇，无论是政治效益、社会效益还是经济效益，都是巨大的。因此，办好金砖会晤，厦门人人有责。建议在各大主流媒体加强"做文明厦门人，当好东道主"的公益宣传，营造良好氛围和育人环境，发动全体厦门居民从自己做起，从身边事做起，打造迎接金砖会晤的全域环境。

二 建议征求创意搞好主要湾区可移动风景设计

美丽的海域和湾区资源是展示厦门城市形象最直接的资源。这也是杭州"G20峰会"宣传中没有的稀缺资源。

厦门西海域、东海域、五缘湾、杏林湾、马銮湾等，厦门的各个湾区分布在厦门岛的四周，对于欣赏自然美景的人们而言，就是一场蓝色世界的视觉盛宴，湾区资源利用好了，可以在金砖会晤期间，让世界各地来厦门的外宾和记者领略厦门这个美丽湾区城市的魅力。

建议在有限时间内，整治厦门湾区，确保金砖会晤期间海域的清洁和湾区风景的美好。

建议在金砖会晤期间，在厦门东西海域，在杏林湾、马銮湾，安排一定量的帆船训练活动，各种颜色的帆船，在厦门海域巡航训练，营造帆帆点点的美丽景观。

建议在金砖会晤期间，在五缘湾安排一定量的游艇活动，营造生机勃勃、富美厦门的海域景观。

三 建议着力推进滨海滨湖岸线整治

从外界赞美的厦门城市形象元素来看，鼓浪屿、环岛路评价最高，筼筜湖周边、轮渡海滨公园、五缘湾都是评价很高的厦门形象亮点。为了迎接金砖会晤，改善城市面貌，建议参照厦门岛内环岛路建设开发的成功经验，对厦门滨海滨湖岸线资源进行整治，尽快恢复莫兰蒂台风造成的景观破坏，丰富绿化空间，以局部景观项目点缀滨海滨湖风景带，串成风景线，建设蜿蜒的滨海滨湖的步道，营造出多界面、多形态的滨水居住生活。

建议在2017年上半年强化滨海滨湖岸线区域的环境治理，包括污水排放、废物堆填、垃圾处理等，使滨海滨湖岸线资源得到更好的利用，建议发动群众，组织志愿者，对滨海滨湖岸线进行"扫街式"环境巡查，发现问题立即整改，使滨海滨湖岸线成为厦门的精致风景线。

四 建议重点建设好厦门国际化社区

建议推进"筼筜北岸厦门国际化社区建设"项目，打造文化多元、国际化特点突出的国际宜居社区，使厦门具有直接感官的国际化特色，在金砖会晤期间，各国记者在厦门采访，筼筜国际社区很有可能成为一个新的亮点。

目前厦门最适合打造国际化社区的区域，首选思明区筼筜北岸，即筼筜路咖啡一条街及周边社区。西起筼筜湖西堤筼筜路，东至大会堂西侧的建兴路，南起筼筜湖北岸，北至湖滨北路，依托咖啡一条街、官任路筼筜路涉外酒吧集聚带，打造具有鲜明特色的国际化社区、国际化街区，采用以奖代补的方式，促进该区域内的酒店、咖啡馆、酒吧、餐馆等企业的LOGO、商业广告牌、招牌实现双语化，鼓励霓虹灯双语化改造。

建议在2017年初启动"筼筜北岸厦门国际化社区建设"项目（也可

以称为"厦门滨北国际化社区建设")。厦门应该像欧美国际化城市打造唐人街一样,为外国游客、外籍居民打造国际化社区、街区、集聚区,提高厦门国际旅游知名度。

建议在金砖会晤及前后期间,展示贫笃国际社区的夜景工程,各种中英文霓虹灯、LOGO、商业广告牌、招牌闪耀着国际化社区的绚丽多彩,为厦门的城市形象增加一个重要的亮点和节点。

五 建议在城市环境整治中彰显厦门老街区传统风格

在厦门的城市形象中,中山路及周边街区的骑楼和集美学村、厦门大学的嘉庚式建筑群是厦门独具特色的形象元素,是本土特色与南洋建筑风格相结合的建筑群,其建筑风格、建筑艺术本身就带有国际化的元素。

建议对中山路、鹭江道、思明南北路进行短期快速外墙立面整治,增加夜景工程美化程度,增添中国传统文化元素,比如在这些骑楼街区沿街挂上红灯笼,形成"骑楼老街大红灯笼高高挂"的喜庆景观,这些老城街区的独特建筑风格、国际化色彩与中国传统文化紧密结合、浑然融合,成为吸引各国媒体的城区风格。

建议厦门大学、集美大学的嘉庚式建筑群搞好夜景工程,根据当代的特色,设计增加一些国际化元素,使这些带有厦门历史色彩的建筑群在夜景方面体现一些现代元素,增加城市魅力。

六 建议在 2017 年上半年尽快实行主干道与交通节点的中英文标识

从本课题组调研的情况来看,厦门机场、火车站、国际邮轮中心等几个主要交通场站标识的国际化还是比较好的。厦门高崎机场是标识中英文双语化的典范。厦门火车站在重新修建后,也出现了好迹象,"厦门站"巨幅标识下方比过去增加了一排"XIAMEN RAILWAY STATION"。厦门国际邮轮码头在中文"厦门国际邮轮中心"下方,加上了"XIAMEN INTERNATIONAL GRUISE TERMINAL"。自 2005 年开始,厦门市旅游局就在厦门市国道、省道、城市主干道共设置了 100 多块旅游标志牌。旅游标志牌采取咖啡色底(深褐底色)衬托白色的图案和文字的设计,均中英文对照,牌上标注除拥有旅游景区名称、前往方向,还配有各旅游景区(点)的代表性图案。在鼓浪屿申遗工作的推动下，鼓浪屿对轮渡及景区标识牌和路牌进行全面改造，经过改造，非中英文标识牌和路牌全部"下岗"，标识牌和路牌更为规范、准确。这些做法得到了中外游客的高度赞赏，也提高了鼓浪屿的品位。

调研中发现，厦门城市标识国际化的程度还有待提高，特别是在交通标识方面，差距还比较大。厦门除鼓浪屿之外的交通标志五花八门，比如仙岳路，有的标示"仙岳路 + Xianyue Rd"，这是中英文标示，也有的路牌标示"仙岳路 + Xianyue Lu"，这是中文加汉语拼音标示，也有的路牌只有中文"仙岳路"。对厦门的几个大桥，也有各种标示法，有中英文标示的，有中文加拼音标示的，有单纯中文的。外籍人士在厦门，经常被拼音标示的路牌弄得头昏脑涨。

建议在金砖会晤之前，借鉴北京、上海和杭州的经验，参照鼓浪屿做法，推进厦门主干道交通路牌和主要交通节点的标识牌全部中英文双语化。推进这项工作态度必须坚决，时间进度要明确规定时限，相关部门承担责任，督查部门及时跟进。鼓励、促进厦门其他大型公共建筑标识双语化，鼓励酒店、旅行社参照各大银行的做法，标识牌双语化。

在推进上述做法时，有些部门会有顾虑，固守几十年前的过时做法和规定。对此，建议参照上海、北京等地的做法。北京市由市政府外办负责，制定外文标识标准，先后出台了《北京市〈公共场所双语标识英文译法〉》及实施指南、《北京市〈组织机构、职务职称英文译法通则〉》、《北京市组织机构、职务职称英文译法汇编》以及《中文菜单英文译法》等，开展公共场所外语标识网上纠错活动，及时对市民反映的情况进行汇总、核查并会同有关单位落实错误外语标识牌更换、修改工作，值得厦门市借鉴。

七　建议提升厦门星级酒店和会晤接待单位的国际化服务标准

鼓励酒店、大型餐饮机构、主要景点管理服务机构、旅行社加大国际化服务培训，提高外语水平，鼓励旅游业者打造更多具有国际化特色的酒店、家庭旅馆、餐馆和咖啡馆。

厦门的星级酒店、大型旅行社是接待外国游客和记者的主要服务机构，要对照国际通行标准，提高服务标准，提供优质服务。

鼓励旅行社、酒店、大型餐饮机构的信息平台开发英文介绍和外语服务，发挥"互联网+旅游"在金砖会晤服务工作中的作用。

建议在厦门旅游信息平台开辟外文栏目，用几种主要语言介绍厦门旅游项目，链接各大旅游服务机构。

八　建议重点落实有关主干道基础设施建设控制工程和街景整治

厦门举办金砖会晤既有良好的基础，也有不利的因素。厦门正处在地铁建设、主干道建设的高峰时期，到处都是建设工地和道路围挡，工程量巨大，涉及街区太多，噪声粉尘影响很大，对迎接金砖会晤带来了很大的挑战。如何控制主干道基础设施建设工程，既要服从于金砖会晤的重大政治任务，又不会造成太多的投资性浪费和太长的工期延迟，需要综合考量，这是对厦门有关机构的重大考验。建议综合考虑，有所取舍，对金砖会晤涉及的重点区域、重点主干道，进行工程控制和精细化整治，确保会晤期间展示厦门美丽的城市形象。建议对粉尘飞扬的几个重点主干道，在2017年夏季进行整治，确保厦门的蓝天白云。

厦门市养老服务模式发展研究

黄浩　黄阳平　王平

根据联合国标准，1999年我国迈进了老龄化社会，2035年我国的劳动年龄人口与老年人口的比例将为2∶1，届时无论是从占比还是从规模上我国都将进入超级老龄化社会。第六次人口普查显示，我国0~14岁的少儿人口占比为16.6%。按人口统计学标准，一个社会0~14岁的少儿人口占比15%~18%为严重少子化，显然我国早已经进入了"严重少子化"国家行列。2016年，我国人口总和生育率（TFR）为1.62，而总和生育率2.1是国际上公认的实现和维持代际更替的基本条件，虽然这两年我国全面实行了"二孩"政策，但是由于各种原因导致许多育龄妇女生育意愿低下，2018年，我国人口的总和生育率虽然上升到了1.7以上，但仍然大大低于全世界平均2.1世代更替水平，我国"超少子化"趋势仅仅只是暂时有所缓解，并没有得到根本改变。因此，中国目前乃至未来很长一段时间的经济和社会发展，都将面临"超少子化"和"超级老龄化"两大压力共同挤压，呈现出老龄化速度快来势猛、老年人口规模大、贫困老年人口多、老龄化与少子化并存、未富先老、发展不平衡六大特征。这不仅是厦门市，也是所有其他地区都将面临的一个重大公共问题，事关民心向背和社会治理，这一问题的有效解决关系千家万户的生活幸福，也关系社会的和谐稳定。因此，探索一种适应厦门现代市情的养老模式，并建立和完善其运行机制，这是解决当前人口老龄化和未来超级老龄化所带来一系列问题的工作重点，这个任务是十分艰巨而紧迫的。

党和国家高度重视我国的人口老龄化问题，《国务院关于加快发展养老服务业的若干意见》明确指出，要"充分发挥市场在资源配置中的基础性作用，逐步使社会力量成为发展养老服务业的主体，营造平等参与、公平竞争的市场环境，大力发展养老服务业，提供方便可及、价格合理的各类养老服务和产品,满足养老服务多样化、多层次需求"。党的十九大报告特别提出:"积极应对人口老龄化,构建养老、孝老、敬老政策体系和社会环境,推进医养结合,加快老龄事业和产业发展。"显然,中央对于积极发展养老事业,提升广大老年群体的生活品质已经给予了极高的重视。但是,与政府层面的高度重视相比较,我国学术界对养老服务模式这一问题的研究尚不全面、不系统、不深入,更少与一个具体地市的实践相结合,尤其是如何从国外养老模式的经验教训与本土实践、宏观养老政策与微观实施、传统孝道文化与现代养老手段、老年人物质生活与精神支撑等方面的问题进行综合研究还很不够。本调查研究报告从厦门市的微观层面探索新型养老模式,"积极应对人口老龄化,加快建立社会养老服务体系和发展老年服务产业",高度吻合党的十九大以来中央对全面应对老龄化社会的重大政策,具有很强的现实价值。

截至 2018 年 6 月底,厦门市户籍 60 岁以上老年人口有 33.98 万人,占全市户籍总人口的 14.35%。随着厦门经济社会的不断快速发展,这种人口老龄化趋势将进一步持续发展,推动厦门养老事业加快发展已经刻不容缓。厦门作为经济特区,有着不同层次的多样化养老需求,但养老服务的供给却呈现总量不足、结构单一等情况,供需失衡比较突出。同时,由于土地、房屋和人力成本比较高,"保本微利"养老事业的发展尚存在诸多问题,急需设计更加合理高效的养老模式,为老百姓多元化、多样性、持续增长的养老服务需求提供支撑,并将养老服务行业培育成可持续发展产业,保障其长期稳定健康发展。

为此,厦门市政府先后出台了《厦门市"十三五"民政事业发展专项规划(2016~2020)》等文件,全面放开厦门养老服务市场,"十三五"时期将新增养老项目选址 20 处,出台新举措加速养老机构成长,形成统一开放、竞争有序的养老服务市场体系,着力构建以"居家为基础、社区为依托、机构为补充"多层次的厦门养老服务体系新格局。

社区居家养老:以助餐、助洁、助急、助浴、助行、助医服务为社区居家养老服务的主要内容,补充居家养老,巩固居家养老服务在养老服务体系中的基础性地位。在社区养老服务上,推进和规范 37 个街镇级社区老年人日间照料中心建设,探索建立"老年人白天入托接受照顾和参与活动,晚上回家享受家庭生活"的社区居家养老服务新模式和医养护制度。

大力推进农村幸福院（包括农村老年人日间照料中心、托老所、老年灶、老年人活动中心等）养老服务设施建设。以每年建设 30 个农村幸福院（含老年活动中心）的速度，至 2020 年底，全面建成并覆盖全市 151 个农村居家养老服务工作网络。

社会化养老：加大对社会力量兴办养老服务机构的扶持力度，探索推动公办养老机构社会化运营，逐步建立起布局合理、种类齐全、功能多样的养老服务网络。"十三五"期间，全市基本实现养老服务体系和服务网络全覆盖：新增养老服务床位约为 10520 张，其中新增机构床位数 8000 张（公办 1200 张、民办 6800 张）；新增社区日间照料床位和农村日间照料床位约 2000 张；新增居家养老服务站照料床位 592 张。至 2020 年底，90% 以上厦门城市社区建立符合标准的养老服务设施；每千名老人拥有养老床位数达 38.7 张（其中每千名户籍老年人 40 张，每千名非户籍老年人 35 张），其中护理型床位占养老服务机构总床位比例达到 50% 以上，每个区拥有 1 家以上护理型养老服务机构，使社会化养老，成为市民养老方式的第二选择。

互联网＋养老：这是未来厦门养老服务的重要模式。厦门共建设有社区居家养老服务站 369 个，未来将是对接养老信息化平台的重要载体。厦门将进一步加强"互联网＋养老服务"信息网络和服务平台建设，推进老年人终端机一键通"12349"养老服务呼叫中心建设，以养老信息平台无缝对接养老机构和社区居家养老服务站，推进养老、保健、医疗服务一体化发展，实现养老机构信息、医疗康复信息与市民需求信息资源共享。

本调查研究主要内容分为五大部分，共 10 章。

第一部分（第 1～3 章）通过对日本、德国和美国养老保障制度和养老产业发展情况进行梳理和研究，总结国外养老保障制度和养老服务模式建设的具体成功经验和实践教训，以期能够启示我国养老保障制度和养老服务体系建设，为我国养老事业发展提供经验和理论依据。

第二部分（第 4 章）通过对我国人口老龄化情况、养老保障制度探索改革发展情况、我国养老保障制度发展现状和存在主要问题进行研究，指出我国养老保障制度改革的原则和目标，最后提出加快完善中国特色养老保障制度发展的具体措施。

第三部分（第 5～8 章）是本研究的实践调查，调查时间从 2017 年底开始到2018年10月结束，首先对厦门总体养老服务发展现状及存在的主要问题进行调查和总结，然后再针对厦门市六个区的老年人、社区养老服务站、老年人日间照料中心、农村幸福院、养老服务机构和养老护理员等的养老服务供需情况进行较为深入细致的调研和对比分析。采用多阶段随机抽样调查方法，主要通过问卷调查和实地面对面访谈法相结合方式，力求探寻老年人的服务需求以及当前厦门市养老服务的真实供给和需求状况，为厦门市政府精准出台养老服务政策，提供可靠的第一手访谈和问卷资料，以期进一步提高厦门养老服务水平和服务质量。

第四部分（第9章）首先对家庭养老、社区居家养老和机构养老这三种我国目前存在的最基本养老模式的运作模式、优劣势进行研究，接着对医养结合养老、养生养老、旅居养老、智慧养老、抱团互助养老、以房养老、虚拟养老院和农村集中养老等新模式运作的优劣势及其存在的主要问题进行分析，并针对所有这些养老模式分别提出厦门养老服务对应发展举措和建议。

第五部分（第10章）是本调查研究的总结。本研究认为，要以虚拟养老院模式创新厦门养老服务：①加快推进虚拟养老院建设，促进政府管理养老服务方式从直接转向为间接；②促进养老服务惠及面快速扩大，推动老年福利向普惠型发展；③延伸养老产业链，推动厦门养老产业大发展。还要加快推进虚拟养老院与医养结合、机构养老和智慧养老等养老模式充分融合发展，推动养生型养老、旅居养老、抱团互助养老、以房养老等养老模式发展，因地制宜，积极探索农村新型养老服务供给。

本调查研究是对厦门社会养老模式发展的探索，由于我国养老模式发展研究尚处于初始阶段，无论是具体的模式运作还是成功的经验总结，都还不够完善。因此，成熟的养老模式还有待于实践中进一步加强，并在理论上给予不断深化。

项目导向：社会工作评估机制优化研究

——基于厦门实践的调查与剖析

姚进忠[*]

摘要：伴随着政府购买社会工作服务的大力推进，社会工作服务评估逐渐成为社会各界关注的重要议题。为建构一套科学合理的社会工作评估机制，推动社会工作专业化与职业化，研究通过对厦门市社会工作评估实践的调研，呈现社会工作评估的本土实施，反思当前评估的瓶颈。研究剖析发现当前运行的社会工作服务评估机制存在评估主体错位缺位、评估队伍参差不齐、评估标准个性不足、评估程序有待规范等问题。立足问题剖析，研究提出以项目制为核心的社会工作评估转型参考方案，以合作式评估为方向健全社会工作评估主体和以统合式为视角完善社会工作评估内容，从专业服务、项目管理和项目成效三维度增进社会工作服务评估机制的完整性，确保有效实现社会工作评估的绩效考察和专业成长双重目标。

关键词：社会工作；政府购买服务；社会工作评估；项目制

随着政府职能的转变与中国社会工作行业的发展，政府购买社会工作服务已逐步成为政府治理转型和社会治理创新的有益尝试和制度化选择。厦门市作为国内社会工作建设的试点城市，探索建构出一套科学的评估机制，对于政府购买社会工作服务规范化建设和社会治理创新质量提升具有重要意义。本研究基于厦门市社会工作的评估实践，呈现社会工作评估的本土实施，反思当前评估的瓶颈，结合国外相关的社会工作

---

[*] 姚进忠，集美大学 法学院社会学系。

评估模式，试图为建构科学、合理的厦门本土社会工作评估模式提出优化方案。

一 社会工作评估办法的实施与探索：基于厦门实践的解读

厦门市于 2007 年在湖里区、市社会福利中心率先开展首批全国社会工作人才队伍建设综合试点。2009 年 11 月，厦门市湖里区被民政部命名为第一批社会工作人才队伍建设试点示范区。从 2010 年起，厦门市在湖里区以购买专项服务项目的形式，探索推进政府购买社会工作服务。厦门市民政局于 2013 年首次从福利彩票公益金中安排经费购买了面向空巢老人、寄养孤儿、流浪未成年人 3 个社会工作专项项目，于 2014 年 12 月再次购买了 8 个项目。通过市级的示范引领和湖里区的辐射带动，其他各区也陆续启动购买工作。截至 2015 年初，厦门市政府购买社会工作服务的资金累计达 4251 万元。因此，为全面检验政府购买社会工作服务效果，客观评价财政资金使用效益，保障政府购买社会工作服务顺利开展，推动社会工作专业服务深入发展，厦门民政局于 2014 年 7 月出台了《厦门市政府购买社会工作服务项目评估实施办法（试行）》（下称《办法》），《办法》对评估适用范围、评估组织形式、评估指导标准和评估程序进行规范化界定，成为厦门市社会工作评估实践的重要政策指南。

《办法》对评估机制总体设置进行了相关规定，"（1）要求设立由政府购买社会工作服务实施主体（购买方）或民政部门牵头，社会工作专家（至少 3 名）、服务使用方、服务对象代表等组成的社会工作服务项目评估小组，承担政府购买社会工作服务项目的评估工作。购买方或民政部门也可委托社会工作行业组织牵头组成评估小组，承担对本级政府购买社会工作服务项目的评估工作。（2）积极推进成立第三方专业评估机构，承接政府购买社会工作服务项目的评估业务。社会工作专业评估机构承接政府购买社会工作服务项目的评估业务，由购买方或民政部门审核确定。社会工作专业评估机构实行独立评估。"由于厦门市本土的第三方专业评估机构尚不成熟，当前社会工作评估主要是按第一种方式进行。各个购买方或民政部门主要委托厦门市社会工作协会牵头组成评估小组对各个项目进行评估，评估组成员由厦门市社会工作专业人才队伍建设专家委员会成员和市社会工作协会的工作人员随机组成。在服务提供机构自评的基础上，由评估组（或专业评估机构）从专业服务、服务成效和服务管理三个方面进行全面评估。评估方法包括听取情况介绍，查阅档案资料和相关记录，进行个别访谈、召开座谈会、组织问卷调查等，来收集相关工作人员、服务对象、利益相关方等对项目服务情况的反映和意见。当前主要有以结果为导向和以过程为导向的两种评估操作方式。

二 社会工作评估机制运作的瓶颈剖析：基于厦门实践的调查

目前厦门市推行的两种社会工作评估方案在一定程度上实现了评估目标，从外部协助各个项目更加专业化开展，也有效呈现了社会工作服务的社会效益，从规范化与制度化上推进了社会工作的发展。但如何保证评估程序的合理性、评估内容的专业性、评估指标的客观性、评估主体的中立性，仍面临着诸多困难。基于调查，总结出厦门市社会工作评估运作的问题主要有以下四个方面。

（一）评估机构培育不力，主体错位缺位

厦门市当前对社会工作评估机构的培育政策与支持措施不足，且基本上是由原有社会工作服务机构转型而成，身份认同存在一定问题。评估主体的不健全在根本上影响了社会工作评估的质量。现有的所谓第三方评估制度并没有完全获得社会工作业内各相关方的认可：一方面，当下由社会工作协会充当第三方的评估制度是有待商榷的；另一方面，现有的独立评估机构业务能力、资质提升需要进一步规范。

（二）评估队伍结构单一，水平参差不齐

厦门市民政局成立的社会工作专业人才队伍建设专家委员会中的成员有百分之七十以上是高校教师。厦门市社会工作协会组建的评估小组基本上是从这个专家委员会的成员中进行抽取。以高校教师为主体的评估小组的素质、水平、人员规模均不能够很好地适应政府购买服务绩效评价的工作要求。

（三）评估内容维度不全，缺乏科学指标

依照评估目标，社会工作项目发展的不同阶段，其评估内容和评估方

向应该有所不同。评估内容要尽可能涵盖合同的量、专业方法的运用、社会效益、项目的管理等。现阶段社会工作评估指标个性化不足、过于强调客观量的状况在一定程度上影响评估的准确性与合理性。

(四) 评估程序有待规范，方法偏于简单

由于评估机构培育不力和人才队伍建设滞后等问题，厦门市当前的社会工作评估程序主要是以结果为导向，对项目的阶段结点把握不佳，评估方法相对单一，规范化不足，这在一定程度上致使评估倾向以绩效问责为主，对于社会工作项目及社会工作人员的专业成长作用不明显。

三 社会工作评估机制优化的前瞻：以项目制为导向

研究立足于项目制的运作逻辑尝试提出社会工作评估机制设计的优化方向，以促进社会工作服务的内涵式发展。

(一) 以合作式评估为方向逐步健全社会工作服务评估制度

以合作式评估为方向逐步健全社会工作服务评估制度，是要建立以第三方评估为核心的动态监察机制，确保评估的针对性与全面性。这既能保证社会工作评估的标准化与程序化，保障社会工作服务的有效性，增强社会工作机构的公信力和透明度；又能为社工专业价值的彰显创造空间，倒逼社会工作机构的自我管理和自我成长，实现社会工作的职业化与专业化。

(二) 以多元参与为方向积极培育社会工作服务评估主体

建立以第三方独立评估机构为核心、多元参与的评估机制，汇集广泛的社会力量，如机构员工、服务对象、社会公众、政府购买主体、高校学者及媒体等，构成多视角的监察机制，保障相关主体的平等参与权，实现对评估实践中不同的价值观及关联（包括物质的、心理的、社会的和文化的）的考虑，给予利益相关者充分的表达权力，有助于将评估行为和后续工作合成一个不可分割的整体。

(三) 以项目制为核心持续完善社会工作服务评估内容

项目服务以团队工作方式，从服务对象的自然生活场景出发，提供能力

为本的综合预防服务。本土社会工作项目服务具有针对性、转接性、整体性和累加性四个特性。以项目制为核心持续完善社会工作服务评估的内容，能有效将政治、衡量与实践三大重要维度整合进评估内容体系中，使得评估内容尽可能涵盖社会工作项目愿景、三大专业方法、专业管理、专业成效、内部员工成长、财务管理等，以呈现评估的效能、适当、效率与能力。

（四）坚持绩效与专业并重创新社会工作服务评估程序

经济性、有效性、回应性、价值性、责任性等都是规范政府购买社会工作服务合同的重要标准。因此，坚持绩效与专业并重创新社会工作服务评估程序成为优化社会工作服务评估机制的有力举措。评估程序设计坚持工具理性与价值理性相结合，综合运用定性与定量的方法进行信息采集，对项目实施的各个环节进行有效监察，以提升社会工作评估程序的灵活性。通过内外部评估、结果与过程评估，将过程、效果、影响三者整合于评估模式中，动态掌握项目的处境分析、资源投放、活动开展、服务成效等状况，实现对机构服务的能力、效率、效能、适当性等的综合考察。

四 社会工作评估机制重构方案：以项目制为核心

（一）以第三方评估为核心完善评估组织原则

积极培育第三方专业评估机构，承接政府购买社会工作服务项目的评估业务。针对社会工作行业实际发展情况，社会工作专业评估组织应坚持四个原则：一是评估回避原则，评估专家与所评项目不能有相关的利益或督导关系；二是评估主体多元化原则，尽可能吸收行业一线资深社工参与评估工作，保证评估结果的客观、全面；三是坚持评估小组的稳定性，相对固定的评估成员有助于项目评估的一致性和持续性；四是保密原则，评估成员对于评估中所接触的材料只用于评估，不能另作他用。

（二）多向度建设评估内容与评估指标体系

以项目制逻辑为引导，评估内容的选择应该将两项方法论的标准纳入：一是指标必须合理适当，评估准则要与服务项目的目标紧扣；二是评估问题必须是可回答的，需有证可循。评估指标的选择在坚持方法论标准的同时还须坚持三个向度：评估标准（反映责任信任度，包括成就表现与价值）、评估焦点（强调组织、服务方案与服务对象所表现出来的成果）、结果（以个人与组织作为参考核心，掌握其在成就表现与价值的结果）。据此，研究以项目制为核心对社工服务的评估内容、操作指标及各项分值比例进行调整，详细指标见表1、表2。

表1 以项目制为核心的政府购买社会工作服务项目效果中期评估内容与指标

评估内容	评估指标	
	一级指标	二级指标
专业服务（70%）	专业社工、志愿者（15%）	持证或社会工作专业毕业社工和项目所需其他专业人员配备人数与项目资金比例（配备其他专业人员，需要根据项目进行说明）（6%）； 志愿者队伍建设情况与服务时间（6%）； 志愿者培训与服务登记（3%）
	专业督导（6%）	专业督导次数（当面督导，平均每次1.5小时，每个督导最多可以担任5个项目的督导）（6%）
	服务对象建档情况（5%）	探访率（3%）； 建档（服务对象基本信息和需求评估信息）的服务对象人数占服务对象总人数的百分比（服务对象总人数指项目内约定的相对明确的范围）（2%）
	个案工作（17%）	完整的辅导性个案服务流程（接案、预估、计划和协议、服务、评估、结案、跟进）（3%）； 完整的辅导性个案服务记录（核心要素：个案预估表、个案计划表、介入记录表、结案处理表）（4%）； 完成项目协议所规定的辅导性个案服务人数比例（4%）； 完整的咨询性个案服务记录（核心要素：服务对象基本信息、咨询的主要问题、社会工作者的回应措施）（3%）； 完成项目协议所规定的咨询性个案服务人数（人次）比例（3%）
	小组工作（16%）	完整的小组工作流程（需求评估、准备、开展、结束、评估）（3%）； 完整的小组活动记录（核心要素：小组策划书、小组小节的过程记录、小组的总结反思表）（3%）； 完成项目协议所规定的小组开设组数或小组开设次数比例（4%）； 平均每个小组活动次数（3%）； 小组服务总人数占服务对象总人数的比例（3%）

续表

评估内容	评估指标	
	一级指标	二级指标
专业服务（70%）	社区工作（11%）	完整的社区工作（活动）流程（调查、分析、计划、执行、评估）（3%）； 完整的社区工作记录（核心要素：社区活动建议书、社区活动总结表）（4%）； 完成项目协议所规定的社区工作次数比例（4%）
项目管理（30%）	项目整体性与成长性（20%）	项目服务群体定位清晰（2%）、需求分析到位（2%）、服务目标明确（2%）； 项目服务框架和内在逻辑合理性（项目所使用服务方法与满足服务对象需要之间的内在联系合理性，三大方法的有机结合度）（6%）； 项目服务整体性（将服务群体的需要和服务地域的需要结合进行服务；对服务所在地资源的发掘与链接情况）（4%）； 项目服务的可持续性（服务中的各种活动的成效具有累加性、活动与活动之间的成效不是独立的而是相互优化，有助于项目与其他项目特别是社区营造的结合）（4%）
	利益相关方的沟通与满意度（5%）	与利益相关方的沟通协调机制建立情况（3%）； 利益相关方对项目运作的满意度评价（2%）
	财务管理（5%）	项目资金管理与使用情况（5%）

资料来源：作者根据相关资料整理。

表2 以项目制为核心的政府购买社会工作服务项目效果期末评估内容与指标

评估内容	评估指标	
	一级指标	二级指标
专业服务（50%）	社工、志愿者（10%）	持证或社会工作专业毕业社工和项目所需其他专业人员配备人数与项目资金比例（配备其他专业人员，需要根据项目进行说明）（4%）； 志愿者队伍建设情况与服务时间（4%）； 志愿者培训与服务登记（2%）
	专业督导（3%）	专业督导次数（当面督导，平均每次1.5小时；每个督导最多可以担任5个项目的督导）（3%）

续表

评估内容	评估指标	
	一级指标	二级指标
专业服务（50%）	服务对象建档情况（5%）	探访率（3%） 建档（服务对象基本信息和需求评估信息）的服务对象人数占服务对象总人数的百分比（服务对象总人数指项目内约定的相对明确的范围）（2%）
	个案工作（13%）	完整的辅导性个案服务流程（接案、预估、计划和协议、服务、评估、结案、跟进）（3%）； 完整的辅导性个案服务记录（核心要素：个案预估表、个案计划表、介入记录表、结案处理表）（3%）； 完成项目协议所规定的辅导性个案服务人数比例（3%）； 完整的咨询性个案服务记录（核心要素：服务对象基本信息、咨询的主要问题、社会工作者的回应措施）（2%）； 完成项目协议所规定的咨询性个案服务人数（人次）比例（2%）
	小组工作（12%）	完整的小组工作流程（需求评估、准备、开展、结束、评估）（3%）； 完整的小组活动记录（核心要素：小组策划书、小组小节的过程记录、小组的总结反思表）（3%）； 完成项目协议所规定的小组开设组数或小组开设次数比例（2%）； 平均每个小组活动次数（2%）； 小组服务总人数占服务对象总人数的比例（2%）
	社区工作（7%）	完整的社区工作（活动）流程（调查、分析、计划、执行、评估）（2%）； 完整的社区工作记录（核心要素：社区活动建议书、社区活动总结表）（2%）； 完成项目协议所规定的社区工作次数比例（3%）
服务成效（35%）	服务对象受益情况（12%）	问题解决程度（方案设计中所评估的问题是否得到解决）（4%）； 能力提升程度（目标群体应对问题的能力及生活能力）（4%）； 支持系统增强程度（围绕服务对象进行支持系统的建设）（4%）

续表

评估内容	评估指标	
	一级指标	二级指标
服务成效（35%）	服务对象及其相关人员满意度（9%）；服务相关方对服务的评价（6%）	对所接受的服务的满意度（5%）；对所提供服务的社工的满意度（4%）；服务购买方、使用方对服务的评价（4%）；服务合作方对服务的评价（2%）
	服务产生的社会效益（8%）	服务宣传和服务对象知晓率（2%） 资源整合情况（主要包括人、时、物的稳定支持与配合情况）（3%） 服务模式或服务手法的总结与提炼（3%）
服务管理（15%）	项目整体性与成长性（12%）	项目服务群体定位清晰、需求分析到位、服务目标明确（3%）； 项目服务框架和内在逻辑合理性（项目所使用服务方法与满足服务对象需要之间的内在联系合理性，三大方法的有机结合度）（3%）； 项目服务整体性（将服务群体的需要和服务地域的需要结合进行服务）（3%）； 项目服务的可持续性（是否具有一定特色或张力的服务成效的提炼）（3%）
	财务管理（3%）	项目资金管理与使用情况（3%）

资料来源：作者根据相关资料整理。

（三）结果与过程并重完善评估效能

立足于评估内容与指标体系，政府购买社会工作服务项目的评估工作优化可以以下面的方式进行。社会工作项目评估应选择以下两种评估形式的其中一种进行：一是以结果为导向的社会工作评估，二是以过程为导向的社会工作评估。在服务提供机构提供自评的基础上，评估小组（或专业评估机构）从专业服务（70%）和项目管理（30%）两个方面进行中期评估；期末评估时，评估小组（或专业评估机构）则从专业服务（50%）、服务成效（35%）和项目管理（15%）三个方面综合评估。评估方法主要是听取情况介绍，查阅档案资料和相关记录，进行个别访谈、召开座谈会、组织问卷调查等，听取相关工作人员、服务对象、利益相关方等对项目服务情况的反映和意见。要按照课题组所开发的《以项目制为核心的社会工作服务项目效果中期评估表》和《以项目制为核心的社会工作服务项目效果期末评估表》，逐项进行检查、评分和综合评价，并形成评估报告。

智慧健康"云卫监"综合监管大数据平台

——探索运用"卫生监督+人工智能"加强行业综合监管，筑牢公共卫生防线

课题组[*]

一 项目主要特点和应用情况

1. 项目特点（基本情况；支持所申报征集的技术特点、亮点、创新技术、技术优势等）

卫生监督工作专业性很强，与百姓健康生活息息相关，如果单靠传统的监督执法巡查，很难做到面面俱到。卫生监督执法综合管理是国家智慧城市建设的重要组成部分，与其他行业相比，现有的卫生执法系统的现代化管理程度还相对落后。随着城市管理的日益规范化、标准化的要求，卫生监督管理部门迫切需要一套完善的、先进的卫生监督执法综合管理系统协助现场执行的规范化管理，提高执法效率。2016年至2018年，课题组负责人陈彼得带领项目团队通过一系列的技术革新和攻关，运用物联网、大数据等技术，自主研发、自主创新设计并于2017年7月金砖厦门会晤前夕上线运行的"智慧健康'云卫监'综合监管大数据平台"（以下简称："云卫监"平台），是福建首个实现卫生监督执法信息全程不间断和可视化的新一代大数据展示系统。

在卫生监督行业管理中嵌入"互联网+人工智能应用"在福建尚属首次，通过"云卫监"模式，用技术创新推动精准执法。借助全天候、全过程不间断和可视化的远程指挥调度展示界面，将医疗信息、在线监测、移动执法和视频图像识别等四大模块运用数据融合技术进行全息架构，配合

---

[*] 课题组成员：陈彼得、马明炬、方亚、孙中海、陈丽旋、郑娅珊、周旭。

指挥调度平台，执法人员借助随身携带的智慧终端通过移动互联和光纤专网实时导入医院、影院、酒店、图书馆等重要场所远程执法监控、公共环境监测及相关业务数据流，犹如装上"天眼"，可快速、便捷查看受监督对象和场所的实时状况。特别是通过后端数据库的支撑，对这些重点部位实施算法分析和全时预警，实现监管闭环、精准执法。执法人员每一次行动轨迹的精准定位，在大数据展示下也都一览无余。它的应用使政府卫生监督执法行为更加高效、严谨、透明和全程可溯，在辖区执法人员少（32人）、监管数量多（943家机构）的严峻形势下，大大节省人力物力，全面提高监管效能。自2017年系统上线运行至今，全区未发生一起突发公共卫生事件。2018年全年，利用"云卫监"平台协助查处了卫生行政处罚案件61件，其中打击"两非"案件11起（2起移送公安机关），打击非法行医34起，打击公共卫生违规16起，卫生监督各项指标位居全省前列，显著增强公共卫生管理能力，有力筑牢厦门东大门卫生监督防线。

2. 项目应用情况（市场化及应用情况或市场潜力；用户评价；其他相关证明材料等）

该项目案例于2017年11月荣膺第二十二届全国发明展览会金奖（一等奖），这也是厦门5个获全国金奖项目中唯一的医疗卫生类成果。2018年，该平台创新成果又以最高评分荣获2018年福建省百万职工"五小"创新大赛一等奖。该项目现已填补了国内卫生监督执法领域的空白，在2018年取得了多项著作权和国家专利，入选第十六届中国·海峡项目成果交易会（"6·18海交会"）省总工会亮点项目，被列为厦门市推进国家健康医疗大数据试点城市建设汇报的应用亮点，作为厦门翔安创新成果和业绩列入《政府工作报告》，也作为厦门市全面深化改革打造健康医疗大数据"三朵云"服务民生、助推转型的生动样本，入选国家卫健委办公厅编印的《卫生健康工作交流》（第107期，2018年12月3日），同时得到各大主流媒体的关注。2018年9月1日《健康报》第三版、2018年8月21日《福建日报》"厦门观察"头版、2019年1月16日《香港商报》均做了专题报道。2018年10月，"云卫监"在"全国第二届医疗大数据应用及开发大会暨第三届中国医院发展大会信息化论坛"上作了专题介绍，赢得了国内业界的瞩目。省、市卫生行政主管部门领导，相关政府部门，清华大学、厦门大学、福建中医药大学等高校科研团队以及国内医疗大数据行业知名企业50多批次先后到厦门翔安调研考察"云卫监"平台情况。

二 项目成果的用途分析和未来规划

1. 通过细致的前期调研需求，推动案例运用的创造性与先进性

2017年以前，国内几乎没有涵盖卫生行政审批、执法监督巡查、在线监测监控于一体的卫生监督综合执法信息化管理系统，厦门翔安卫生监督团队也因此在工作中遇到许多问题和难点。作为厦门第二大行政区，陆域面积较广，在以往的执法实践过程中，实时监察是一大难点和痛点。当执法人员接到举报赶往现场时，往往违规的企业和个人早已将证据销毁藏匿，这对取证立案工作造成困难，这也是国内卫生监督行业普遍面临的问题。为了筑牢卫生监督防线、提高卫生行政执法效率，该项目团队不断思考总结，酝酿着一套攻坚克难的方法。餐馆里的碗筷是否经过严格清洗消毒？娱乐场所的空气质量是否对人体有害？医疗机构是否存在违规行医现象？从前这些卫生执法监督领域的难题，目前在厦门市上线运行的"云卫监"大数据平台上，都能得到精准、实时的监控，为卫生执法行为更加高效、严谨、透明和全程可溯提供了技术支持，堪称卫生执法领域的"天眼"。这是该系统被研发推广的主要原因。

经过两年多的设计架构，"云卫监"平台不仅已可以实时接入电影院、图书馆、医院及酒店等重要公共场所的远程执法监控和公共环境监测数据，同时还汇集家庭医生签约、分级诊疗和医联体的区域卫生信息平台为一体，对辖区医疗卫生全行业进行立体监督。借助健康医疗大数据和物联网融合技术的"新一代卫生执法智能监管系统"，执法人员可以变得"火眼金睛"，可以随时随地查看受监督对象、场所的实时状况，实现监管闭环、精准执法。特别值得一提的是：以消毒餐饮具监管为例，民众可以通过系统二维码扫描直接通过平台接入餐饮具消毒企业和生产线的视频画面，了解餐饮具的消毒制作全流程，有力保障民众健康权益。

通过"云卫监"App人工智能移动执法终端提取监管档案、查询医师信息、实现视频浏览、推送预警提示、实时电子执法等。与此同时，执法人员行动轨迹的精准定位，在大数据监控下都一览无余，使政府的卫生执法行为更加高效、透明和全程可溯，大大节省了人力物力，同时提高了监管效能。2018年2月，福建省卫生计生委规划与信息处处长洪涛率省级医疗卫生专家调研后，高度肯定了该项目的创新性和取得的成效。目前该项目已填补国内卫生监督执法领域的空白，2018年3月获得国家版权局软件著作权证书5件（登记号：2018SR153012），2018年8月获得国家知识产权局实用新型专利（专利号：ZL 2018 2 0151525.9），2018年11月获得国家知识产权局外观专利3件（专利号：ZL 2018 3 0042982.x）。

2. 以解决问题的需求为导向，优化课题研究成果

以"云卫监"大数据平台为依托，技术创新工作室开发了基于健康医疗大数据的卫生执法人工智能物联网平台和图像融合系统，"云卫监"的拓展项目：新一代卫生执法智能监管系统（App移动执法终端），将在线监测、移动执法系统和远程视频监控等三大数据模块有机融合，用"互联网+"等信息化手段推动医疗精准管理和精准执法。通过后端大数据平台和光纤专网，对重点部位进行实时监控。目前，拥有独立信息化专间并装载有大型展示界面，按照区域健康医疗大数据中心进行规划建构的"云卫监"大数据机房已投入使用（见图1）。下一步，将区域医疗卫生数据信息进行汇总整合，通过开放端口接入市级健康医疗大数据平台，为实现"健康厦门"医改目标提供全程、规范、精准、高效的区域卫生计生信息化支撑。

图1　卫生监督员通过移动执法终端与大数据机房存储数据进行实时同步
摄影：陈彼得

"云卫监"大数据平台包括平台服务器、人工智能、人脸识别模块、空气监测服务器、视频监测服务器、若干执法终端、空气质量传感器及摄像头，所述的空气监测服务器、视频监测服务器及执法终端与平台服务器通讯连接，所述的空气质量传感器与空气监测服务器连接，所述的摄像头与视频监测服务器连接。

本项目技术原理是将空气质量传感器、摄像头安装在各个监测场所，执法人员将"新一代卫生执法智能监管系统（App 移动执法终端）"携带至各监测场所采集获取数据，具体采集过程如下（见图2）。

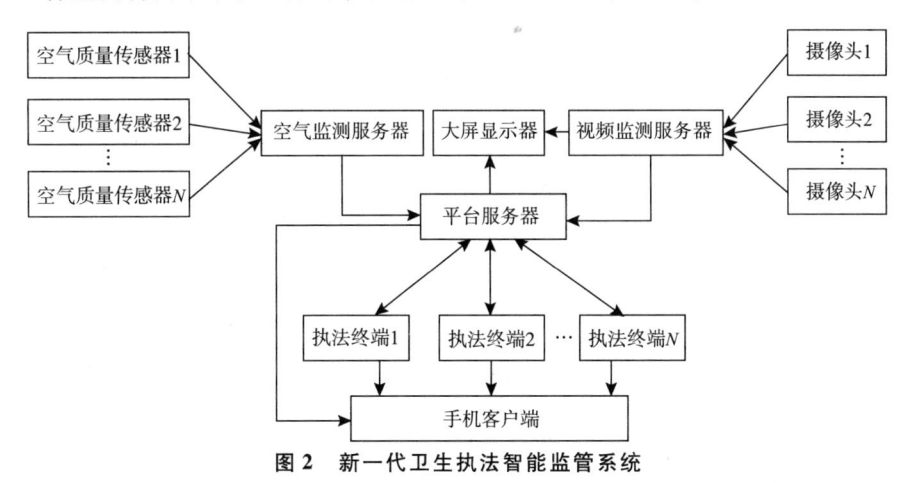

图 2　新一代卫生执法智能监管系统

资料来源：作者根据相关资料整理。

（1）通过空气质量传感器获取空气的温度、湿度、空气新鲜度、洁净度、CO_2、VOC、甲醛浓度等数据。

（2）通过摄像头获取监测场所的实时视频图像，并存储在 NVR 存储设备内，便于视频监测服务器进行预览、调用及回放。

（3）通过 App 移动执法终端获取监管内容，执法拍照，预警消息，执法信息等。App 移动执法终端将相关执法信息发送到手机客户端。

由于采用物联网大数据的结构，本项目案例具有如下有益效果：通过空气质量传感器、摄像头、App 移动执法终端采集获取数据，通过服务器生成相应的输出，供展示调用，卫生监督执法人员通过 App 移动执法终端输入执法数据并传输至服务器平台，同时执法人员通过执法终端获取服务器平台的卫生计生监测数据及视频，对异常数据源进行监管执法，有效地提高了执法效率。执法人员通过平台服务器对每一个执法终端进行定位及搜索，存储执法证据，对任务完成进度和情况进行监督和指导。本项目发明为卫生监督执法搭建了统一的信息化系统，实现了规范化管理，App 移动执法终端使用运行较为稳定（见图 3）。

图 3　卫生监督员通过 APP 查询监督对象和监管场所的实时状况
摄影：洪坤伟

3. 课题研究取得的成效，有力推动项目精进可持续，为新一轮深化医改中的行业监管提供样本

"云卫监"及其拓展的"新一代卫生执法智能监管系统（App 移动执法终端平台）"利用大数据技术，实施日常卫生监督、远程执法视频监控、公共卫生环境监测、临床医师信息查询等服务，将提高医疗卫生监督和公共卫生监督的能力充分展现了出来。实现健康医疗大数据中心为核心，以医联体为抓手，以分级诊疗为主线，以基本公共卫生项目为依托，巩固基层服务网底，突出慢病管理，规范电子病历，落实家庭医生签约，尝试基因检测，做实医保控费，建成区域影像中心，搭建肿瘤活体样本库，建设中央药房。最终实现市民健康全链式、全生命周期服务，实现健康城市愿景规划，同时有力保障人民群众健康权益（见图 4）。

作为翔安区健康医疗大数据中心的核心平台，正努力完善"云卫监"平台相关功能，已在全区所有执法人员中配备了人工智能移动装备，加强该项目案例的实践应用和性能优化，同时密切开展与厦门大学合作建设健康医疗大数据研究基地与协同创新研究，把推动健康医疗大数据作为实施"健康翔安"战略规划的重要内容。

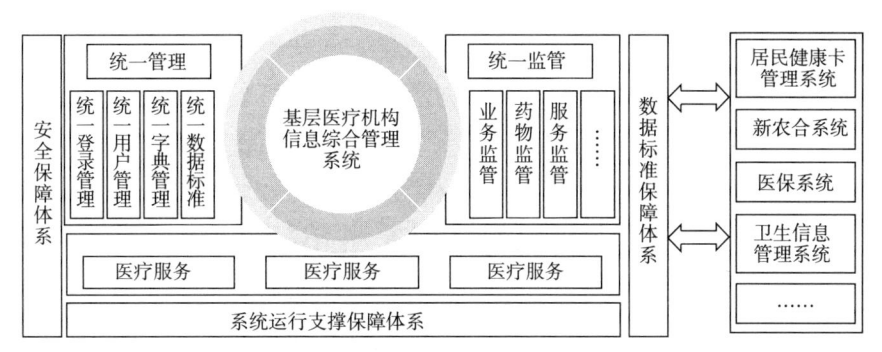

图 4　医疗机构数据管理三大保障体系

资料来源：作者根据相关资料整理。

以该创新案例为依托，下一步将重点围绕完善医疗机构质量监测和评价体系、利用健康医疗大数据资源和信息技术手段建立科学高效的医院服务体系、探索以疾病相关分组为重点的医疗质量管理方法，加强医药费用监管等需求，开展基于健康医疗大数据的科研互动，建设健康医疗大数据产学研实践合作平台。充分利用厦门市翔安区优势资源，优化智能设备开发与大数据布局，依托厦大国家级医学研究中心和协同研究网络，系统加强科研数据资源整合共享，提升医学科研及应用效能，推动智慧医疗发展（见图5）。

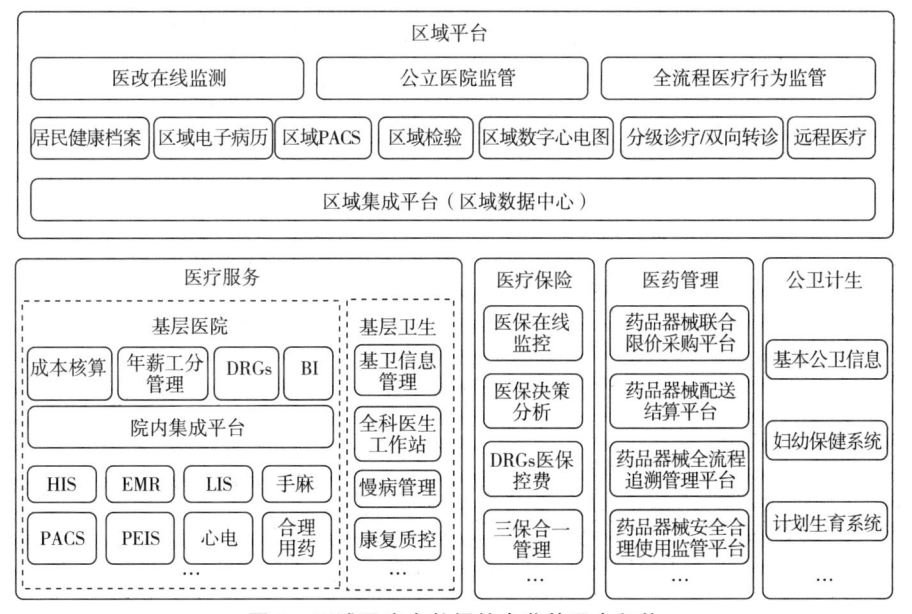

图 5　区域医疗大数据综合监管平台架构

资料来源：作者根据相关资料整理。

延续历史文脉，持续提升"鼓浪屿·历史国际社区"品质

民进厦门市委课题组[*]

经历九年漫长申遗路，"鼓浪屿·历史国际社区"于2017年7月8日终于成功入选《世界文化遗产名录》，申遗成功标志着厦门市文化遗产保护登上一个新的台阶。庄稼汉市长在9月4日代表厦门市受颁世界文化遗产证书时表示，厦门市将认真践行中国政府在世界遗产大会上的庄严承诺，严格按照世界文化遗产保护公约和国际一流标准，像保护生命一样保护文化遗产。这一承诺也表明厦门政府将切实履行习近平总书记在鼓浪屿申遗成功时所做的重要指示精神，即总结成功经验，借鉴国际理念，健全长效机制，把祖先留下来的文化遗产精心守护好，让历史文脉更好地传承下去。如今，鼓浪屿已成为全人类共同的文化遗产，应当实行更高要求和更严标准，以一流的保护和管理对待一流的文化遗产，因此，有必要在总结申遗成功经验的基础上，进一步提升和完善遗产地保护和管理体系，充分发挥和利用鼓浪屿独特资源和优势，形成一套本地化和可持续的遗产保护"鼓浪屿模式"，提升和延续遗产价值。

一 鼓浪屿文化遗产已建立了良好的保护、管理和利用体系

1. 历史文化遗产保护和管理已具备较完善的法规制度

自20世纪80年代开始，厦门市政府就高度重视整体历史风貌的保护，制定了相关政策和保护措施。2008年启动申遗后，鼓浪屿历史文化遗产保护得到更高层次和更为全面的重视，保护和管理体系不断改进和完善，在申遗过程中，鼓浪屿历史文化遗产保护的理念、主体、对象、

---

[*] 课题组成员：吴丽冰、郑东、彭维斌、李明辉、陈燕茹、庄晏红、林少蓉。

数量、内涵以及认定标准、管理质量等保护体系进一步提升和明确，最终以"鼓浪屿历史国际社区"这一确切定位在联合国遗产会议上一举获得申遗成功。

这些年来，鼓浪屿历史文化遗产保护和管理的法规和措施不断升格和完备，不仅制定了与国际遗产保护准则接轨的条例，也出台了地方规章和措施，形成了较完备和较规范的保护体系。在先后出台的30多部法规、条例、管理办法以及居民自治公约中，有2000年颁布的《厦门市鼓浪屿历史风貌建筑保护条例》，2002年出台的《鼓浪屿历史风貌建筑保护规划》，2009年修订的《厦门经济特区鼓浪屿历史风貌建筑保护条例》，并在2011年通过《鼓浪屿文化遗产地保护管理规划》，2012年实行《厦门经济特区鼓浪屿文化遗产保护条例》，制定鼓浪屿岛实行游客总量控制以及按照鼓浪屿文化遗产保护规划的具体办法和要求。2013年编制了《鼓浪屿整治提升总体方案》，2016年公布了《厦门经济特区历史风貌保护条例》。这些法规和政策为加强保护鼓浪屿历史文化遗产提供了法理依据和法律保证，为成功申遗奠定了基础。

2. 文化遗产得到有效保护

现全岛已公布了两批共391处历史风貌建筑，其中2001年公布第一批历史风貌建筑40栋，2012年公布第二批历史风貌建筑351栋（其中重点保护80栋，一般保护271栋），对这两批历史风貌建筑实行了挂牌管理，2017年底即将完成第三批540栋历史风貌建筑的申报和认定，使鼓浪屿历史风貌建筑的总数将达到931栋，基本上涵盖了鼓浪屿岛上的绝大部分具有历史、艺术及特色的建筑，以及具有30年以上历史的具有艺术特点、地方特色和具有纪念性的现代建筑。目前，已修缮了100多栋历史建筑和风貌建筑，对数条街道进行景观和风貌整治，对53个列为代表文化遗产突出普遍价值的遗产核心要素，按照国宝级的文物真实性、完整性的遗产保护要求，开展了修缮和保护工作。接下来仍将按计划分批、分阶段陆续开展历史风貌建筑的修缮保护。

鼓浪屿文化遗产中的许多重要历史风貌建筑和文物古迹，也属于不可移动文物，列入文物保护范畴，同时受到《中华人民共和国文物保护法》和《厦门经济特区鼓浪屿文化遗产保护条例》的双重保护。全岛现有全国重点、省级和市级各级文物保护单位和未定级的不可移动文物162处，包括历史建筑、遗址、墓地、旧址等类别，其中历史建筑类别占到多数，共有145多处，这些历史建筑和文物古迹将根据文物保护法实行严格规范的保护和管理，每处文保单位都划定了保护范围和建设控制地带，对国有和非国有不可移动文物的使用、修缮、保养等都有明确的审批和管理规定，在制度上确保重点文化遗产保护更加明确、更加具体。

3. 文化遗产价值充分发挥和利用

鼓浪屿岛上已建立了20多处展示馆、特色博物馆等，把老建筑的文化价值和内涵充分发掘出来，建成了故宫鼓浪屿外国文物馆、黄荣远堂唱片博物馆、盘古博物馆、延平电影博物馆、中南银行专题馆、大北电报公司旧址共享遗产展示馆，还有黄氏小宗闽南传统非遗展示、毓德女学校旧址的教育展、汇丰银行公馆旧址展示以及美国领事馆的古厝古巷摄影展、英国亚细亚火油公司旧址的鼓浪屿外图书店等。

申遗成功后，一系列保护鼓浪屿的举措正在不断推进，遗产地历史环境整治、文化遗产修缮、遗产地文化阐释与展示、建立遗产地监测中心、建立遗产地档案馆和实施街巷改造、继续推进"全岛博物馆"计划、加快"智慧鼓浪屿"建设等工作在全力推进中，鼓浪屿遗产地的保护和管理体系正日益健全和完善，朝着更高标准和更高要求的国际遗产保护准则去落实和实现。但在完善的过程中，还存在一些有待进一步提升和改进的地方。

二 鼓浪屿遗产地保护和管理有待进一步提升和完善的问题

1. 鼓浪屿古建筑修缮保护方案编制缺少建筑安全检测依据

鼓浪屿建筑在构造、结构、材料、装饰及工艺等方面具有特殊性，虽然目前鼓浪屿历史建筑和风貌建筑的修缮保护方案和修缮工程实行半公开招投标程序，是从经过审核和挑选的具有文物修缮资质的公司和工程队伍的数据库中进行摇标后，由中标单位承接，但这些设计公司和施工队伍存在专业技术水平参差不齐的情况，有些方案设计队伍对鼓浪屿建筑的特殊性以及鼓浪屿的人文地理状况未必深入和足够了解。因此，在编制修缮保护方案时，如果未能对修缮建筑进行极为详细、科学的勘查，尤其是对涉及建筑长久安全或隐蔽的建筑结构、承载负荷等状况不清楚，只是凭借主观上的判断和猜测，或者听从委托业主的改动想法，那么就难免在编制修缮保护方案时产生偏差和失误。因此，保护方案的科学性和可行性需要建立在详勘基础上，必须在确保建筑安全的前提下进行方案设计，否则对修缮施工不仅不能起到正确指导作用，甚至修缮后产生安全隐患，影响古建筑的寿命，违背修缮目的，而且也影响工程经费概算。

修缮工程招标技术标准的全面性和客观性尚有欠缺。参与鼓浪屿建筑修缮工程的投标公司，通常情况下都是在投标文件中对招标各项技术指标和内容完全响应，但这都只是在字面上对修缮材料、工艺、流程等修缮要求做出完全响应和无偏离，至于施工队伍和一线技术人员的真实水平，以及修缮工程是否能达到招标文件所要求的水平和技术参数，往往无法证实，也难以预判。而且修缮工程也可能会因为工匠水平、材料准备不齐全或供应不足、或材质低劣、颜色偏差等因素，达不到修缮技术要求和标准，影响工程质量和竣工时间。因为招标时专家只对投标书的文字内容和响应情况进行评审，也没有要求投标人提供实物样品并进行评比，缺少一种对投标人真实水平判断的实物依据，因此有可能影响评审的全面性和客观性，造成投标书编印得好、文件响应得好的公司中标，而具有真实施工操作技术的公司落选。

2. 鼓浪屿古建筑修缮施工材料和工艺流程缺乏规范和标准

鼓浪屿历史建筑和风貌建筑包罗万象，材料类别和技艺流派多种多样，仅营造技术就有本土的、闽南传统的，还有外来的，胭脂砖也有各种不同尺寸，如今许多来自岛外的古建修缮队不可能完全了解和掌握，而且施工队伍参差不齐，修缮中也有各自的侧重技术和不同的施工方式方法，所采用的材料和工艺没有较统一的标准和可参照的依据，因此这些材料和工艺是否合适，保护措施是否得当，大多未经过科学试验和论证，如果对传统材料和工艺不了解，那么按原材料、原工艺进行修缮的原则也就无法真正落实，经过修缮的建筑可能就会同原有建筑有很大差别，造成遗产原真性和原有优秀工艺在修缮中大量丢失，文物价值和历史价值大为降低，成为破坏性保护。例如需要了解清水砖、花岗岩、墙柱和木构屋架、楼梯、地板、天花板等传统制作工艺才能够更好地仿制，只有了解了水洗砂、水刷石及灰塑、拉毛墙的传统工艺流程，才能最大限度维护原真性，木构门窗如何仿制才能尽量保持原有历史风貌和工艺特色，因此修缮中如果对这些传统材料和工艺不甚了解，又没有一个参照的标准和依据，就可能在施工中各显神通、各自发挥，而无法把控修缮质量，也可能造成不可逆的劣质工程，而这些走样和偏离原貌、文物价值大为降低的人类共同文化遗产，将羞于面对后人，无法使后人景仰和敬畏。同时，在修缮中一些新材料和新技术的运用也需要试验和论证，采取极为谨慎、严格和科学的态度，例如对于粉化或脱落的红砖墙如何修复和保养更为科学，建筑中常用的水玻璃（硅酸钠）黏合剂适合于古建筑的保护加固，但如果要推广运用也需要试验。

3. 鼓浪屿原居民居住、生活环境有待进一步重视和改善

鼓浪屿是以历史国际社区形式作为申遗项目，因此是一个动态的居住社区。20世纪后期岛上居住的人口最多时曾达到5万多人，1985年有25000人，2010年有5000多户，目前至少还有7000多常住人口，而且时常还有许多已搬迁到岛外的老鼓浪屿人回到鼓浪屿探亲访友、重游故地和休闲放松，遗产地原居民是构成和延续鼓浪屿社区生活状态和生活方式的重要主体，也是一笔宝贵的财富，因此应当尽量创造条件留住原居民。

作为厦门旅游品牌，鼓浪屿旅游规划和旅游设施的投入以及街区经济发展、业态管理等成为主导，旅游商业气息浓郁，居住环境和配套设施相对弱化，目前，鼓浪屿旅游观光的游客众多，商业气息浓郁，而政府更为注重的是旅游规划和旅游设施的投入以及街道经济发展、业态管理等，对居住环境和配套设施的关注和关爱还不够。尽管现在上岛游客人数控制在5万人以内，但是每天仍有数万游客，当地居民所感受的是人多拥挤嘈杂、垃圾增多、交通不便，原有的安静居住环境、有序生活空间被打破和扰乱，休闲放松的空间缩小，清静的时间减少，而且作为旅游区，岛上物价普遍较高，有的居民为了应对物价上涨而每天拉着手推车过渡往返到厦门买菜购物等。此外，鼓浪屿居民老龄化突出，60岁以上占到常住人口20%，远远高于全市的7%，有许多老人不想离开鼓浪屿，但目前岛上除了康泰路教会养老院和内厝澳老人活动中心外，老人休闲活动场所很少，针对老人的养老院和医疗保健设施也很缺乏。因此尽管鼓浪屿申遗成功，许多老鼓浪屿人并无优越感和荣誉感，因为较之申遗之前并未感受到更多的获得感，却有不少失落感和遗憾，不少人仍有逃离鼓浪屿的想法，年轻人也不愿在此居住，因此原居民人口在不断减少。而一旦原居民陆续离开或其子孙后代不能在此延续，鼓浪屿社区的原有生活方式和文化底蕴也将改变甚至消失，鼓浪屿也可能成为仅有游人驻足观赏的建筑躯壳和普普通通的现代社区，文化遗产价值也将大打折扣。

4. 鼓浪屿本土世俗文化特色较欠缺，多元文化回归面临现实挑战

鼓浪屿历史国际街区典型文化的多元性，体现在生活方式上，主要是上层的西方高雅文化生活和下层的本土闽南世俗生活。历史上的鼓浪屿，中西文化交融，居民的日常文化生活和平常休闲项目，除了西方文化带来的教堂礼拜和颂诗活动、音乐会、足球运动等，还有延平戏院的演出和电影，黑猫舞厅的舞会，以及当地传统的街边巷尾的讲古脚、茶桌仔、戏台仔、小人书店、古书摊等闲暇娱乐内容，人们闲暇在此泡茶聊天、讲古话仙、消磨时间，这些休闲场所和娱乐方式形成当地的世俗文化特色。其中龙头路的街心公园、靠近轮渡码头的海滨公园是当地居民的主要休闲活动场所，汇集了不少本地人喜爱的休闲方式，但如今这里已被游客的集散地和为旅游服务的海底世界水族馆所代替。此外，鼓浪屿过去有许多地方小吃，极具特色，如与厦门岛不同风味的沙茶面，还有麻糍、麦奶、小芋包、茯苓糕、麦芽糖、芋枣、面线糊、土笋冻、桃片咸李子等，这些小吃都由鼓浪屿本地人制作，但现在除了还保留着街头麻糍小吃外，其他基本消失未见踪影。鼓浪屿居民的旧时休闲方式和地域传统特色逐渐被外来的饮食方式和现代商业业态所取代，高素质社区人群流失，世俗文化场景不复存在，"非遗"传承后继乏人，社区本土世俗文化特色和历史国际氛围亟待重树典范。

三 申遗成功后，进一步提升和完善鼓浪屿文化遗产保护的建议

1. 增设鼓浪屿建筑保护方案和修缮工程招标的技术条款

建筑结构安全是建筑保护设计和修缮施工的基础保证，因此为了确保建筑修缮保护方案编制的正确性和可行性以及对修缮工程的指导作用，应当规定在建筑修缮保护设计方案的资料中，要有建筑的安全报告，即根据《古建筑结构安全性鉴定技术规范》，提供由专业机构出具的有关建筑地基基础、主体结构、重要部位荷载承重、材料力学性能等安全性检测数据和鉴定报告，并对修缮前的原始状况、建筑参数进行详细和全面采集，最后形成建筑结构安全性的科学结论，以此作为编制修缮保护设计方案的重要依据，从而确定修缮设计和修缮措施是否合理、是否必要，尽量避免设计

方案的随意性。就如病人就医时，应先进行身体检查，检查报告作为诊断结论的重要参考依据。

由于鼓浪屿历史建筑和风貌建筑的特殊性，建议在古建筑修缮工程招标中增加实物样品评审和材料供应证明作为星号条款，如同雕塑作品招标也应提供样品评审，多一道槛，就增加一分质量保障。投标者需提供指定的特殊建筑构件、特殊节点的仿制样品，如门窗套、灰塑、水洗砂、拉毛墙等，作为评审工艺技术水平的参考；并提供砖瓦、木料和其他特殊材料的实物样品或照片，出具能保证施工顺利的材料供应产地或厂家；要求修缮前必须对建筑整体和重要部位做好详细完整的文字、影像记录，收集已更换的旧构件如门窗套、檐口线、墙腰线的实物，作为修缮历史档案和工程监理、验收的参照依据。此外，工程评审和验收专家组应增加具有丰富实践经验，尤其是鼓浪屿当地的一线技术人员的比例，如同教师招聘考官中的一线教学老师不低于三分之一的比例，专家组要从修缮工程的设计、施工到验收全程介入和把关，避免完工验收时提出大整改，避免造成无可挽回的破坏。

2. 编制《鼓浪屿历史建筑传统材料和工艺清单》，颁布《鼓浪屿文化遗产修缮导则》

鼓浪屿建筑是一流的文化遗产，就需要有一流的修缮技艺。因此文物部门应当组织对鼓浪屿历史建筑、旧址、遗址等进行全面调查，结合修缮案例对传统建筑材质类别和建造工艺进行全面记录、收集，并经过梳理、分类、研究和总结，编制《鼓浪屿历史建筑传统材料和工艺清单》，同时，对修缮中采用的各种新材料和新工艺进行科学试验和充分论证，提炼出一套鼓浪屿版本的修缮模式，出台《鼓浪屿文化遗产修缮导则》，汇集各种传统的建筑材料质地、工艺技术等营建技法，编列建筑修缮所采用的材质和工艺标准，以及新材料和新技术、新设备的使用规范，作为修缮工程的技术导则和竣工验收的重要依据。这套收集和汇总前人传统工艺的清单和修缮导则，既是鼓浪屿优秀建筑文化的传承，又对提升和规范历史建筑修缮质量起到指导和参考作用，也是鼓浪屿世界文化遗产保护的一项成果。

3. 重视社区民生价值同步提升，推动鼓浪屿生活社区本质的回归

鼓浪屿社区已成为世界文化遗产并将永久传递下去，因此申遗成果应当惠及人民，给遗产地居民带来更多实惠和福利，提高居民在文化遗产保

护工作方面的参与度，赋予其更多的话语权，获得遗产地居民的永久支持。建议加大遗产保护和旅游设施建设的同时，结合社区环境提升，进一步完善生活服务配套设施，增加居民区的休闲活动设施、街边小公园等，对于岛上居民给予物价上涨补助，尤其对行动不便和生活困难的老人、失业者予以经济上的支持和关爱。注重保护居民生活空间的私密性，杜绝游客大声喧哗、或随意窥视居民家居生活，侵犯居民的隐私权。增加医养结合的养老院和康复院等，或以政府购买服务方式将岛上现有的疗养机构纳入保障范畴，大力推进居家养老。同时鼓励原居民在岛上居住、生活和工作，补充有生力量，为当地居民创造和扩大就业机会，岛上属于政府参与的公共机构和团体组织、导游讲解、商业运营、酒店旅馆等招聘招工，应当优先考虑当地居民，政府还可出资提供职业培训，并规定当地居民在从业人员构成上的比例，在政府规划和修缮完成的历史风貌建筑利用和商铺招商中，原居民享有优先租用或政策性优惠的权利。沿袭鼓浪屿教育传统，因地制宜推动艺术园、华侨园、闽南文化园等特色幼教机构回归或落户，重塑鼓浪屿"中国近现代教育摇篮"之美誉。只有这样，才能使当地居民有申遗成功的获得感，促进自发和主动保护遗产的意识，积极参与和配合遗产保护措施的落实，将遗产保护的理念和行为根植于日常生活中，成为长久的自觉行为，使遗产保护和社区活力得以同步延续和发展。

4. 以文化空间的再现与文化氛围的营造推动鼓浪屿多元文化复兴

鼓浪屿历史上是外侨、华侨、闽南富商聚居地，他们代表着当时先进的文化类型与生活方式，造就了鼓浪屿优雅高尚的文化特点。因此，申遗成功之后的鼓浪屿要保持特色文化的传承与发展，就应在文化空间的再现与文化氛围的营造上下功夫，才能承担起复兴多元文化的时代责任。

（1）注重国际文化空间的打造与文化氛围的营造。通过引进高质量国外艺术展览，依托教会、学校等开展各类公开的西方传统文化展演等再现西方优秀文化；通过在新媒体上定期推出鼓浪屿故事，介绍鼓浪屿高雅文化生活等宣传推介高雅礼仪文化；通过举办体验式上岛仪式让游客从心理上遵循鼓浪屿高雅文化行为规范，自觉融入鼓浪屿高雅文化氛围中。

（2）注重本土世俗文化的活化与现代转型。让鼓浪屿本土世俗文化回归，重点在于保护与恢复鼓浪屿原有文化的核心要素，并在此基础上，实现现代转型，重现鼓浪屿已然变淡的"烟火味""生活气息"。

一是让鼓浪屿市井生活气息的回归"活化"。开展地域民俗文化研究和展示，开办民俗博物馆、小吃体验馆；选择有历史文化底蕴的街头巷尾、古厝边古井边和一些小公园休闲场所进行规划，恢复讲古脚、茶桌仔、戏台仔、小人书店、古书摊等闲暇娱乐项目；挖掘、整理民俗题材进行街边文创，通过陈设雕塑小品和街头小景、标识牌等营造氛围，让后人和游客多角度了解旧时鼓浪屿社区的生活情况。

二是让鼓浪屿的传统非遗文化回归"活化"。将有传统文化底蕴而且是鼓浪屿原有性的非遗项目，如濒临失传的叶氏麻糍等梳理出来，建立一个集制作、销售、技艺展演、传承、新产品研发为一体的"非遗"中心，给予非遗传承经费、成立技术传承中心、引入文创企业合作等支持，让世遗项目"活化"传承下去。

三是采用现代多媒体或数字化手段，记录民间故事、传说以及动态的足球赛、音乐会、诗歌会、祠堂祭祀、家庭音乐会、寺庙活动、教堂礼拜等，收集文化记忆，完善遗产"活态"档案。

（3）把握鼓浪屿历史国际街区"活态"发展的重点，出台相关政策，筑巢引凤，有针对性地引进与培养高端人才，打造国际型人文社区，提升鼓浪屿文化内涵，让文化遗产保护融入社区居住和社交活动场景中，实现鼓浪屿文化的复兴与可持续发展。

金砖峰会与厦门"国际范"城市环境提升

詹圣泽

摘要：通过2012～2016最近5年学术界对"金砖国家"的研究分析，探索金砖会议与金砖国家的发展前景，展现厦门迎接金砖会议全民行动的精神风貌，有利于厦门更好地把握和运用2017金砖会议这一千载难逢的历史性契机，奋发作为，大力引导和推进厦门社会经济的不断发展，进一步扩大改革开放力度，巩固和发扬其丰硕成果，把厦门打造成更加"国际范"的大都市。

关键词：金砖会议；国际合作；全球治理；城市环境；"国际范"

"金砖四国"（BRIC）的概念由美国高盛公司首席经济师吉姆·奥尼尔（Jim O'Neill）于2001年首次提出[1,2]，由于该词引用了巴西（Brazil）、俄罗斯（Russia）、印度（India）和中国（China）这全球最大的4个新兴市场国家的英文首字母而被称为"金砖四国"。2010年南非（South Africa）加入后称为"金砖国家"（BRICS）。

一 近5年有关金砖国家文献研究综述

金砖国家合作机制自2006年创建10年来，经历时间虽不长，迄今也仅举行8次领导人会晤，但其在国际上的影响与日俱增，在学术界的研究与探索也此起彼伏、影响深远。通过选取2012～2016最近5年来学术界的研究成果进行分析，主要体现在以下几个方面。

①在金砖国家的起源、属性以及地位作用方面，进行了金砖国家合作的起源理论研究[1]、属性初探和地位作用分析[3]，金砖国家巴西会议决定了国际开发银行的建立，使得其实质性进展得到肯定[4]；②对金砖国家合作机制[5~7]、合作模式[2]进行了有效探索，"金砖国家"合作从

一个"侧重经济治理、务虚为主"的"对话论坛"（dialogueforum）向"政治经济治理并重、务虚和务实相结合"的"全方位协调机制"（full-fledged mechanism）转型，形成了一套全方位、多层次、宽领域的合作治理架构[6]。经推广、应用和发展现已扩展到政治、经济、金融、农业、卫生、贸易、文化、教育、科技、外交、环境、安全等领域；③在外汇[8]与资本[9]，投资与成效方面[10,11]，证明了金砖国家等新兴大国外汇储备波动具有协动性且日趋增强，证明汇率因素对于准确测度资本流动水平是不可忽略的重要解释变量。实证表明：中国的资本流动水平较高，提出渐进有序地推动我国金融市场开放与资本项目自由化改革的政策建议，尤其对中国在金砖国家中的地位和存在问题进行了探讨；④在"金砖五国"贸易中，虽存贸易战略冲突和利益诉求差别[12]，但通过金砖国家贸易关系持续时间研究[13]和比较分析其贸易细分行业竞争力与相似性[14]的研究发现，可实现利益协调，达成"共享式"增长[12,15]；⑤通过金砖五国竞争力评分和排序，提出中国服务业发展的政策建议[16~18]；⑥在金砖国家技术创新及影响等方面，通过构建指标体系且评测了金砖国家创新能力及其影响因素[19~20]，提出我国与未来金砖国家合作的建议。

二 2017 金砖厦门之选

厦门在9月3~5日[21]金砖会晤中成了中国的"会客厅"，向全世界展示"海上花园"的魅力和风采。厦门市连续荣膺世界魅力城市殊荣[22,23]；是国际性综合交通枢纽，体现了"一带一路"愿景的魅力；美国前总统尼克松赞美厦门为"东方夏威夷"；鼓浪屿拥有中国唯一的钢琴博物馆；厦门是中国十大热点旅游城市和接待国际邮轮最多的口岸之一；高崎机场是长三角与珠三角以及东南沿海之间最重要的国际航空枢纽；厦门港历史上就是中国东南沿海对外贸易的重要口岸，拥有众多国际国内航线。从20世纪90年代起就在厦门举办中国国际投资贸易洽谈会（简称"投洽会"），充分体现了中国改革开放以来各个发展阶段的成就。早在2011年"投洽会"上，金砖五国就首度集体亮相，2015年的"投洽会"上还主办了金砖国家投资专题论坛。

三 厦门迎接金砖会议全民行动

（一）政府主导，高度重视；广泛宣传，积极推动；全民行动，共迎盛会

早在 2016 年 11 月 16 日，厦门市委裴金佳书记在动员大会强调：必须举全市之力当好东道主，全力以赴做好各项筹备工作。

（二）研制厦门会晤市民文明公约，让厦门微笑着映入世人眼帘

通过广泛开展宣传和征集活动，评选出"厦门会晤市民文明公约"：笑迎金砖客，礼仪待嘉宾。做事守规矩，为人讲诚信。家园要洁净，你我是亲邻。携手展风采，同心铸文明。

（三）全力以赴做好东道主

2 月 24 日的厦门春寒料峭，然而在中华儿女美术馆，厦门大学新闻传播学院副教授陈经超策划的活动却暖意浓浓。印度、巴西、俄罗斯、南非的留学生代表与厦大师生代表以及思明区的青年代表、社区代表、妇女代表、机关干部代表、媒体代表等齐聚一堂，围绕金砖国家文化展开了一场别开生面的思想碰撞，洋溢出金砖五国青年的心声与期盼[24]。

（四）众多重大献礼工程耀眼夺目

厦门会晤恰逢中国投洽会之际，又是在中共十九大隆重召开前夕，厦门有众多重大耀眼夺目的献礼工程：地铁 1 号线试运行，6 号线全面开工，第二东通道建设[25]；厦门国际中心 339 米高楼的建成，刷新成为福建第一高楼；海峡明珠广场地上 50 层地下 5 层近 20 万平方米的海西地标性 5A 甲级写字楼竣工，拥有了妈祖手中"玉如意"的一线海景！

四 2017 金砖会议助推厦门"国际范"城市环境提升

（一）可进一步加大厦门乃至福建改革开放的力度与进程

厦门在我国的改革开放进程中，从我国首批经济特区，到全国台商投

资区、岛内外一体化、厦漳泉同城化建设,再到海西经济区核心城市、全国特大城市建设,再到现在的国家"一带一路"倡议的重要支点城市、"三纵五横"大通道重要节点城市和福建自贸区的主体城市,不断广聚能量获得增量优势、提升国际知名度。

(二)可大力推动城市基础设施建设,给厦门带来更多发展契机

发展契机最直观的就是经济社会效益等硬件实力的提升[26]。厦门近年来主打现代化国际性港口风景旅游城市发展道路,通过不断积极建立生态环境,发挥自然风光优势,经济发展势头好,海陆空建设一流,拥有国内外较高的美誉度。2016年,厦门荣膺"全国文明城市"四连冠。

(三)可挖掘厦门特色文化,大力促进厦门旅游业、文化业、会展业、海洋业等基础性、支柱性、特色性产业发展

金砖会晤使厦门环境变美了,街道干净了,生活舒适了,市民享受到了实实在在的金砖福利。同时,厦门市有南音、漆线雕等一大批国家级非物质文化遗产保护名录。通过挖掘、传承、创新,将地方本土性特色文化和国际性相结合,就像厦门国际马拉松一样,一跃成为全球知名的马拉松竞技交流大平台。

(四)可带来招商引资良好的营商环境机遇,推动社会经济更快更好向国际化发展

筹办厦门会晤的过程也是助推厦门招商、营商、投资等环境极大提升的过程,这必将促进厦门更有积极作为,更具国际化优势。同时,也将给A股市场中厦门及福建概念股带来一定的活力和利好。

(五)可提升城市综合实力,推动厦门打造"国际范"城市品牌

厦门是中国发展模式较有代表性的城市,其经济发展、城市建设、空气环境、会展设施及城市管理等都是首屈一指的优势。厦门大学被誉为"中国最美的校园"。厦门是中国"会展名城",国际会展和城市文明基础

好。金砖会晤有利于厦门进一步提高国际知名度，打造城市品牌，提升综合实力。

（六）可望极大有效地提升城市软实力，提升厦门的国际化服务水平

仅 2017 年首月，厦门对金砖国家贸易就实现了增七成的"开门红"势头[27]。通过厦门会晤，厦门将在两岸金融、东南国际航运、对台贸易、两岸新兴产业等方面发挥重要作用，可望极大有效地推进厦门越来越具有"国际范"。

参考文献

[1] 任琳、尹继武：《金砖国家合作的起源：一种理论解释》，《国际政治研究》2015 年第 5 期。

[2] 张根海、王乐：《"金砖五国"合作模式：历程、结构与展望》，《学术论坛》2014 年第 3 期。

[3] 蔡春林、刘畅、黄学军：《金砖国家在世界经济中的地位和作用》，《经济社会体制比较》2013 年第 1 期。

[4] 彼得·哈基姆：《金砖五国取得实质性进展》，《中国经济报告》2014 年第 8 期。

[5] 马莉莉：《金砖国家合作机制发展基础与选择》，《国际问题研究》2012 年第 6 期。

[6] 朱杰进：《金砖国家合作机制的转型》，《国际观察》2014 年第 3 期。

[7] 李稻葵、徐翔：《全球治理视野的金砖国家合作机制》，《中国与全球化》2015 年第 10 期。

[8] 汤凌霄、欧阳峣、皮飞兵：《金砖国家外汇储备波动的协动性及其影响因素》，《经济研究》2014 年第 1 期。

[9] 卞学宇、范爱军：《金砖国家国际资本流动性度量及比较研究》，《南开经济研究》2014 年第 5 期。

[10] 陈建勋、罗妍：《金砖国家对外直接投资绩效评价与多维比较》，《亚太经济》2015 年第 3 期。

[11] 吴笛：《金砖国家经济自由化对溢出效应的影响分析》，《内蒙古大学学报》（哲学社会科学版）2016 年第 5 期。

[12] 蔡春林、刘畅：《金砖国家发展自由贸易区的战略冲突与利益协调》，《国际经贸探索》2013 年第 2 期。

[13] 谭晶荣、童晓乐：《中国与金砖国家贸易关系持续时间研究》，《国际贸易问题》

2014 年第 4 期。

[14] 蒲红霞、马霞:《增加值贸易下金砖国家服务贸易竞争力比较分析》,《亚太经济》2015 年第 1 期。

[15] 欧阳峣、张亚斌、易先忠:《中国与金砖国家外贸的"共享式"增长》,《中国社会科学》2012 年第 10 期。

[16] 袁志刚、饶璨:《全球化与中国生产服务业发展——基于全球投入产出模型的研究》,《管理世界》2014 年第 3 期。

[17] 张少杰、林红:《"金砖五国"服务业国际竞争力评价与比较研究》,《中国软科学》2016 年第 1 期。

[18] 施锦芳、闫飞虎:《金砖五国承接离岸服务外包竞争力及影响因素分析》,《宏观经济研究》2016 年第 3 期。

[19] 李凡、李娜:《金砖国家技术创新影响因素差异及对中国的启示》,《中央财经大学学报》2015 年第 7 期。

[20] 赫国胜、柳如眉:《金砖五国人口老龄化、公共养老金支出及其改革策略分析》,《经济体制改革》2016 年第 5 期。

[21]《2017 厦门金砖峰会时间确定将于 9 月 3 日至 5 日举行》,新浪厦门网,http://mn.sina.com.cn/news/m/2017-02-24/detail-ifya-vvsk2954982.shtm,最后访问日期:2017 年 2 月 24 日。

[22]《美丽的厦门入选世界特色魅力城市》,新浪网,http://news.sina.com.cn/c/2010-01-05/001716877894s.shtml,最后访问日期:2010 年 1 月 5 日。

[23]《福州厦门泉州入选世界魅力城市 200 强》,《福建日报》2017 年 2 月 9 日。

[24]《2017 年金砖国家领导人会晤主题和合作重点公布》,新华网,http://www.toutiao.com/i6385130898441896450/?tt_from=mobile_qq&utm_campaign=client_share&app=news_article&utm_source=qzone&iid=7855622043&utm_medium=toutiao_android,最后访问日期:2017 年 2 月 9 日。

[25]《厦门地铁 6 号线一期 9 月开工 2021 年 10 月建成通车》,新浪厦门网,http://mn.sina.com.cn/news/b/2017-02-15/detail-ify-amkzq1322334.shtml,最后访问日期:2017 年 2 月 5 日。

[26]《新华社播发通讯点赞厦门发展美丽厦门打开"金砖时间"》,人民网,http://fj.people.com.cn/n2/2017/0126/c234949-29647994.html,最后访问日期:2017 年 1 月 26 日。

[27]《厦门对金砖国家贸易"开门红"首月增七成》,中国新闻网,http://mn.sina.com.cn/news/s/2017-02-20/detail-ifyarrcc8116438.shtml,最后访问日期:2017 年 2 月 20 日。

福建省先进制造产业人才需求预测报告

唐志伟　郑世燚　蔡建立　陈清泉　侯红科　聂素丽　李立娟

为了贯彻落实《国务院关于加快发展现代职业教育的决定》（国发〔2014〕19号）和《教育部等六部门关于印发〈现代职业教育体系建设规划（2014~2020年）〉的通知》（教发〔2014〕6号），经研究，决定开展福建省部分行业人力资源需求预测工作。进行了调研课题的申报工作，经专家对申报方案进行审查评定决定委托厦门南洋职业学院和福建省机械工业联合会，厦门市自动化学会开展先进制造业的人力资源需求预测工作。落实福建省教育厅，闽教办职成〔2015〕30号文件。根据《福建省人民政府关于产业龙头促进计划实施方案》，结合福建省重点产业发展和民生领域急需人才培养现状，对先进制造业的重点领域2016~2020年的人力资源需求进行预测。需求层次为中等职业学校、高等职业院校、应用型本科高校培养的技术技能型人才。建立福建省行业人力资源需求预测制度，健全专业随产业发展动态调整的机制，把人才需求预测与毕业生就业状况作为专业结构调整的主要依据，提高专业设置的前瞻性和针对性。对紧贴产业发展、好就业的专业，加强建设，扩大办学规模；对人才饱和、就业率低的专业，进行撤并或停办。

一　先进制造业含义

先进制造业是相对于传统制造业而言，指制造业不断吸收电子信息、计算机、机械、材料以及现代管理技术等方面的高新技术成果，并将这些先进制造技术综合应用于制造业产品的研发设计、生产制造、在线检测、营销服务和管理的全过程，实现优质、高效、低耗、清洁、灵活生产，即实现信息化、自动化、智能化、柔性化、生态化生产，取得很好经济收益和市场效果的制造业总称。而构成先进制造业的三大方面即为产业先进性、技术先进性、管理先进性。

二 福建省先进制造业情况

工业是国民经济的重要支撑，先进制造业是福建省工业的重要组成部分。2010年全省工业增加值为6242亿元，2006~2010年年均增长16.2%，增速比"十五"时期提高2.4个百分点，较同期全省GDP增速高1.8个百分点。工业增加值率达27.7%，占全省GDP比重达43.5%（比2005年提高0.2个百分点），规模以上工业企业直接从业人员383万人，比2005年增长35.1%；实现税收688亿元，比2005年增长148.4%。工业累计投资9927亿元，是"十五"时期的3.5倍。全省工业经济效益综合指数219.95点，比2005年提高65个百分点。依托现有经济技术开发区、高新技术园区、台商投资区等产业集中区，以沿海综合交通网络为主轴，突出点线结合，强化梯度集聚，形成轴带相间、区块集聚、相对集中的发展格局，加快推进环三都澳、闽江口、平潭综合实验区、湄洲湾、泉州湾、厦门湾、古雷—南太武新区、武夷新区、三明生态工贸区和龙岩产业集中区等十大重点区域产业集聚，突出区域产业发展优势、发展重点和发展特色，形成支撑海峡西岸先进制造业发展的重要基地和实现跨越发展的新增长点。

（一）福建省2016~2020年先进制造业发展目标

经过5年到10年努力，产业规模不断壮大，制造业整体素质大幅提升，创新能力显著增强，全员劳动生产率明显提高，两化融合迈上新台阶，重点行业单位工业增加值能耗、物耗和污染物排放达到全国乃至国际先进水平。到2020年，基本实现工业化，向制造大省迈进。

采用SPSS软件20.0进行分析，以制造业产值（万元）为因变量，年份为自变量，做一元线性回归分析（见表1）。

表1 一元线性回归分析

变量	非标准化系数 B	标准误差	标准系数	t	P
（常量）	-68307135744	4709829313		-14.503	0.000
年份	34088367.66	2342614.402	0.986	14.551	0.000

$R = 0.986$，$R^2 = 0.972$，Adjust $R^2 = 0.968$，$F = 211.744$，$P = 0.000$

两者的相关系数为0.986，决定系数为0.972，调整决定系数为0.968，R^2表示用自变量可以解释因变量变异的程度，表1中可以看出，模型的整体性检验即方差分析$F = 211.744$，$P = 0.000 < 0.05$，因此回归模型具有统计学意义；单个自变量的t检验的结果显示年份（$P = 0.000 < 0.05$）对制造业产值（万元）有影响，一元线性模型的表达式：

制造业数量（万元）= -68307135744 + 34088367.66 × 年份

从模型表达式可以看出，随着年份的增加，制造业产值（万元）也随之增加，且年份每增加一个单位，制造业产值（万元）增加34088367.66个单位。对2016~2020年福建省先进制造业产值的预测见表2。

表2　2016~2020年福建省先进制造业产值预测

年份	2015	2016	2017	2018	2019	2020
产值（万元）	380925080.1	415013447.7	449101815.4	483190183	517278550.7	551366918.3
年增量		34088367.6	34088367.7	34088367.6	34088367.7	34088367.6

数据来源：《福建省统计年鉴》，采用SPSS软件20.0进行分析。

（二）2016~2020年全省制造业预测需求

以从业人员数量为因变量，年份为自变量，做一元线性回归分析（见表3）。

表3　一元线性回归分析

变量	非标准化系数 B	标准误差	标准系数	t	P
（常量）	-30756.05	6772		-4.541	0.002
年份	15.46	3	0.851	4.586	0.002

数据来源：作者根据相关资料分析。

$R = 0.851$，$R^2 = 0.724$，Adjust $R^2 = 0.690$，$F = 21.035$，$P = 0.002$

两者的相关系数为0.851，决定系数为0.724，调整决定系数为0.690，R^2表示用自变量可以解释因变量变异的程度，表2中可以看出，模型的整体性检验即方差分析$F = 21.035$，$P = 0.002 < 0.05$，因此回归模型具有统计学意义；单个自变量的t检验的结果显示年份（$P = 0.002 < 0.05$）对从

业人员数量有影响,一元线性模型的表达式:

从业人员的数量 = -30756.05 + 15.46 × 年份

从模型表达式可以看出,随着年份的增加,从业人员的数量也随之增加,且年份每增加一个单位,从业人员的数量增加15.46个单位。

2016~2020年福建省先进制造业人才需求预测见表4。

表4 2016~2020年福建省先进制造业人才需求增长量预测

年份	2015	2016	2017	2018	2019	2020
人数（万人）	389.57	405.03	420.49	435.95	451.40	466.86
年增量（万人）		15.46	15.46	15.46	15.46	15.46

数据来源:作者根据相关资料整理。

数据来源于200家调研企业,采用比例分析法分析,比例分析法是根据某种可变指标与所需人数之间的比例关系进行预测的方法。比例的大小通常来源于本组织的历史数据或本行业的经验数据以及国家颁布的行业标准。采用比例分析法进行分析的结果见表5。

表5 采用比例分析法预测结果

重点产业	2015年总产值（亿元）	2015年重点调查企业的产值（亿元）	调查企业产值占省行业产值的比重（%）	2016年预测全省需求人数（人）	2017年预测全省需求人数（人）	2018年预测全省需求人数（人）	2019年预测全省需求人数（人）	2020年预测全省需求人数（人）
机械装备制造业	4329.58	127.81	2.95	80352	82689	84146	86144	88245
电子信息制造业	3297.55	1282.02	38.88	11675	11606	11546	11562	11564
石化制造业	2839.77	10.00	0.35	2840	2840	2840	2840	2840
船舶制造业	401.22	132.00	32.90	578	578	578	578	578
冶金制造业	3167.30	100.00	3.16	3896	3896	3896	3896	3896
纺织制造业	6832.52	209.76	3.07	29283	29185	29446	30163	30554
轻工制造业	7442.42	788.45	10.59	19964	16802	16802	16896	17085
建材制造业	1194.11	181.10	15.17	5295	5163	5163	5295	5097
合计	29504.47	2831.14	9.60	153883	152759	154417	157374	159859

数据来源:作者根据相关资料整理。

2016~2020年福建省中职、高职、本科毕业生三个层次预计总就业人数见表6。

表6 2016~2020年福建省中职、高职、本科毕业生就业预计

层次	2016年预测就业人数（人）	2017年预测就业人数（人）	2018年预测就业人数（人）	2019年预测就业人数（人）	2020年预测就业人数（人）	2016~2020年总量（人）
中专预计	27105	29143	31181	34190	37162	158781
高职预计	4557	4753	5280	6410	6651	27651
本科预计	10805	10126	11302	10273	7453	49959
总计	42467	44022	47763	50873	51266	

数据来源：作者根据相关资料整理。

2016~2020年福建省先进制造业企业人才需求与就业人数预测见表7。

表7 2016~2020年福建省先进制造业企业人才需求与就业人数预测

层次	2016年预测就业人数（人）	2017年预测就业人数（人）	2018年预测就业人数（人）	2019年预测就业人数（人）	2020年预测就业人数（人）	2016~2020总量（人）
中专预计	27105	29143	31181	34190	37162	158781
高职预计	4557	4753	5280	6410	6651	27651
本科预计	10805	10126	11302	10273	7453	49959
总计	42467	44022	47763	50873	51266	
每年增量	154600	154600	154600	154600	154600	
每年差额（缺额）	-112133	-110578	-106838	-103726	-103335	-536611

数据来源：作者根据相关资料整理。

福建省制造业人才培养存在高技能人才队伍薄弱，人才结构亟须优化的问题。完整的工业体系与人才资源储备优势为福建高技能人才的开发奠定了良好的基础，目前，福建技能劳动者总量达到300万人，其中已取得执业资格证书人员的占比为46.8%。技能人才已经达到一定规模，但是人才结构还不能与产业结构变动相适应。外来技能人才流动性大，来源逐渐萎缩。调查显示，福建制造业技能人才中本地与外地来源各占一半，而高技能人才本地来源占比则超过68%。城市基础设施等各类生活配套设施还

不够完善、工资待遇不高等问题导致外来高技能人才流失率高。同时，随着京津冀产业转移与产业结构调整，各地对高技能人才的需求加大，外来务工人员选择渠道更多，流动性更大。

三 措施与建议

（一）注重先进制造业复合型人才的开发和培养

由于复合型人才的特点，福建省先进制造业所需的复合型人才需要在行业内部成长中培养。首先，福建省政府根据福建省制造业的规划和人才需求，引导福建省高校相应学科和专业的发展。具体可支持某高校学科、专业为福建省重点学科，给予资金、政策上的支持；设立专项，为专项注入资金和进行扶持，以培养福建省先进制造业建设所需的复合型人才。其次，福建省政府可以牵引福建高校与省内龙头、新型制造企业的合作，使得福建省高校与制造业在实践上进行合作，在实践中培养福建省先进制造业所需的复合型人才。再次，加大职业教育和培训力度。关注福建省先进制造业业内所需的专业知识和技能，以资金和政策支持的形式，支持制造业企业展开有针对性的职业培训来培养福建省先进制造业所需的复合型人才，因为只有企业本身才是最了解企业实际所需的。对于福建省先进制造业所需的拥有高技能的复合型人才，可以通过职业教育来培养。可学习新加坡政府人才资源整合的经验，新加坡的职业教育方案一般是由国家机构根据需求意向直接向学校提出，然后由学校组织人员到企业进行对口调研，确定人员需要具备的能力或专项技能及其层次，论证之后提出教学和设备投入计划，经政府同意后，学校才开始招生教学。

（二）加大对于建设福建省先进制造业所需人才的引进和培养

构建福建省先进制造业人才支撑体系需要加大对于建设福建省先进制造业所需人才的引进。对于建设福建省先进制造业所需但欠缺的人才采用引进政策，如企业经营管理人才、专业技术人才、高级技能人才。人才引进虽然可以解行业人才需求燃眉之急，但是单靠引进不是长久之计。经济社会的发展告诉我们，人才队伍的建设不能单单靠引进，这样会造成经济区区域内人才发展的障碍和增加区域人才就业压力、影响区域人才配置、从而会增加区域人才的外流。人才支撑体系强调的是多元性和动态性，福建省先进制造业人才支撑体系需要树立人才培养、人才引进并重的理念，使得人才培养、人才引进协调发展。这就需要人才开发、人才引进并举，在人才引进同时，需要通过加大人才培养力度，如增加职业技能培训，加大科研投入的力度。同时，注重充分利用引进，或是经济区内的高层次人才，特别是专科或是行业领军人才。利用领军人才的知识技术，培养一批先进制造业的优秀人才。

（三）实施职工技能素质建设工程

福建省制造业人力资源虽然总量较多，但整体素质和技能较低，对人力资源需求量又大，这是福建省先进制造业基地建设的瓶颈之一。必须大力实施职工技能素质建设工程，开展职业技能培训和技能竞赛。要建立和完善企业职工培训制度，企业要把职业教育和培训纳入企业发展规划，制订技能型人才培养目标和计划；结合实际制定高级技能培训政府补贴政策，对参加制造业紧缺急需的在岗技术工人，按照政府、企业和个人共同负担的原则，由各级政府制定相应的经费补助办法；开展订单式、定向式、个性化等各类培训，完善就业准入制度，执行"先培训、后就业"和"先培训、后上岗"的规定；鼓励行业组织、企业举办职业学校，鼓励委托职业院校或培训机构对职工进行职业培训，开展岗位练兵、技术比武和职业技能竞赛等活动，选树"金牌工人""首席技师""首席员工"等；加大对优秀技能型人才宣传力度，每年表彰和奖励一批优秀技工，形成群众性学技能的良好氛围；进一步完善"技术培训、岗位练兵、考核鉴定、使用待遇"四位一体的职工技能升级机制。

厦门"五大发展"示范市建设的实践经验、面临困境与对策建议

中共厦门市委党校　岳世平

本研究主要采用聚类分析的方法，逐条梳理出了厦门"五大发展"示范市建设的实践经验、面临困境，并逐条提出了对策建议。

一　厦门"五大发展"示范市建设的实践经验

厦门市深入贯彻落实习近平总书记系列重要讲话精神和治国理政新理念新思想新战略，紧紧围绕"五位一体"总体布局和"四个全面"战略布局，扎实推进创新、协调、绿色、开放、共享"五大发展"示范市建设，取得了丰硕成果，也获得了一些宝贵经验。具体总结如下。

一是坚持以创新驱动为强动力，大力推进厦门经济特区产业转型与升级。近年来，厦门市通过科技创新拓展产业链，培育新的经济增长点和增长动能，从岛内转移出去的第二产业在转移的同时实现了升级换代，形成了生物医药等一批新兴产业。

二是坚持以增强城市承载力为把手，大力推进厦门经济特区的协调发展。近两年来，厦门以跨岛发展战略为核心，拉开城市框架，推进产城融合，集美新城、海沧新城初步形成集聚态势，环东海域东部新城、翔安南部新城、马銮湾新城建设取得重要进展，拓展形成了"一岛一带多中心"的空间格局。

三是坚持以生态先行为着眼点，大力推进厦门经济特区的绿色转型。党的十八大以来，厦门市深入贯彻习近平总书记"建设海湾型生态城市""成为'生态市'建设排头兵"等重要指示，落实绿色发展理念，走内涵式、集约化城市发展道路，推动生产生活的绿色转型，努力实现经济发展与环境保护双赢的目标。

四是坚持以打造国际范为目标，大力推进厦门经济特区的开放发展。谋大局、开新篇，从经济特区到"特区+自贸试验区"，今天的厦门已进入与世界深度互动阶段。

五是坚持以增进民生福祉为中心，大力推进厦门经济特区的共享发展。未来五年，厦门将全面融入国家"一带一路"建设，提升与沿线国家、地区各领域的务实合作水平。针对老百姓的各种宜居需求，在持续提升民生保障水平，提高医疗、住房、养老等社会保障能力上，厦门切实发挥了社会政策的托底功能，让发展成果真正惠及群众。

二 进一步推进厦门"五大发展"示范市建设的对策建议

由于发展历史、人们的观念以及某些体制机制不完善等的障碍，厦门经济特区"五大发展"示范市建设在创新发展、协调发展、绝色发展、开放发展及共享发展方面仍面临一些挑战，尚需进一步创新和完善，其具体对策建议如下。

（一）以进一步推进厦门创新发展为动力，培育厦门发展的燃点

1. 找准改革突破口和选好试验点，实施创新改革深化工程

一是找准创新改革突破口。提出一批具体化、可操作性强的先行先试政策点。二是选好创新改革试点区。三是利用创新改革新红利。

2. 以实施创新平台建设工程为依托，推行三地科创大走廊建设

一是重大平台主引领。按照"多园多点"的空间布局，建立厦漳泉三地科创大走廊。二是孵化平台重运营。三是产业平台抓服务。推进高、精、尖特色区。

3. 以实施创新主体工程为把手，培育一批新型创新企业和机构

一是培育科技型中小微企业。二是发展高新技术企业。设立高新技术企业培育库。三是培育企业研发机构。

4. 以实施重大科技攻关工程为主导，抢占科技创新技术制高点

一是加强源头创新布局。二是抢占关键技术制高点。三是补齐科技成果产业化短板。探索建立产业技术转移服务中心，建立实施创新券管理，推动创新券使用。

5. 以实施创新生态优化工程为核心,打造一批科技创新团队

一是优化人才科技服务。新培育认定一批市领军型创新创业团队。二是深化科技金融结合。建设"厦门海内外协同创新中心"。启动"跨境创新加速器"。三是强化知识产权创造、运用、保护。

(二)以进一步推进厦门协调发展为把手,优化厦门发展的结构

1. 有序推进人口跨岛流动,切实协调岛内外人口分布格局

要贯彻厦门全域一盘棋的思想,进一步优化岛内外协调发展的空间布局。构筑生产空间集约高效、生活空间宜居适度、生态空间山清水秀的格局。

2. "放水养鱼",强化财经要素保障,深入推进岛外新城建设

一是加大财政扶持力度。二是大力强化资金保障。三是灵活调增土地指标。建立新城建设用地计划单列制度。

3. 建立向岛外倾斜的财政分配体制,保障岛外公共投入建设

一是建立财政支农投入总量和比重逐年增加机制;二是增加财政投入,实现同城同待遇;三是完善激励机制,建立特殊岗位津贴,吸引人才到岛外工作。

4. 积极推动岛外四区的经济发展,培育岛外居民收入新增长点

一是要培育发展岛外特别是岛外农村新型业态,拓宽农民收入来源。二是要培育发展农业产业化,提高农业效益水平。

5. 实施"强镇富村"计划,促进岛外集体经济的发展

一是发展多种形式、发展村级集体经济,保障农村社区公共产品供给。二是进一步完善帮扶结对机制,做好新一轮机关企事业单位联区结村工作。

6. 完善区、市协作机制,促进区市"协同发展"

一是提升协作的组织层级,提升市区街(镇)村与协作资源的配置效率。二是岛外四区尝试引进城区资金投资建设企业性质的开发园区或产业园区。

(三)以进一步推进绿色发展为载体,完善厦门发展的质量

一是塑造紧凑的城市形态,打造集约绿色型的城市空间模式;二是发

展以公交为导向的道路体系，打造节约绿色型的交通模式；三是营造和睦的城市社区，培育居民健康绿色发展的理念；四是保护自然资源和文化遗产，不断增加多样性的自然绿带；五是大力提高能源利用效率，不断提高减少能耗的绿色发展比重；六是坚持治理污染和废弃物，不断改善城市绿色发展的环境质量；七是不断优化产业转换和规划布局，逐步建立绿色发展产业结构；八是实行城市发展空间管制，不断完善城市绿色发展的功能区划；九是大力引领公众参与，不断培养公民绿色发展的责任意识。

（四）以进一步推进开放发展为着眼点，拓展厦门发展的格局

1. 全力打造"一带一路"和"海丝"的重要接点

一是新时代构建全面开放新格局，首要任务是实施打造"一带一路"枢纽行动计划。二是推进海联运服务中心和大通道建设。三是打造"引进来"和"走出去"相结合的更多特色亮点。

2. 全力优化市域开放发展的新布局

一是构建全面开放新格局，开放空间布局必须进一步拓展和优化。二是支持厦门建设独具韵味、别样精彩的世界级温馨名城。三是深化厦漳泉一体化合作。

3. 全力发展更高水平的国际贸易和投资

一是重点盯引"旗舰型"企业、"领头羊""隐形冠军"、高科技"独角兽"。二是实施市长项目工程。"跳出厦门发展厦门"，打造高水平对外投资策源地。

4. 全力打造建设新时代高能级开放平台

一要构建中小微企业"买全球、卖全球"的公共服务平台。二要腾笼换鸟，做大分母，做大产业集聚区平台。三要开放各类开发平台，到全国同类中比拼。

5. 全力推进国际人文交流合作，不断扩大"朋友圈"

实施典范友城创建工程，扩大"朋友圈"。鼓励各类群团组织和民间组织加强对外交流，深化与世界各地闽籍侨领、侨商、侨团、侨企的联系。

6. 全力加强营商环境建设，打造一流的国际营商环境

一是推进"最多跑一次"的服务改革，提升营商环境。二是对标国际

最佳实践，聚焦企业办事的痛点堵点难点，持续深化制度创新和技术变革。三是实行准入前国民待遇+负面清单管理制度，让外资"准入之门"更加便利。

7. 全力培育高素质国际化人才队伍

一是建立健全引才用才制度。树立"人才为王"观念，打造人才生态最优市。二是坚持培育国际化人才和引进外国人才两手抓。引得进，放得开、用得好。

（五）以进一步推进共享发展为落脚点，聚焦厦门发展的方向

1. 以科学创新为理念，为共享发展引领方向

一是党员干部特别是主要领导干部即是加快发展的引领者。二是创新思想观念，紧扣创新"牛鼻子"，赢得发展先机，立足共享"坐标点"。三是领导干部要树立正确的政绩观和大力推动大众创新。

2. 以路径创新为依托，为共享发展增添动力

一是增添创新发展绿色动力。二是强化"发展好经济是政绩，保护好环境也是政绩"的导向认识。三是增添共享发展生态福祉。坚持生态立市，努力建设生态文明先行示范市，打造美丽中国的"厦门样板"，增加人人共享的生态福祉。

3. 以模式创新为动能，为共享发展插上翅膀

一是培育创新发展新动能。二是争创工业发展新优势。三是转变农业发展新模式。四是探索城市建管新途径。打造"干净、漂亮、有序、和谐"的城市家园。

4. 以体制创新为载体，为共享发展提供保障

一是完善管理领域体制机制。二是完善经济领域体制机制。推进扩权强市试点，人事、行政、财政"三权"有序下放。三是完善社会领域体制机制。深化教育、医疗、卫生、文化和生态文明等，织牢织密共享发展的安全网。

厦门提升城市综合承载功能研究

课题组*

2018年，厦门市深入贯彻落实习近平总书记对福建、厦门工作的重要指示精神，按照省委决策部署要求，进一步明确了坚持高质量发展落实赶超，努力建设高素质高颜值现代化国际化城市的战略发展目标，这一战略目标对下一阶段城市承载力水平提出了更高要求。在厦门市社会经济转型期，及时开展"厦门提升城市综合承载功能研究"显得尤为必要和紧迫。

本课题以创新、协调、绿色、开放、共享的发展理念为根本出发点，遴选城市自然资源、经济产业、基础设施、公共服务、环境、空间布局和治理能力等七个子系统作为城市综合承载力评价的重要构件，对标深圳、新加坡等先进城市，提出提升厦门城市综合承载功能的对策建议。

一 尊重城市承载力规律，落实赶超目标实现高质量发展

统筹推进城市高质量发展，要认识、尊重和顺应城市发展规律。厦门城市发展经历了从岛内到岛内外一体化发展道路；城市扩容使得城市承载力子系统，如产业布局、基础设施建设、资源开发和环境保护工作都须因应调整。

1. 在功能维度上，城市综合承载力是由多个子系统和其众多要素共同构成的有机结合体。不同子系统相互作用、相互影响。一般来说，城市资源承载力、基础设施承载力、道路交通承载力、环境承载力是城市生存和发展的基础，基础承载力的大小和能力强弱直接影响经济、社会服务、城市治理和空间布局及其结合系统的功能发挥；反过来，后者承载力的强弱又影响基础承载力功能的发挥，对其起反馈作用。各个子系统特殊的技术

---

* 课题组成员：周茜、徐国冲、朱林彬、王雪辉。

经济性质和行政管理体制划分，一定程度上导致厦门市综合承载功能系统效用考察的困难，进而影响城市公共基础设施系统供给水平的整体提升。

2. 在空间格局上，城市是一个开放系统，时刻在与外界进行资源交换和要素流动。厦门市作为闽西南协同发展区的牵头城市，作为国际性综合交通枢纽，"一带一路"陆海枢纽城市，国际航运中心，要努力建设高素质高颜值现代化国际化城市，为全国全省发展大局做出新的更大贡献。这就决定厦门市今后要走区域协同发展道路，具备国际性视野和发展格局，因此在思考提升城市综合承载功能对策时不能囿于城市内部资源和体系来讨论，还应兼顾厦门在国家和区域发展格局中的战略地位和区域性共享资源，以弥补自身短板，增强整体实力。

二 聚焦短板提升城市承载功能，落实高质量发展赶超目标

1. 构建现代化经济体系，建设高素质创新创业之城

（1）着力做强实体经济，深化供给侧结构性改革

第一，大力实施建链、强链、补链工程，鼓励龙头骨干企业通过合资合作、产权流转和股权置换等方式实施产业链、价值链并购重组，进一步提升企业纵向延伸、横向联合水平，切实提高产业集中度和竞争力。通过重塑制造业价值链，引导制造企业利润中心向"微笑曲线"的前后两端延伸，有效增强产业竞争力，使实体经济价值回归。

第二，强化金融服务业等服务实体经济的能力。密切关注、积极应对中美经贸摩擦，对受影响较大的重点企业、重点行业，进行"一对一"、定制化跟踪服务，加大对企业多元化开拓市场、降低融资成本、提高知识产权保护能力等的指导帮扶和政策引导力度。

（2）着力优化产业空间布局，提升产业园区建设水平

在"两高""两化"的要求下，厦门市要对产业园区进一步整合优化，为实现厦门作为国家重要的创新中心的战略目标，做好空间保障。产业园区应该不断创新发展方式，进行跨产业跨平台甚至是跨区域跨园区融合发展，逐步形成产业带、产业功能组团，推进产城融合。在交通服务方面，产业新城要进一步加强与中心城区交通基础设施的衔接。在生活服务方面，管理者要按照产业新城的市场需求规模和居民点分布，合理规划和设计社区商业中心的数量和等级体系。可参考新加坡商业中

心及天津经济技术开发区商业规划经验，构建"区级—片区级—社区级"三级商业体系。

（3）着力培育创新动能，优化企业创新创业生态

一方面，强化企业创新主体地位，引导企业增强自主创新能力，支持企业建设企业技术中心、工程（技术）研究中心、重点实验室、博士后工作站、院士工作站等创新平台。运用财政补助机制激励引导企业普遍建立研发准备金制度，引进大院大所提升创新能力；同时还要促进人才聚集，建立覆盖面广、普惠性强的人才政策体系，为企业打造良好的人才落地环境。

另一方面，加快国家自主创新示范区建设，强化"双自联动"，推动产业、创新、资金、政策四链融合，不断完善政策激励、协同创新、公共服务等体系。加快建设科技成果产业化转化对接机制，不断完善技术转移和知识产权保护服务体系。

2. 完善基础设施，建设高颜值生态花园之城

在人口和经济发展的压力下，城市发展呈现旧城更新改造和迅速郊区化的双重态势，也面临城市布局结构和形态优化调整的机遇。在此契机下，厦门应通过全域化的城市设计综合布局实现城市更新。

（1）推进城市设计工作，落实城市更新目标

参考新加坡城市更新经验，城市更新的目的是通过对城市中衰落的区域进行拆迁、改造、投资和建设等手段，以全新的城市功能替换功能性衰败的物质空间，使之重新发展和繁荣。城市设计则是把城市更新内容落实到规划管理中的重要方式，是城市形态与规划管控的桥梁。宏观上，可结合各个区域的空间形态、历史文化、资源禀赋等特征，合理设计具有差异化的城市更新方案，并与城市规划适配衔接；微观上，可采取小范围、轻量化、渐进式的思路，对城市公共空间进行精细化控制，提升公共空间的综合效能。

（2）发挥公共交通在城市更新中的重塑功能与推动作用

优化设置城市轨道与常规公交的换乘节点，打通城市公交微循环，提高智慧化管理水平。以公共交通枢纽设施为载体，统筹整合地上地下空间，打造多网融合的枢纽片区单元，促进和引导交通枢纽与周边用地空间协调发展，加强与全市保障性住房项目、产业集聚区项目等建设进度的协同。

(3) 坚持绿色发展理念，加强生态环境保护

在园林绿化建设方面，要从强调"硬件"到注重"软件"的转变，按照联合国持续发展目标议案，鼓励选用自然解决方案。自然解决方案要求公园建设和绿化管理由传统的注重设施配套、活动空间等"硬件"设施向关注鸟语花香、蛙叫蝉鸣的"软件"环境转变，强调师法自然的绿色生态基底营造。

在水生态治理方面，坚持分流优先，纳管严控。推动工业污水与生活污水分流、雨污分流。在完善市政排水管网、健全小区排水管网、规范排水户源头排放等方面，将污水收集管网建设、雨污分流体系完善与城市开发、旧城改造等统筹考虑，新建城区和城市更新区严格实行雨污分流，推动城中村和旧城中心区的雨污分流改造，对存在问题的市政污水管网实施改造完善。

在大气治理方面，加强移动源污染防治。一是加强对高排放车辆的监管。全面淘汰"黑烟车"、黄标车，划定高排放非道路移动机械禁止使用区域。二是推广新能源汽车。充电设施是新能源汽车产业发展的关键，但目前厦门市配套设施充电桩建设不足。应按照"合理布局、适度超前"原则积极推动充电设施建设，加强配套电网建设与改造，确保电力供应需求。

3. 改善公共服务供给，建设现代化宜居城市

面对厦门市公共服务领域（教育、医疗、养老）的人才缺口，需要从职业教育等布局来保障人才供给。从完善中职教育、继续教育入手，建立有针对性的专业教育，并配以相应行业的有效就业，形成人才培育和就业的完整链条。

面对社会力量参与不足的问题，可通过财政政策因势利导。针对目前需要政府大力支持的领域，如民办教育、居家养老项目等，尽快出台相应的扶持政策，通过补贴等方式提供足够的财政支持。积极创造条件，引导社会资本进入基础设施、乡村振兴、医疗、养老、教育、旅游等产业和投资领域，培育产业新增长点。

4. 发挥辐射带动作用，推动区域综合协同发展

（1）以城市群为主体形态，加快与周边城市区域资源规划、产业规划和空间规划的对接。厦门要确立以跨岛发展为基础，厦漳泉大都市区为核

心,闽西南协同发展区为重点,辐射海西周边省份,对接台港澳侨资源,连接海丝陆丝沿线国家和地区的发展格局。积极探索与漳州泉州等地区产业园区开展合作共建,打造海峡西岸产业转移首选区、优质转移产业集聚区。同时支持跨国公司、贸易公司建立和发展全球或区域贸易网络,支持电商发展,打造区域性贸易网络,破除土地桎梏,互联世界。

(2) 发挥产业聚集和虹吸效应,搭建异地共建产业平台

可放大厦门在自贸试验区、自主创新示范区、对台综合配套改革、营商环境建设等方面的溢出效应,推动先行先试举措在协作区率先推广应用,推动经济要素在区域内合理高效流动,逐步形成横向错位发展、纵向分工协作的现代化经济体系,实现互利共赢、共同提升。具体来说,可借鉴深圳与汕头设立的深汕合作区的"飞地经济"模式,与周边地区合作,搭建异地共建产业平台。通过订立合作期限,完善产业合作保障机制和利益共享机制,飞出地引导经济管理和建设、飞入地负责拆迁和社会事务,从财政和货币政策着手,输出先进管理理念和复制推广改革经验,实现资源嫁接,提升"飞入地"与"飞出地"的一体化协同。

厦门传感器产业调研报告

厦门市老科学技术工作者协会机电专委会调研组[*]

前　言

传感器是能将外界的物理、化学、生物非电量转换成电输出量的装置。

2017年12月7日，由厦门市老科学技术工作者协会与厦门市科协联合主办的2017年科协年会暨"传感器与智能制造"论坛顺利召开，取得良好效果。为进一步摸清厦门市传感器产业现状、存在问题及今后发展方向，2018年初老科协组织调研组，对厦门市传感器产业开展进一步调研，以期寻找促进传感器产业发展的重要因素，为相关部门制定产业政策建言献策。

一　发展传感器产业是国家安防和经济战略的重要组成部分

工业和信息化部制定《智能传感器产业三年行动指南（2017～2019年）》指出：智能传感器作为与外界环境交互的重要手段和感知信息的主要来源，已成为决定未来信息技术产业发展的核心与基础之一。

计算机、数据库、传感器是人工智能的三个重要组成部分，没有传感器对周边信息的采集，对指令执行情况的反馈，人工智能就是盲人骑瞎马。

目前全球传感器有26000多种，主流传感技术仍掌握在国外企业手中，高端传感器仍被国外垄断。我国高端传感器约60%、传感器芯片约80%、MEMS（微电子机械系统）芯片90%以上依赖国外进口。

---

[*] 调研组成员：李元密、洪荻生、赵振钦、韩旻、刘再兴、卢伟吾。

二 国内外传感器产业分析

（一）国内外现代传感器产业概况

全球40多个国家的6500多个公司从事研发和生产26000种传感器，其中美国、欧洲、日本均超过1000家，俄罗斯800多家。

2013年全球使用的传感器存量约1万亿只，市场规模达1055亿美元。2017年突破2000亿美元，年复合增长率近18%。

我国目前约有2000家企业从事传感器的研发、生产和应用，生产的传感器6000多种。2015年，我国传感器市场销售额突破1500亿元，增长速度超20%，未来5年，预计国内传感器市场销售量的年复合增长率在31%以上。

我国传感器产业存在突出问题：研发和自主创新能力不强，处于价值链低端，规模较小；产业链不完整，产业协同发展能力弱；核心基础零部件和关键基础材料主要依靠进口。MEMS传感器的封装是发展瓶颈，高端产品的性能指标落后于国外同类产品；在研发创新方面，硬件的多传感器融合集成、软件算法、智能化和低功耗等技术普遍缺失；行业共性技术研究缺位；政策支持力度不足。

（二）传感器技术的发展趋势

传感器技术发展趋势是智能化、微型化、无线化、集成化和多功能化。

1. MEMS微型传感器

MEMS传感器是采用微电子和微机械加工技术制造出来的新型传感器。是将微型机构、微型传感器、微型执行器以及信号处理和控制电路直至接口、通信和电源等集中于一体的微型器件或系统。与传统的传感器相比，它具有体积小、重量轻、成本低、功耗低、可靠性高、高精度、适于批量生产、易于集成和实现智能化的特点。近年多数采用新的物理、化学、生物信息敏感材料和微细加工工艺，并将微结构部件和特殊用途的薄膜及高度集成的微电子电路相结合，构成各种用途的微型传感器和多个不同功能的传感器阵列器件。它使传感器具有智能化、微型化、集成化与低功耗和高稳定性，是今后传感器发展的主要方向。

MEMS 传感器领域世界前 30 强企业占据了行业 80% 的经济利润，中国仅中芯国际、歌尔股份、瑞声科技、无锡美新等四家跻身于世界前 30 强。

2. 多传感器融合集成和智能化

为检测外界环境的多种参变量，需将多种传感元件组成多功能检测的传感器系统。目前已有基于同一敏感材料集成在一块芯片上的一体化多功能传感器。超微粒热敏、湿敏、气敏多功能敏感器件，将物理、化学信号的前置放大、温度补偿及模数转换等预处理电路都集成在一块芯片上，有的还兼有信号处理和执行功能。

仿生传感器是最热门的研发方向，包括模仿人类和特殊动物的超五官感觉的超高灵敏度特异功能传感器，如对电场、磁场、红外线和紫外线辐射等信息的检测，模仿警犬的超高灵敏度嗅觉功能的电子鼻等。该仿生传感器可将外界信息检测到的电信号经单片微型计算机或 DSP（数字信号处理器）进行分析、处理和控制，组成智能化的检测系统，通过适配的应用软件，能实现自诊断、自动量程变换、自校验、自动温湿度补偿、通信和控制及存储显示等智能化功能。

多传感器的集成和融合技术是智能高端装备的一个重要前沿科技，如多传感器阵列集成的电子鼻等。

3. 新一代的无线传感器网络技术

应用多个多功能传感器和现场总线技术可组建智能化的传感器网络，传感器网络具有同时获得多种外界的信息并能综合处理。无线传感器网络是由大量具有无线通信和运算能力的微小传感器节点构成的自组织分布式网络系统，能根据外界环境变化自主完成指定任务的智能系统。

4. 低功耗和无源化的传感器

传感器将非电量转换为电量需要电源，在野外或远离电网的地方工作，需用电池或太阳能电池供电。研发微功耗和无须电源的传感器也是前沿技术之一，确保检测系统的应用不受时空限制，能长时间工作。

5. 高可靠性和宽环境适应性的传感器乃至特殊环境应用传感器

高端智能装备及其控制系统需要高可靠性、高稳定性、宽温湿度范围和长寿命的传感器。通用传感器要求工作温度范围为 -20℃ ~70℃；军事

装备要求 -40℃ ~85℃；特殊应用于喷气发动机引擎等领域的要求温度范围为 -55℃ ~125℃；使用寿命 10 万小时；能承受高数量级的加速度和振动冲击。

特殊环境应用的传感器，如超高温、深海、超高压、飞船和空间实验室、高空超高速飞行器、深海潜航器等应用的；多种气体干扰下应用的高单一性和高灵敏度的气体传感器；抗腐蚀和抗辐射的；超高速喷气发动机用的；多传感器融合集成的、阵列式、高灵敏度的嗅觉味觉传感器等。

6. 纳米传感器

纳米传感器是指工作时用到纳米级现象或在制作过程中利用纳米技术，它应符合三属性之一：①传感器的大小是纳米级；②传感器的灵感度是纳米级；③传感器和待测物之间的相互作用距离是纳米级。

纳米传感器的主要特点：高灵敏度、小型轻巧、便携低功耗、少样品量和低的检测干扰、快速响应时间、低成本和操作简单、多功能的多分析物检测等。在航空和军事具有广泛的应用前景，作为战略高科技进行发展。

三 传感器产业链简介

对于传统的传感器，其产业链相对简单，包括上游的材料及制备、中游的制造与测试、下游的终端应用。MEMS 是多学科交叉的复杂系统，MEMS 智能传感器产业链可以粗略划分为：上游的研发、设计，中游的制造、测试和下游的终端系统应用。具体包括研发、设计、制造、封装、测试、软件、芯片及解决方案、系统应用等八个环节。

四 厦门传感器产业现状

（一）厦门市传感器产业概况（见表1）

表 1 厦门市若干传感器企业基本概况

企业名称	企业基本概况	主要产品	技术特色
厦门乃尔电子有限公司	专业从事设计、研发、制造中高端传感器及测控系统，总投资 1.95 亿元	航空压电类，MEMS 芯片类的压力、加速度、振动和冲击传感器系列；磁电类传感器系列；监测及故障诊断系统	自主研制并拥有特种压电陶瓷敏感材料配方及 MEMS 芯片设计等核心技术

续表

企业名称	企业基本概况	主要产品	技术特色
西人马（厦门）科技有限公司	技术密集型传感器高科技企业，总部在厦门，MEMS生产线在泉州，北京和西安设有分公司，据该公司介绍今年1~3月订单金额达1.3亿元	应用于轨道交通、风力发电、石油、航空类的机械故障、振动及油品质量监测等系列传感器和仪器	在MEMS与高端传感器芯片的研发、生产方面具有优势
智能（厦门）传感器有限公司	专注电子鼻和氢气传感器芯片及由其构成的高端气体传感器的多领域应用系统解决方案	智能嗅觉多传感器阵列芯片和微电子氢气传感器芯片及其高端气体传感器系列应用系统	拥有多项核心知识产权的专利技术，其中两项传感器件具有国际领先水平
厦门斯坦道科学仪器股份有限公司	15年前成立的民营股份制企业，注册资本3009万元，产值过亿元，是国内较领先的海洋环境和食品安全检测技术及其仪器自主创新型企业	食用油及食品安全、粮食重金属检测；环境和海洋生态监测等系列分析检测仪以及各类试剂，产品超过15个系列	在传感器中首先引入了纳米材料测重金属，产品不使用化学试剂。在厦门成功实现了传感器的网络化使用
智恒（厦门）微电子有限公司	涉足MEMS传感器设计与生产，年产值约2000万元，研发并量产多种传感器、传感器专用芯片	产品涵盖温度、光、磁、电容、压力、加速度等领域，多个系列产品填补了国内空白	拥有先进水平的传感器数字校正和温度补偿及单线可编程技术。其同轴激光传感器获2018年全国创新型传感器十强
厦门中领科技有限公司	从事通信终端产品和RFID电子标签技术应用系统的研发生产	半有源RFID贵重资产管理系统，RFID应用系统	研发电子鼻在茶叶生产过程中工艺流程的控制装置和电子鼻在茶叶质量评测中的应用
厦门沁华科技公司	应用厦门大学《去除甲醛的负载型金纳米催化剂制备技术》开展生产金纳米材料	小批量生产金纳米颗粒（催化剂），产品质量达优异性能，适于进行规模产业化	金纳米颗粒是制造高端纳米传感器的重要敏感材料

资料来源：作者根据相关调研资料整理。

（二）厦门传感器产品种类与技术特点

厦门市传感器企业的产品：物理传感器和化学传感器。其中物理传感器敏感元件以压电陶瓷为主,化学传感器则主要用于检测气体。产品的种类包括:位移、速度、加速度、振动、油品质量、轴承故障、氢气等多种气体、重金属、水质检测等多种类型,有一定量的中高端产品。

厦门市有传感器技术国内外领先的企业,有的公司拥有多项核心知识产权的专利技术,专利具有国际领先水平;拥有特种压电陶瓷敏感材料配方及 MEMS 芯片设计等核心技术;利用微电子技术在一个芯片上集成多个传感器,形成阵列,在国内外具有独创性和先进性。

(三) 厦门传感器企业的若干共同点

1. 企业有一定的技术力量。领军人物大多是海归教授、博士,有多年的海外传感器企业在职经历。员工素质高,本科、硕博士学历的比例明显高于其他行业。

2. 企业已有相当高的技术水平,如西人马公司已建成 MEMS 生产线,可为生产芯片流片。乃尔电子公司的产品已长期获得国防航空部门的定单。多数企业都获得多项专利。

3. 企业发展速度快,2016～2018 年乃尔的年复合增长率在 20% 以上,斯坦道则超过 100%。

4. 企业的规模较小,员工不过 200 余人,除斯坦道公司和西人马公司的产值超亿元外,乃尔电子公司年产值也不过 4000 万元。

5. 没有形成完整的产业链。芯片、电镀、精加工、连接线、热处理等均难以配套。

(四) 厦门发展传感器产业的有利条件

1. 厦门是高素质、高颜值城市,许多传感器高端人才喜欢落户厦门。

2. 较好的营商环境,有吸引台湾高端传感器人才到厦门创业的有利条件。

3. 厦门正在大力发展芯片产业,MENS 传感器设计与工艺正是借用集成电路技术,与芯片的设计、生产有一定的兼容性。

4. 厦门传感器产业的下游应用环境好,厦门物联网企业强大,物联网应用工程设计水平不低于深圳,是传感器发展的有利市场条件。

5. 厦门大学为厦门传感器行业已培养很多人才,现在是供不应求。

(五) 厦门传感器企业面临的共同困难

1. 由于企业规模小,税利少,尽管多属高科技企业,却难以获得国家的科技补助,如无法落实双百人才资助资金,无法申请地方的技术改造基金与科技项目补贴。

2. 传感器产业技术需多学科人才配合,才能取得研发的成功,厦门的高房价对人才有很强挤出效应,传感器企业普遍反映人才引进难。

3. 智能传感器属高科技产品,前期投入资金大,投资回报期长,企业规模小,民营资本入驻的兴趣不大,获得民间资金支持的可能性小。

4. 配套企业少,环境信息不丰富。中小民企长期进不了大企业的采购名录,这对民营高科技企业销售及成长是一大瓶颈。

五 发展厦门传感器产业若干建议

厦门市传感器产业目前虽然规模不大,但技术创新和高端应用具有领先优势,政策的制定宜围绕这些特点,不拘泥于产值,重点扶持具有技术创新、高端应用的企业。根据调研,提出建议,供制定传感器产业政策参考。

(一) 做强 MEMS 微型集成传感器系统产业

厦门传感器产业的 MEMS 微型集成传感器技术及其产品,已接近行业的先进水平。已有乃尔、西人马(厦门)、智恒(厦门)三家企业涉足 MEMS 传感器,乃尔、西人马产品已应用到航空领域,西人马在泉州资本资助下建立 MEMS 生产线,智恒(厦门)早已开始传感器数字校正和温度补偿芯片的设计与生产。要对此类企业扶持,建议成立较高级别的智能传感器创新中心、创建厦门特色的 MEMS 融技服务平台(见图1),为这些企业及以后的初创企业的研发、设计、试制、样品测试等提供就近较廉价的服务。这是做强厦门智能传感器产业的重要一环。

(二) 开创国际领先的嗅觉、味觉气体传感器产业

智能(厦门)传感器企业拥有嗅觉味觉传感器的核心技术芯片,其技术及高端应用已达国际领先水平。该芯片可组合成多种组件和器件,图2标出芯片可达的优秀指标,表2列出该类传感器的应用领域。

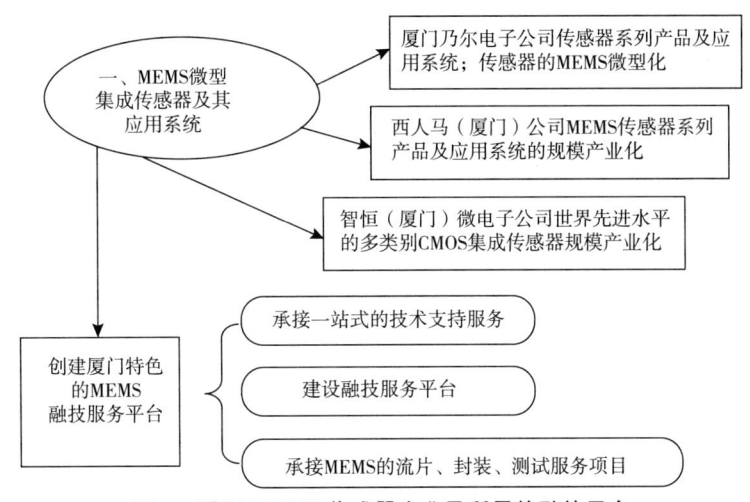

```
┌─────────────────────────────────────────────────────────┐
│                                                         │
│                    ┌──────────────────────────────────┐ │
│                    │ 厦门乃尔电子公司传感器系列产品及应   │ │
│                    │ 用系统；传感器的MEMS微型化        │ │
│   ┌──────────┐    └──────────────────────────────────┘ │
│   │一、MEMS微型│   ┌──────────────────────────────────┐ │
│   │集成传感器及其├──│ 西人马（厦门）公司MEMS传感器系列    │ │
│   │ 应用系统  │    │ 产品及应用系统的规模产业化        │ │
│   └──────────┘    └──────────────────────────────────┘ │
│                    ┌──────────────────────────────────┐ │
│                    │ 智恒（厦门）微电子公司世界先进水平   │ │
│                    │ 的多类别CMOS集成传感器规模产业化   │ │
│                    └──────────────────────────────────┘ │
│                                                         │
│   ┌──────────┐    ┌──────────────────────────────────┐ │
│   │创建厦门特色│    │ 承接一站式的技术支持服务           │ │
│   │的MEMS    ├──│ 建设融技服务平台                  │ │
│   │融技服务平台│    │ 承接MEMS的流片、封装、测试服务项目 │ │
│   └──────────┘    └──────────────────────────────────┘ │
```

图 1　厦门 MEMS 传感器企业及所需的融技平台

资料来源：作者根据相关资料整理。

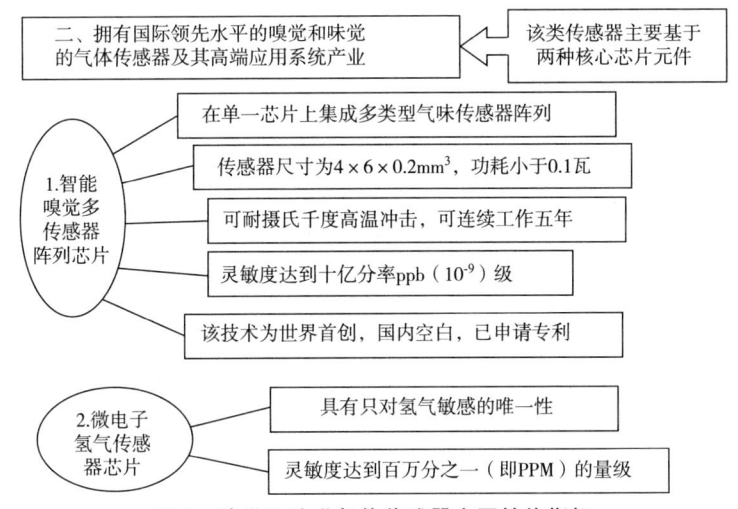

```
              ┌─────────────────────────────┐ ┌──────────────┐
              │ 二、拥有国际领先水平的嗅觉和味觉  │←│ 该类传感器主要基于 │
              │ 的气体传感器及其高端应用系统产业  │ │ 两种核心芯片元件 │
              └─────────────────────────────┘ └──────────────┘

   ┌──────┐   ┌─────────────────────────────────────┐
   │      │   │ 在单一芯片上集成多类型气味传感器阵列      │
   │1.智能 │   ├─────────────────────────────────────┤
   │嗅觉多 │   │ 传感器尺寸为4×6×0.2mm³，功耗小于0.1瓦   │
   │传感器 ├───┤─────────────────────────────────────┤
   │阵列芯片│   │ 可耐摄氏千度高温冲击，可连续工作五年    │
   │      │   ├─────────────────────────────────────┤
   │      │   │ 灵敏度达到十亿分率ppb（10⁻⁹）级        │
   │      │   ├─────────────────────────────────────┤
   │      │   │ 该技术为世界首创，国内空白，已申请专利   │
   └──────┘   └─────────────────────────────────────┘

   ┌──────┐   ┌─────────────────────────────────────┐
   │2.微电子│   │ 具有只对氢气敏感的唯一性              │
   │氢气传感├───┤─────────────────────────────────────┤
   │器芯片 │   │ 灵敏度达到百万分之一（即PPM）的量级     │
   └──────┘   └─────────────────────────────────────┘
```

图 2　嗅觉和味觉气体传感器主要性能指标

资料来源：作者根据相关资料整理。

表 2　嗅觉和味觉气体传感器主要应用领域

航空航天	食品药品等行业	电力系统
无人机和机器人	生命科学仪器	石油化工
地震灾害预报	新能源汽车和新能源领域	防爆防毒防火等公共安全
具备视、听、嗅、味四大功能的消费类电子产品		

资料来源：作者根据相关资料整理。

（三）纳米新材料和纳米传感器及其应用产业（见表3）

表3 纳米新材料和纳米传感器产业化的种类

1. 发明专利：《一氧化碳低温催化氧化的金纳米催化剂及其应用》的产业化
2. 去除甲醛的负载型金纳米催化剂材料的产业化
3. 智能（厦门）传感器有限公司生产的智能型火情、烟雾纳米传感器的产业化
4. 智能（厦门）传感器有限公司生产的智能型阵列式纳米气体传感器的产业化

资料来源：作者根据相关资料整理。

（四）食品安全、海洋、环境分析监测仪器及其配套的传感器、试剂等应用系统的产业化

厦门斯坦道科学仪器股份有限公司生产的产品超过15个系列的规模产业化，广泛应用于FDA、农业和海洋环境监测等领域。

（五）建设智能传感器创业与创新园区

建立传感器创新中心、创建厦门特色的MEMS融技服务平台，通过创新的商业收费模式承接一站式的技术支持服务，为中小型企业，特别是初创企业的研发、设计、试制、测试等提供就近较廉价的服务。缓解中小企业的三高（高投入、高技术、高风险），培训MEMS传感器中、高端研发设计人才。鼓励厦门的高校、科研单位入驻园区，与企业合作创立厦门现代传感器技术中心。融技服务平台前期可以西人马（厦门）公司为主，与厦门大学萨本栋微米纳米科学技术研究院合作，可综合高效利用企业与厦大的相关仪器设备和高端人才资源。促进产学研相结合，支持关键核心技术的突破，重视系列高科技产品的产业化技术开发。

园区对外还可成为厦门传感器企业的联络与信息交换中心。对于入驻园区的单位给予必要的政策优惠。

（六）加大财税、资金扶持

建议政府有关部门出台对应政策，明确并落实对传感器行业的财税优惠政策，加大对智能传感器行业的支持。

由政府牵头组织协调金融、风投、企业等建立厦门智能传感器产业基

金，积极引导社会资本注入传感器产业，加大对传感器新技术新业态新模式的支持，省、市科技重点项目和国家自然科学基金给予重点支持。

在设备进口关税、企业所得税、高科技人员所得税方面，给予相应政策支持。对符合产业发展方向、具有领军人物的初创小微企业给予贷款与税收优惠。

努力缩短传感器企业上市排队时间，使符合要求的企业及时获得证券市场资金支持。

（七）广开渠道，多纳贤才

建议将鼓励台青来厦创业的优惠政策及厦门发展芯片产业政策中的人才政策延伸到传感器产业。

重视引进高层次的科技专业人才，对传感器企业技术骨干，如愿意在企业从业3年以上并签订合同者，在申请廉租房或经济适用房上给予优惠。

对厦门大学等高校创办传感器类专业，培养高层次人才给予更多的扶持。

（八）加强国内外及厦台合作

鼓励厦门传感器企业与国内其他地区先进企业、科研机构，乃至与国外企业、研究单位积极开展技术交流、研发合作。支持国外企业在厦合资、合作建立新型智能传感器研发中心。支持国外设备制造企业、材料供应商与厦门企业深度合作，进一步完善厦门市智能传感器产业链，大力培养新经济增长点。引进台湾相关产业及人才，鼓励台湾高校相关人才兼职与厦门企业联合研发。

（九）实行归口独立管理，便于精准扶持

建议将传感器划出作为相对独立的一个产业部门实行管理，制定发展规划和扶持政策，利于传感器产业的迅速发展。

行业协会可为传感器企业提供一个相互交流学习的平台，强化传感器产业与政府沟通，加强与物联网和人工智能等产业的战略性合作，促进传感器产业中企业间的协作互助。调研中发现，传感器厂家都热切希望有自己的行业协会，不想隶属于物联网、人工智能或集成电路等协会，建议政

府有关部门介入，牵头协调，尽快促成行业协会成立。

(十) 拓宽发展新思路

厦门市要在传感器领域赶超国内外，可在新品种、新应用上下功夫，如自动驾驶汽车使用的许多传感器，这些行业与国外现在处在同一起跑线，传感器行业只有做成高端应用系统，联成网，产值才能跃升，规模才能做大。重点发展具有厦门特色的传感器产业。

推进厦门市垃圾分类减量工作研究

中共厦门市委政策研究室　课题组[*]

中共十九大报告明确要求推进绿色发展，倡导简约适度、绿色低碳的生活方式。施行垃圾分类减量，就是贯彻十九大精神、提升生态文明城市品质、建设高颜值的生态花园城市的具体行动。实施垃圾分类以来，在某些城市试验小区取得了很好的成效，但在面上仍存在以下问题：垃圾分类工作开展不平衡、垃圾分类宣导培训不到位、前期财政投入过多难以为继、缺乏前端的垃圾减量意识、垃圾分类指南不够详细、低值可回收物回收率低、居民前端分类投放的垃圾被环卫工人混收混运、垃圾桶数量配置及清洗场所不足、厨余垃圾与市政环卫车辆衔接、高楼层撤桶与否等垃圾分类工作"最后一米"问题突出。为此，建议如下。

一　推动垃圾分类工作的持续性

发挥社会力量参与垃圾分类工作，吸纳社会公益资金支持垃圾分类减量工作，逐年减少财政补贴，同时提高居民的垃圾收费标准，以保障垃圾分类工作持续有效开展。参照天津市针对再生资源企业实行财政奖励的政策，实行增值税"先增后返"，以地方财政奖励的形式返回相应税点，使增值税税负控制在6%以下，全额抵扣企业所得税。

二　从实施垃圾干湿分离起步

市民垃圾产生量近半为厨余垃圾，因其为湿性垃圾分类难度大，污染更甚干性垃圾，且大部分干性垃圾可通过市场途径回收，因此，重点要做好厨余垃圾的分类工作，目前最急迫的是先将厨余垃圾从生活垃圾中分离

---

[*] 课题组成员：关琰珠、钟前线、康斌。

出来，做到分类收集、分类运输、分类处置。在有效解决厨余垃圾分类过程中，要注重研究购买可降解的厨余垃圾塑料袋，有利于终端处理。

三　由点到面分步实施

按照先易后难、稳妥推进的方法做好垃圾分类工作，选择具有代表性的不同类型的小区、住宅楼、商铺、企业等进行试点。在试点的基础上，进行考核检查，并通过召开现场会的形式，每个区都因地制宜，创新方法，推出具有本区特色的示范小区，作典型经验介绍，形成可复制、可推广的区域垃圾分类模式，并加快将示范点上成果引向全面。

四　从源头上抓好垃圾分类减量工作

先行选定部分垃圾产生大户作为试点单位，制定考评和奖惩制度，以逐年递减的原则，核定每年垃圾分类减量目标，并依此进行量化考评奖惩，取得试点经验后，再逐步在全省推行。公共机构率先垂范，少发或不发纸质会议材料，每年"两会"期间为代表、委员提供质优价廉的阅读器，不再印制发放纸质会议简报；提倡使用视频会议系统召开会议，会场不再提供矿泉水及一次性纸杯，提倡与会人员自带水杯；相关企业和重点经营场所严格减量，宾馆、饭店逐步禁止使用牙刷、牙膏、洗浴液等一次性用品；严格执行"限塑令"，制作具有购物袋及专用垃圾袋双重功能的环保两用袋供商店及超市使用；鼓励市民以平价购买净菜，减少厨余垃圾的产生。推进物流包装减量，发挥行业协会作用，制定统一的合理化商品包装标准，倡导并鼓励强化包装设计的简约理念，要求尽量使用单一材质，降低回收再利用成本；鼓励电商采用新型环保包装材料，对包装耗材再利用，减少包装材料对环境的污染。

五　利用共同缔造理念广泛发动群众参与

尊重公民的知情权，公开相关信息，争取居民的理解与支持。应通过各种途径公布城市生活垃圾处理费收支情况、推行垃圾分类的前期投入情况、每年财政补贴情况、生活垃圾产生量及处理能力情况等，旨在引起居民对垃圾分类工作的关注，增加居民的忧患意识，提高对垃圾分类减量重要意义的认识及自觉性，以此激励居民更加积极投身到垃圾分类减量工作之中。同时，鼓励每一个居民公平、平等地发表意见和建议，全面提高群众参与度，通过听证会等多种形式对生活垃圾处理收费标准的制定等表达意见。

六　加强智力和技术支撑

成立垃圾处理专家顾问团队和垃圾分类企业协会，及时研究和引进国内外垃圾分类的最新成果，及时协调和解决垃圾分类工作出现的新情况、新问题，及时向政府提供建设性建议，为垃圾分类工作提供智力支持。建设统一的智能垃圾分类系统，以城市垃圾分类业务管理为核心，构建市、区、街道、社区、小区多级管理体系，实现精细化、科学化、智能化的垃圾分类全流程管理，为垃圾分类工作提供技术支持。

七　抓好垃圾分类的薄弱环节

一是完善可回收物的详细目录。二是利用现有渠道加大回收力度并提高资源利用率。三是在有害垃圾终端处理设施尚未建好前暂缓有害垃圾收集避免污染源集中堆放，产生二次污染。待有害垃圾终端处理设施建好后再采用专用车定时、定点，采用直运方式收集、运输有害垃圾，并规范化进行无害化处理。

八　解决垃圾分类"最后一米"问题

垃圾分类各项政策能否有效落地，成败往往取决于"最后一米"问题。要认真深入基层调查、研究、分析，针对老旧新建不同小区、有无电梯不同住宅结构、有无物业管理部门等垃圾分类存在的具体问题，分类施策，有针对性的解决。加强督导员工作责任心，做好垃圾运输和分类的衔接工作，严格按照垃圾分类要求进行运输，避免各类垃圾混运。针对厨余垃圾的车桶统配、定时定点无法到达住宅楼下直接接驳的问题，采取配备小区内转运车辆及通过市场化的办法解决。区分社区、物业公司、垃圾回收经营者及业主的责任与义务，注重在细节处做好各项衔接工作，由社区牵头及时协调各项工作。及时研究高层楼道撤桶问题，解决垃圾桶配置和清洗问题。

促进厦门服务业高端化发展研究（简版）

彭梅芳　徐祥清　许林

一　服务业高端化的内涵

服务业高端化是指随着经济的发展和服务业的升级，服务业结构由传统服务业为主向现代服务业为主转型，由以消费型服务业为主向以生产型服务业为主转型，由低端服务业为主向高端服务业为主导转型。服务业高端化可以从两个角度理解：一是高端服务业加快发展，占服务业增加值比重不断加大；二是推动传统服务业向创新高端、品牌高端、价值链高端转变。

二　厦门服务业高端化发展情况

高端服务业发展迅速。2006年以来以金融、信息、商务、科技、文化为代表的现代高端服务业发展迅速，规模不断壮大，增加值由2007年的135.5亿元增加到2016年的734.64亿元，占第三产业的比重由2007年的26.9%提升到2016年的33.1%，提高了6.2个百分点；高端服务业增加值10年来年均增长14.9%，高于第三产业增加值年均增速的12.1%。在财政部、商务部2014年、2015年现代服务业综合试点绩效评估中，厦门市分别名列全国第一和第四。

传统服务业逐步向高端环节攀升。商贸业新型营销方式不断涌现，2016年电子商务交易额超过2400亿元，增长25%。旅游会展业高端业态加快发展，邮轮、游艇、房车露营等高端旅游发展迅猛，大型、国际性展会增多，金砖会晤、投洽会、石材展、佛事展、工博会、国际海洋周、文博会等已具有较强影响力。航运物流业向专业化转变，2016年厦门83家物流企业获评国家A级物流企业，占全省1/3，供应链管理逐步兴起，冷链物流体系不断完善。

高端服务业资源加快集聚。基本建成国际航运中心、两岸金融中心、软件园、总部经济集聚区、跨境电子商务园、会展中心等产业园区。总部企业集聚成效显著，四大营运中心累计引进总部企业1000多家。高品质项目不断积聚，国家健康医疗大数据中心和产业园、百度开发者创业中心、腾讯创业基地、京东区域物流中心、华润万象城、中航紫金广场等项目落户厦门。

跨界融合发展推进服务业高端化。美亚柏科瞄准智能硬件升级为"硬件+软件+服务"模式，布局"四大产品+四大服务"的全新战略体系；芯阳科技以集成电路设计为核心，通过智能控制器方案开发，延伸到现代化生产制造，形成集成"电路设计+应用+生产+销售"为一体的模式；林德叉车除提供产品外，还为客户提供综合解决方案、设计咨询、远程运维、融资租赁等服务。

三 厦门服务业高端化瓶颈

一是高端服务业占比偏低，2016年厦门市以金融、软件和信息服务、科学技术、商务服务、文化为核心的知识密集型、高附加值的高端服务业增加值在服务业中的比重仅33.1%，远低于深圳45.3%、杭州49.8%的比重。

二是服务业创新能力不足，多数企业提供的只是知识和技术服务链上的低端服务产品，服务业总体生产率不高，多数领域仍以传统业务为主，物联网、云计算、大数据等新技术在服务业重点领域应用仍旧不足，创新型服务模式缺乏。

三是龙头企业和知名品牌少，2017年厦门入选全国服务业500强的企业仅15家，缺乏如杭州的阿里巴巴、深圳的腾讯等在全国有较强影响力的行业龙头企业或全国知名服务业品牌。

四是区域集聚和辐射带动不足，服务周边市场、服务周边工业发展的金融、商务服务、信息服务、技术研发服务等生产性服务业相对滞后。

五是联动发展的工作机制有待完善，部分服务业行业主管部门多，各部门相对独立，各自发展，跨行业跨部门沟通协调还需进一步完善，在组织保障和推进力度上还需加强，分工协作的机制还需进一步完善。

四 厦门服务业高端化发展的重点

(一) 巩固提升优势主导行业,支撑构建高端经济结构

一是创新发展金融业。大力引进境内外金融机构、知名企业在厦门设立金融子公司、专营机构和职能总部;设立全牌照证券公司、金融租赁公司、财务公司、消费金融公司、知识产权业务特色银行服务机构;发展小额贷款、融资性担保、互联网金融等地方性机构和各类交易场所。二是融合发展信息服务业。加快培育基于移动互联网、大数据、云计算、物联网等新技术的信息服务,不断拓展北斗系统应用服务领域,发展位置服务、智能导航、智能终端等新兴运营业务。三是高水平发展文化服务。推动游戏引擎设计、动作捕捉、虚拟现实、增强现实、影视数字制作处理、高清三维多媒体等新技术的应用,大力发展数字内容创意生产、数字内容集成传输和新媒体。整合各类文艺资源,打造海西演艺中心。促进时尚品牌研发营销中心集聚,提升高级时装设计水平。四是积极发展高端商务服务业。积极发展法律、会计审计、税务、资产评估、认证认可、信用评估、节能环保等专业服务。加快发展资产管理、兼并重组、财务顾问、广告服务等企业管理服务。重点培育商务咨询、经纪代理、人力资源、文体经纪类等高端中介服务。五是聚焦发展科技服务业。聚焦节能环保、新能源、新材料、生物健康、智能制造等重点领域,统筹带动基础研究、前沿技术研究、技术开发、标准制定等工作。

(二) 推动模式与服务创新,促进传统服务业向高品质提升

一是优化提升航运物流业。加快发展供应链一体化、电商物流等高端创新物流和城际城市配送物流,重点发展口岸物流、保税物流、海运快递、航空快件、冷链物流、金融物流、电商物流,做大中欧(厦门)班列。二是升级旅游会展产品和服务。大力培育邮轮、游艇、帆船、房车、低空飞行、自驾车、民宿、绿道骑游等特色旅游新业态,丰富旅游产品供给。深化金砖效应,着力集聚高端专业会展机构和知名展会,打造会展品牌,有效提升举办国际高端会展能力。三是推动批发零售业创新转型。探索"智慧零售"模式,鼓励有实力的批发零售企业和专业品牌企业积极构建自营网络销售平台，推动门店交易与网上交易协同发展模式，打造厦门国际消费城市品牌。四是提升居民服务品质。顺应生活方式转变和消费升级趋势，引导家政服务、健康服务、养老服务等规范发展，改善服务体验，全面提升服务品质和消费满意度。

（三）突出前沿技术研发与运用，培育发展服务业新业态

一是培育发展物联网。推进建设海峡两岸物联网产业园、厦门物联网科技产业孵化基地等物联网产业基地，支持传感器器件、物联网核心芯片、近距离无线通信、物联网智能终端、仪器仪表、物联网网关、射频识别等相关技术的研发和产业化。二是积极发展大数据及云计算服务。以创建国家大数据综合试验区为契机，推动大数据在工业、创业创新、促进就业以及政务、交通、健康、金融、教育等领域的应用，以示范应用引领产业发展。探索成立全国性的"大数据产权交易所"。推进健康医疗大数据中心和产业园国家试点工程建设工作。三是做大分享经济。鼓励发展信息资讯、商品交易、物流运输等领域平台经济，以及交通出行、专业技能、教育医疗、房屋住宿、人力资源、旅游购物、生产制造等领域分享经济。四是做强平台经济。以自贸试验区两岸贸易中心为核心载体，打造大宗商品交易中心，加快自贸区进口酒、黄金、艺术品等8大交易平台建设。依托两岸集成电路产业园打造集成电路保税交易平台，大力发展芯片、电子元器件等高新技术和新兴产业产品贸易。

五 促进厦门服务业高端化发展的有关建议

（一）突出创新引领，培育服务业高端化发展新动力

加大创新投入，加快出台《厦门市现代服务业发展的若干意见》，加大财税扶持，发挥好市级服务业引导资金作用，鼓励引导服务业企业加大研发投入，发展新业态新模式。加强科技金融服务，支持企业使用专利权进行质押贷款，对以专利权质押贷款并按期偿还本息的中小企业适当给予贴息补助。

（二）培育引进优势企业，提升服务业集聚和辐射带动作用

培育重点企业梯队，针对服务业产业群的高端环节和关键领域，制订

个性化扶持方案，努力形成一支创新能力强、市场辐射力大、具有可持续发展能力的重点企业梯队。大力引进总部企业，力争附加值高、黏性强的核心功能落到厦门市；培育一批本地优势产业企业总部，对升级为总部的本地企业给予奖励。

（三）推动跨界融合发展，引领产业价值链向高端化提升

推动服务业与制造业融合发展，促进有条件的制造企业由生产型向生产服务型、服务业向制造环节延伸，培育柔性化制造、数据分析服务、敏捷供应链服务、在线化销售等融合发展新模式。促进服务业内部融合发展，积极发展供应链管理、物流金融、冷链加工贸易、跨境电商等，推动形成旅游会展产业集聚区。拓展互联网+发展空间，推动互联网向生产领域、消费领域深度拓展。

（四）优化载体平台建设，为服务业高端化发展提供支撑

推进服务业集聚区发展，加快环东海域现代服务业基地、马銮湾新城、两岸金融中心、软件园三期、前场铁路大型货场、旅游服务中心等服务业集聚区建设；积极盘活改造存量空间，抓紧研究出台工业用地盘活改造和机制。加强公共服务平台建设，用好国家和市服务业引导资金，支持专业性公共服务平台发展。

（五）培育高端要素，加快推进服务业高端化进程

推进高品质项目建设，紧扣自贸试验区和国家自主创新示范区建设，积极招引、落地、推进一批业态新、含金量高、辐射力强、拉动效应明显的高端产业项目。开展品牌价值提升行动，培育产业技术联盟、协同创新联盟、新型商协会等新型产业组织，加紧培育和引进一批适应服务业高端化发展要求、具有国际化经营能力的现代服务业产业领军人才（团队）。

（六）协作推进，形成服务业高端化发展工作合力

建立全市现代服务业发展工作部门联席会议机制，统筹协调推进服务业发展各项工作任务落实。明确行业主管责任，形成"一个行业、一个机

构、一组目标、一套政策"的机制，全产业推进服务业领域各行业又快又好发展。引导各区错位发展、协同发展，推动各区、火炬高新区、自贸试验区实施重点产业链（群）发展工作方案和产业空间指引，加强协同，形成合力，共同推进现代服务业产业体系建设。

厦门改革开放40年的成就与经验启示

徐祥清　戴松若　彭朝明　姚厚忠　林汝辉
兰剑琴　董世钦　林智　黄光增

1978年，以党的十一届三中全会为标志，中国开启了改革开放的历史征程，厦门作为首批四个经济特区之一，在40年改革开放浪潮中，砥砺奋进、搏浪前行，从昔日的海防小城发展成为高素质、高颜值的现代化、国际化城市，闯出一条具有厦门特色的跨越式发展道路。

一　厦门改革开放40年取得的成就

一是实现了经济综合实力历史性飞跃。按照中央对厦门经济特区的定位，找准科学发展跨越发展的切入点和突破口，特别是党的十八大以来，厦门主动适应和引领经济新常态，强化创新驱动，坚持质量第一、效益优先，保持经济中高速增长，走出一条健康可持续发展之路。全市地区生产总值从1978年4.8亿元增加到2017年4351.18亿元，增长280.69倍，年均增速15.6%；财政总收入从1978年1.55亿元增加到2017年1187.5亿元，增长816.97倍，年均增速18.8%；培育形成以平板显示、计算机与通信、航运物流、软件信息、旅游会展等高端制造业和现代服务业为主导，生物医药、海洋高新等战略性新兴产业为特色的现代产业体系，被习近平总书记称赞为高素质的创新创业之城。

二是打造了改革创新的制度高地。发扬敢闯敢试、敢为人先、埋头苦干的特区精神，在国企改革、开放市场、社会治理、自贸试验区等诸多领域先行先试、大胆探索，创造了一系列全国率先，率先在全国举外债搞基础设施建设、最早进行政企分开试点、首创保障房建设管理与立法、率先实践"多规合一"、自贸试验区国内首创49项制度创新、率先探索构建以社区治理创新为基本单元的城市治理体系等，形成了许多可复制可推广的制度经验，较好发挥了特区改革"试验田"和示范引领作用。

三是形成了更高层次对外开放格局。主动深度融入世界经济体系，实施互利共赢的开放战略，形成经济特区、台商投资区、出口加工区、保税区、自由贸易试验区、"一带一路"建设支点等全方位、宽领域、多层次对外开放格局，发挥了"重要窗口"作用。贸易进出口总额从1978年的0.82亿美元增加到2017年的858.41亿美元，年均增速达19.5%，外贸综合竞争力居全国前列。2017年，厦门集装箱吞吐量超过千万标箱居全球第14位，厦门空港旅客吞吐量由1984年的10.1万人次增加到2017年的2448.5万人次，由最初的"小航站"跻身全球百强机场，营商环境相当于全球第38位的国家及地区。

四是加快了跨岛发展建设步伐。按照跨岛发展战略，实施提升本岛与拓展海湾相结合，加快向岛外拓展，加强区域协同发展，大力推进交通、市政等基础设施建设，城市发展协调性、系统性不断增强，中心城市功能品质进一步优化，初步构建了"一岛一带多中心"城市框架。城市建成区面积由改革开放初期的38.5平方公里增加到2017年的339.2平方公里，扩大了8倍以上。

五是促进了民生保障水平不断提升。持续加强以保障和改善民生为重点的社会建设，建立健全基本公共服务体系，人民生活水平和幸福指数不断提升。2017年全体居民人均可支配收入达46630元，城乡居民人均可支配收入从1978年的451元增加到2017年的50019元，年均增速13.9%；农民人均可支配收入从1978年的168元增加到2017年的20460元，年均增速13.2%。市民公共服务满意度位居全国前列。荣获全国综治最高荣誉"长安杯"。

六是取得了物质文明和精神文明双丰收。着力实施文化强市战略，城市文化软实力不断增强，实现了物质文明和精神文明共进步、双丰收。市民文明素质和城市文明水平全面提高，获评"全国文明城市"五连冠。成功举办金砖国家文化节等一系列具有国际和全国影响的重大文艺活动。获批国家闽南文化生态保护试验区，南音、歌仔戏等列入国家非物质文化遗产保护名录。鼓浪屿成功列入世界非物质文化遗产保护名录。

七是树立了高颜值生态花园城市标杆。本着发展与保护并重、"绿水青山就是金山银山"的理念，推动人与自然和谐共生，生态文明建设水平全国领先，厦门海岸带综合管理被联合国开发计划署作为示范工程在全球推广示范，海沧湾整治成为蓝色海湾国家示范工程，先后荣获"国家卫生城市""全国十佳人居城市""中国人居环境奖""国际花园城市""联合国人居奖"等称号，获评国家森林城市、国家生态市、海洋生态文明示范区，被习近平总书记盛赞为高颜值生态花园城市。

八是构筑了服务国家对台工作战略支点。坚决贯彻中央对台工作方针政策，妥善应对两岸关系发展复杂变化，加快推进厦台融合发展，较好发挥了对台战略支点作用，成为台商投资祖国大陆最早最密集的地区之一；两岸人文交流最活跃的地区之一；两岸人员往来最便捷高效的黄金通道；台胞在祖国大陆生活、创业的温馨家园。截至2017年，全市累计实际使用台资103.2亿美元，占全省累计实际使用台资35%左右；对台进出口贸易累计5541.4亿元人民币，约占全省累计对台贸易总额的55%左右；经厦门口岸赴台旅游累计188.3万人次，占大陆居民经福建口岸赴台旅游的80%左右。

二 厦门改革开放40年的经验启示

一是必须坚持新发展理念。坚持发展第一要务，坚持创新引领，注重发展的速度、质量、效益相统一，始终坚持全面协调可持续发展，不断创新工作策略方法，走内涵型、效益型、开放型、集约化发展之路。

二是必须坚持科学战略规划指导。始终按照国务院对厦门经济特区的批复精神，紧密结合厦门实践，坚持发展战略正确指导，坚持高水平规划统筹发展，特别是习近平总书记在厦门工作期间，用了一年半时间、牵头研究制定了《1985~2000年厦门经济社会发展战略》，科学、前瞻地为厦门的长远发展指明了清晰的方向。

三是必须坚持全面深化改革开放。坚持解放思想、先行先试、开拓创新，加快现代市场体系建设，纵深推进"放、管、服"改革，实行更加积极主动的开放战略，把改革、开放、发展、稳定有机地结合起来，充分发挥了改革的"试验田"、开放的"窗口"的作用。

四是必须坚持以人民为中心的发展思想。坚持改革发展成果更多更公平惠及人民，坚持人民主体地位，把增进民生福祉、促进人的全面发展，作为工作的出发点和落脚点，不断满足人民群众对美好生活的向往，提升人民群众的获得感幸福感。

五是必须坚持对台融合发展。始终坚持在服务国家对台工作大局中先行先试、突破创新，坚持做台湾人民工作，坚持合作共赢、共同发展，千方百计增强台湾民众对祖国大陆的向心力和对中华文化的认同感，推动两岸融合发展的层次和实效持续提升。

六是必须坚持党的全面领导。始终坚持加强党的执政能力建设和先进性建设，坚持加强和改进党的建设，坚持党要管党、从严治党，全面推进从源头上防治腐败的制度改革和体制机制创新，巩固发展风清气正、人和业兴的良好局面。

在新时代、新起点上，厦门要进一步发扬敢闯敢干的精神，在践行经济特区"四个成为"新定位上做好表率。

一是要始终高举习近平新时代中国特色社会主义思想伟大旗帜，坚定不移贯彻创新、协调、绿色、开放、共享的发展理念，加快构建现代化经济体系，努力实现更高质量、更有效率、更加公平、更可持续的发展。

二是要坚定不移地贯彻党在新时期的基本路线不动摇，坚定对中国特色社会主义的理论自信、道路自信、制度自信和文化自信，始终立足中国国情、立足厦门实际，不断解放思想，科学谋划自身发展战略和改革开放的思路举措。

三是要进一步深化改革开放，切实向深化改革要活力，向扩大开放要空间，要继续成为改革开放的重要窗口和试验平台，成为改革开放的开拓者和实干家，继续为国家改革开放事业探索道路、创造经验。

四是要努力践行以人民为中心的发展思想，不断加强和改善民生，加快补齐民生社会事业短板，构筑更加公平可持续的社会保障网，增强人民的获得感，让发展的成果更多更公平惠及全体人民。

五是要继续贯彻中央对台工作方针，深刻把握两岸形势新变化，发挥自身优势，进一步推进对台综合配套改革，扩大两岸产业对接合作，促进文化深度融合，促进两岸同胞情感融合，为促进祖国和平统一做出更大贡献。

六是要进一步加强党的领导，始终把党的政治建设摆在首位，自觉用习近平新时代中国特色社会主义思想武装头脑，切实把全面从严治党与改革发展同发力共推进，为特区各项事业发展营造风清气正、廉洁奉公的政治生态和良好环境。

基于遗产廊道理论的福建"海丝"传统体育文化创新发展研究（简版）

集美大学　王念龙　郑翠玲　周永盛　谢军

福建传统体育文化遗产资源丰富，类型多样，与海洋文化、民间民俗文化、历史文化村镇等关联密切，构成了较为完整的文化遗产体系。如何挖掘传统体育文化遗产的活力，使其助力福建21世纪海上丝绸之路核心区的建设是一项值得我们研究的课题。福建"海丝"之路不论是从空间布局来看，还是从经济、文化传播路线来看，都具有典型的线性廊道特征。因此，研究引入了西方较为成熟的遗产廊道理论，这是一种集遗产与生态保护、经济发展、休闲游憩等于一体的保护与发展战略，它将促进我国线性文化遗产保护理念和方法手段的更新，充实我们目前的文化遗产学术理论研究。同时，遗产廊道理论的介入，将各节点传统体育文化资源串联起来，以遗产保护的线性空间概念统一规划，从单一传统体育项目自身文化价值的保护重心转向与历史、自然、经济结合的综合保护，也将更好地激发传统体育文化遗产资源的旅游、教育、休闲、文化产业等多种功能，产生良好的社会效应、生态效应和经济效应。

一　福建传统体育文化遗产传承发展上主要存在的问题

（一）政策引导不足

福建传统体育是海上丝绸之路文明交流互鉴的历史见证者，白鹤拳内传到浙粤港台等地，外传到日本、俄罗斯、伊朗、菲律宾、新加坡等40多个国家，冲绳刚柔流空手道便是源自白鹤门。咏春拳遍及五大洲70多个国家，弟子及爱好者近千万人。五祖拳在东南亚、港澳台深受欢迎，国际南少林五祖拳联谊总会目前已有40多个会员国家和地区。实际工作中，传统体育的历史文化内涵并没有得到很好的挖掘，价值未能得到正确评估，福建省的《优秀传统文化传承发展工程实施方案》《文化厅实施优秀传统文化传承发展工程重点任务及责任分工方案》《21世纪海上丝绸之路核心区建设方案》《21世纪海上丝绸之路核心区文化发展专项规划》等若干文件中，均未有涉及传统体育文化的内容。福建省文化对外传播交流活动中，以戏曲、传统手工艺等为主，传统体育项目比例少、频次少。政策的缺失极大影响了其在"海丝"建设中作用的有效发挥。

（二）遗产资源缺乏统筹整合

福建传统体育在"海丝"沿线遍地开花，但并未从"海丝"文化整体发展战略上进行全局统筹与有序整合。咏春拳、五祖拳等传统武术不同支系、不同师承之间为自己技战术、源流的正统性各执一词，在商业利益的驱使下，同质恶性竞争问题长期存在，甚至出现诋毁互殴的情形。与此同时，宝贵的技战术资料散落于海内外，无法交流共享，严重影响了传统体育文化的健康传承发展。福建省出现传统体育文化遗产资源虽然丰富，却并无具备国际效应的"拳头"产品的尴尬局面。咏春拳源于福建，但在海外，福建咏春的江湖地位与发言权远不如广东。

（三）合作协调机制未能明确

一是缺乏区域合作。由于福建省"海丝"相关城市传统体育文化遗产资源丰富程度不同，社会经济发展程度不同，这些不均衡造成区域整体合作水平并不高，各城市还是习惯依托自身的文化资源进行独立打造经营，各行其道，即使如闽南文化生态保护区也尚未建立起明确的区域整合保护开发的一体化战略。二是缺乏部门协调。传统体育文化遗产的保护开发工作需要文化、体育等多部门的协调联动，但囿于部门职责和部门利益，各部门往往倾向于选择便利于己的内容，各自为政，导致传统体育被边缘化的现象。

（四）文化遗产资源产业化能力疲弱

福建省文化产业十大主导产业及体育产业结构体系中，传统体育毫无份额可言。目前传统体育文化遗产资源的产业开发利用主要集中在培训、表演等方面，总体市场效益低。在福建省传统体育文化遗产的保护利用中，一般着落于单体项目，未能将其与自然生态、"海丝"历史文化及其他"海丝"文化遗产融合发展，也未能与其他产业很好融合，无法凸显"海丝"特质，打造满足市场差异化需求的文化产品，致使传统体育文化遗产资源的产业价值未能被充分挖掘，特色资源没有转变为产业优势和经济优势。

二 提出的建议

（一）以遗产廊道视角引领传统体育文化遗产的保护发展工作

"海丝"大尺度的线性区域景观为廊道建设提供了先决条件，采取整体规划、分阶段建设、逐层推进的方式。首先，以泉州、莆田、福州、漳州、厦门等城市为廊道节点建立省内廊道。其次，逐步往外扩展，发挥福建省"五缘"和"侨缘"优势，建设海峡东西岸廊道、环南海和大东亚廊道。通过廊道的建设使传统体育文化遗产成为"海丝"区域的文化纽带，重新认识福建传统体育文化遗产价值，推动"海丝"沿线的交流合作。

（二）确立区域化整体化保护发展方向，这是"海丝"廊道建设的基本思想，也是重点

一是突破行政区划的限制，成立文化遗产廊道管理委员会，建立领导定期会晤制，提出思路和方针，并负责协调相关事宜。下设常驻机构，负责具体管理实施。最终促成区域保护发展合力，这是廊道建设的重要推进力量。二是进行项目整合，力改分散内耗的情况，主管部门指导，民间社团主导，选择廊道内同源性、相似性的传统体育文化遗产进行整合，如五祖拳等传统武术、拍胸舞等民间游艺，摒弃分歧，统一共识，对外展示同一文化品牌，增强影响力和辐射力。三是资源融合保护发展，传统体育文化遗产与相关联的海丝物质文化遗产、历史文化资源、自然生态相互融合，营造良好的文化生态环境，提高保护发展的综合效益。

（三）加强政策法规建设，这是廊道建设的保障

一是学习美国国家遗产廊道的做法，加强廊道遗产保护一般法和授权法的建设。一般法负责为遗产廊道类项目提供基本法律依据，授权法专门

负责每个具体的遗产廊道。我国目前尚无先例，福建省可在广泛调研的基础上，先行先试，也可为后期万里茶道（福建段）等其他廊道类遗产提供示范意义。二是参照福建省振兴地方戏曲、传统工艺的做法，体育部门协调文化部门，建立传统体育文化专项发展计划，重视并促进其多元价值的实现。

（四）充实完善"海丝"廊道传统体育文化遗产资源系统

这是廊道建设的核心基石。在目前已有的"非遗"申报资料的基础上，进一步加强"海丝"廊道内传统体育文化遗产资源的挖掘整理研究工作。文化保护单位还应主动深入地搜集项目的原始资料，尤其是能够反映项目的传承谱系、历史文化内涵、存续状态的古文献、文字、图片、影像资料等。采取民间公开有奖征集的方式，面向"海丝"沿线的武馆、社团、传习群体等，扩大搜集范围，尽可能留存文化遗产的源流基因，为资源整合和保护传承奠定基础。

（五）提高文化遗产资源活态利用效益

这是廊道建设可持续发展的动力。传统体育文化遗产的开发利用除了传统的教育培训、养生保健服务等路径外，应以"海丝"文化为特质，重点发展文化创意产业和文化旅游产业。第一，主管部门指导，鼓励社会力量积极参与，以"海丝"传统体育文化遗产为素材，树立精品意识，制作一部影片，创作一部小说，打造一台实景演艺作品，办好一项品牌赛事。第二，省文旅厅联合相关部门重点指导廊道各城市整合资源，将传统体育文化遗产资源与旅游、休闲积极融合，为民众提供观赏型、互动型、体验型等多样化的选择。统一规划线路，统一包装宣传，并适时推动与台湾、"海丝"沿线国家和城市的大区域协作，组建"海丝"旅游联盟，相互推介旅游资源，增强效益影响。

在上述建议的基础上，秉承整体规划、分段管理的思想，构想建设福建传统体育文化"海丝"遗产廊道，建立廊道遗产资源系统、休闲游憩系统、解说系统，对廊道内的文化遗产资源进行整合、开发和利用，最终达成可持续发展的目标。

遗产廊道理论用之于传统体育文化的创新发展实践，这是优秀传统文化传承发展研究思想上的一次新的探索。基于遗产廊道理论的福建"海丝"传统体育文化创新发展打破原有各自为政的局面，以各港口城市为节点，组成线性文化区域，以区域内的传统体育文化遗产为核心资源，融合其他自然、历史、文化资源，进行综合性的保护发展，这也是传统文化传承发展方法应用上的一次新的尝试。

净化政治生态与维护市场经济秩序关系研究

厦门市纪委监委课题组[*]

党的十八大以来，以习近平同志为核心的党中央全面从严治党，反腐败斗争压倒性态势已经形成并巩固发展。但形势依然严峻复杂，腐败对市场经济秩序、良好经济生态以及经济发展的阻碍与破坏仍然十分严重。如何进一步净化政治生态，维护市场经济秩序，保障和促进经济发展，是一个值得研究的课题。

一 正确认识政治生态与经济秩序关系

政治生态是一个地方政治生活现状以及政治发展环境的集中反映，经济生态、经济秩序是经济运行和经济发展综合环境。根据马克思主义政治经济学理论，经济生态是政治生态基础，政治生态又反作用于经济生态。良好经济生态通过建立健全公平公正市场经济体制和秩序，压缩权力寻租空间，为政治生态提供纯净生存环境；而健康政治生态为市场经济提供良好运行环境和政策服务，让经济生态充满生机和活力，二者相互依存、相互影响、辩证统一。

（一）从经济发展看，总体与正风反腐力度同向

十八大以来，党中央旗帜鲜明正风反腐，在我国经济进入转型升级新阶段，GDP增速未出现异常变化。十八大前的2010年到2012年，GDP增

---

[*] 课题组包括：课题指导：孙明忠；课题负责人：周进、张美彪；课题组成员：张永才、谢国辉、于珍凤、张建春、牛君、韩珺、张建艺、熊伟、马元富、严洁凡、温婷婷。

速由 10.6% 下降到 7.7%，下滑 2.9 个百分点，而 2012 年至 2017 年仅下滑 0.8 个百分点。根据全球最大财经资讯公司彭博社调查预测，反腐败将在 2020 年使中国 GDP 提高 0.1 个 ~0.5 个百分点。从厦门情况看，十八大以来，全市纪检监察机关立案年均增长 19.28%，查处违反中央八项规定精神年均增长 12.21%。与此同时，厦门 GDP 年均增长 9.58%，社会消费品零售总额年均增长 10.38%，其中 2017 年餐饮行业零售总额同比增长 6.2%。数据增长背后，更蕴含着挤出公款畸形消费泡沫，消费增长回归理性和正常，行业结构向好的变化。

（二）从经济秩序看，需要强有力正风反腐提供保障

腐败和权力寻租结果，终究是少数企业和个人从不公平竞争中获益，导致正常市场秩序被扰乱，正常市场竞争被破坏。2015~2017 年，厦门市紧盯权力集中、寻租空间大的重点部门和重要领域，坚定不移、精准有序分领域整治，强力打击权力寻租，形成强大震慑。同时督促深化整改，推动建章立制 264 项，公平公正市场竞争环境，风清气正良好政商关系逐步形成，营商环境排名全国第二。

（三）从市场主体看，正风反腐成为加快企业转型升级"催化剂"

当资源红利通过权力之手唾手可得，企业就不会通过技术创新提高质量、降低成本、创新发展，而是借助权力攫取资源，坐收资源暴利。正风反腐斩断企业、个人以腐败谋取政策和经营便利的利益链条，倒逼市场主体走依靠创新、依靠提升产品和服务质量的内生发展道路，极大激发市场主体创新活力。2017 年全市规上高新技术产业增加值占规上工业 67.9%，研发投入占 GDP 比重达 3.11%，入选国家十大知识产权强市创建市。

总的来看，政治生态与市场经济秩序、经济发展相互促进、相互保障，总体呈正向相关性，认为反腐败阻碍经济发展等错误认识是站不住脚的。

二 当前危害市场经济秩序的政治生态突出问题

近年来，厦门市深入推进全面从严治党，风清气正政治生态逐步

形成，公平公正市场经济秩序逐步建立，许多企业人士评价厦门"照章办事、比较规范"。但从查处案件分析，规范之下仍然隐藏乱作为，平静之下仍然存在重灾区，依规之下表现出不作为。具体表现在以下方面。

（一）从思想根源来看，个别党员干部理想信念缺失，法纪意识淡薄

存在谋取私利"权力文化"、拉帮结派"圈子文化"、不守规矩"潜规则文化"等。一是"权力文化"。查处的案件中，权钱交易典型，涉案人员多数都是利用职权收受财物、违规审批，为管理服务对象谋取利益。二是"圈子文化"。政治上相互依靠，经济上相互利用，形成利益同盟，制造隐形壁垒。如市环卫处原处长许某，班子中掌握市垃圾填埋业务的副处长是他外甥女婿，财务总监是他情妇，办公室主任是他一手提拔的心腹，一些通过贿赂许某进入圈子的企业长期垄断市政环卫工程，其他企业则难于介入。三是"潜规则文化"。一些行业特殊、垄断性强领域靠山吃山、靠水吃水，形成潜规则。如车管所案中有的涉案人员就在办公室公开收钱，没按时送钱就刁难变相催交。一些涉及村居范围工程建设项目，被村居干部视为理所应当"生财之道"，有的公然向施工方索要所谓"工程理顺调理费"，有的明火执仗强揽工程等。

（二）从权力运行来看，存在监督制约不到位、宽松软等问题

一是对党员干部特别是"一把手"监督不到位，权力制约虚化失效。党的十八大以来，厦门市查处137起"一把手"案件，说明"一把手"违纪违法仍较突出。虽然对"一把手"有种种制度约束，但仍没破解监督难题。特别是国企，现代企业制度和法人治理结构等还不健全，权力没有科学分解、制衡、约束，有的企业主要领导包揽人、财、物大权，决策失误造成国有资产重大损失屡屡发生。对党员干部日常教育管理监督形式化、表面化，如某国企多名涉案人员剖析，"公司党组织存在感较弱，党员学习教育等活动极少""重大项目动工前反腐警示都被省略，取而代之是对工时工期的一再强调"。二是制度机制不健全不落实，权力寻租尚有空间。一些腐败分子利用权力设租寻租，又利用权力保租护租。有的制度缺乏细化、量化程序和标准，有的廉政风险防控机制不完善，为自由裁量、权力寻租提供了空间；有的制度不落实，成为挂在墙上的摆设。

（三）从市场环境来看，公平公正机制尚需建立健全

一是工程招投标领域问题突出。党的十八大以来，厦门市涉及工程招投标领域信访举报件占到 4.59%。腐败行为渗透于工程招投标各环节，如有的招标单位故意规避招标或虚假招标，设置不合理招标条件、搞"量身定做"；有的投标单位弄虚作假、围标串标、违法分包，不仅严重扰乱正常的市场秩序，而且给工程质量安全埋下了隐患；有的招标代理机构、评标专家为谋取不正当利益，与招标人、投标人暗中勾结，违法操纵招投标等。监管不到位，监管力量、方式和水平都跟不上工程建设发展。二是国有企业监管比较薄弱。党的十八大以来，厦门市查处国企腐败案件 385 件 385 人，涵盖全部市属国企。群体性腐败日益突出，资本化腐败不断发展，有的腐败分子已从消费享乐型向权力"资本化"转化，打着混改、合资、租赁等幌子，搞体外循环、利益输送，变国有资产为私人资产，造成国有资产严重流失，同时也严重破坏了市场公平公正竞争秩序。三是市场准入仍不平等。在对厦门市 271 家民营企业问卷调查中，52.6% 的民企认为市场准入方面国企和民企不平等，对民企存在隐形门槛，比如遭遇投资"禁区"、在银行贷款和金融服务方面受到限制、在税收负担上显失公平、缺乏必要信息服务等，使民企很难和国企竞争。四是社会信用体系仍不健全。守信激励和失信惩戒机制尚未完全形成，难以对企业诚信经营形成约束力。如自建立工程建设项目"黑名单"制度以来，被列入黑名单的不良企业就很少。

（四）从政商关系来看，影响市场效率问题依然存在，亲清关系尚需提升

一是政府与市场边界尚需进一步厘清。"放管服"改革还需深化，多头、交叉管理等问题仍存在，政府与市场作用边界还需进一步明晰。有的企业反映，政府部门虽然管理创新取消收费，却又要求提供第三方监测、安全检测等报告，费用比原来还高，反而加重企业负担。一些惠企政策实

际落地较少，问卷调查显示，37.9%的民营企业认为近三年来厦门市出台的多项民营经济发展政策未对企业形成助力，企业获取政策信息成本过高，且由于门槛设置较高、手续办理复杂、兑现时间长等因素，实际很难适用和落地。二是政商关系把握尚需进一步提升。从政府一些部门来看，"亲""清"关系把握不够好。有的干部在与企业交往中，逾越了公与私、法与纪界限，而有的则走向另一极端，躲商、惧商甚至抑商，搞"缓作为""软拒绝"。政商之间合理、正当、必要沟通渠道不畅通，给政商关系蒙上了阴影。从企业方面来看，仍有某些企业"主攻方向"不是提质增效或创新，而是希望借助潜规则、暗操作套取项目、资金，获得特殊待遇、排挤竞争对手、攫取非法利益，严重破坏公平公正市场规则，污染经济生态。三是一些干部不担当、不作为问题仍然比较突出。虽然"吃拿卡要"现象得到有效遏制，但"为官不为""庸懒散"等问题依然存在，"门好进、脸好看、事难办"现象比较突出，主要表现在缺乏担当"不想为"，能力不足"不善为"，明哲保身"不敢为"，缺乏责任"慢作为"等。

三 进一步净化政治生态、维护市场经济秩序对策措施

（一）加强思想政治建设，发展积极健康政治文化

政治文化是政治生活灵魂，从思想上清除政治生态"污染源"，才能促进政治生态正本清源、固本培元。一是加强理想信念和纪律教育。用习近平新时代中国特色社会主义思想武装头脑，推进"两学一做"学习教育常态化制度化，以"不忘初心，牢记使命"主题教育为契机，深入开展理想信念、宗旨意识和纪律教育。把党章党规党纪作为党委（党组）中心组学习和各级党校培训必修课。加大警示教育力度，凡查结的党员领导干部违纪违法案件，都在本地区本部门开展警示教育，以案释纪明纪，切实使铁的纪律转化为党员干部日常习惯和自觉遵循。二是发展积极健康政治文化。严明政治纪律和政治规矩，坚决防止和反对宗派主义、圈子文化、码头文化，彻底消除"关系学""潜规则"生存土壤。弘扬忠诚老实、公道正派、实事求是、清正廉洁等价值观，坚决抵制商品交换原则对政治生态侵蚀。三是强化主体责任落实。党委及主要负责人把履行政治生态建设主体责任作为重大政治要求来落实，定期分析研判本地区本部门政治生态情

况，建立健全政治生态和干部廉政档案，有针对性加强政治生态建设。纪委强化监督执纪问责，当好政治生态"护林员"。建立健全政治生态考核评价和结果应用体系，把政治生态建设情况纳入全面从严治党主体责任检查、巡视巡察和领导班子考核重要内容，考核结果作为干部调整使用、绩效考核、评先评优、问责处理重要依据。加大问责力度，对政治生态建设不力导致政治生态恶化、腐败问题多发频发的，严肃追究责任，切实使政治生态建设成为硬约束。

（二）持续深化分领域整治，斩断官商勾结利益链条

腐败是政治生态最严重污染源和经济发展最大毒瘤，坚持无禁区、全覆盖、零容忍，始终保持惩腐高压态势。一是深化分领域整治。紧盯重点领域和关键环节，着重查处选人用人、审批监管、金融信贷、工程招投标、国有企业经营管理以及公共财政支出等方面腐败问题，坚决查处发生在领导机关和重要岗位领导干部中插手工程建设、土地出让、侵吞国有资产、以权谋私等案件，形成强大震慑。二是坚持受贿行贿一起查。建立健全"查受贿带行贿、查行贿带受贿"双向查处机制，形成双向打击。对涉嫌行贿违法犯罪的，移送司法机关处理；通过行贿获取经济利益依纪依法没收；完善行贿信息查询管理和相关行业市场准入制度，对行贿者日常经济活动作出严格限制，让其寸步难行，付出高昂代价。三是做好监督执纪"后半篇文章"。建立健全惩治成果向预防成果转化机制，剖析典型案例，查找发案规律、制度漏洞和管理薄弱环节，有针对性建章立制，切实以一地方一部门政治生态逐步修复，推动整个政治生态不断改善。

（三）建立健全制度机制，切实压缩权力寻租空间

制度是政治生态建设重要支撑要素，要推进制度建设，把权力关进制度笼子。一是厘清政府与市场作用边界。深入推进"放管服"改革，严格实行权责、负面、涉企收费清单等制度，清单之内政府部门必须履职尽责，清单之外禁止擅自设权扩权。进一步完善市场运行机制，降低各种技术壁垒和门槛，促进市场主体依法经营，有序竞争。加快推进诚信体系建设，建立全覆盖信用信息共享平台、失信"黑名单"制度和商业贿赂档案查询系统，形成"守信激励、失信惩戒"信用引导和惩戒机制。二是健全

重点领域监管机制。加快推进统一规范公共资源交易平台建设，推行网上招标、投标、评标，健全招投标全程公开机制，加强对招投标活动监管。探索建立重大工程廉政风险同步预防机制和工程竣工联合验收机制，实施事前、事中、事后监督。健全国有企业权力制衡机制，决策、执行、监督权相互分离、相互牵制，党委会、董事会、监事会和经理层责权明确，各自发挥作用。建立健全重大决策事项报告和决策行为留痕管理制度，使决策可追溯、能监督、可追责。三是提升制度执行力。增强制度认同。建立健全重要制度专家论证、会议听证、公众意见征求机制，以及法规制度合法性审查机制，使制度能够反映最大多数人诉求。强化制度执行。建立健全制度执行刚性督查、问责、惩戒机制，坚决防止破窗效应。

（四）强化权力监督制约，切实规范权力运行

权力腐败必然污染甚至颠覆性破坏政治生态，要确保权力运行到哪里，监督就延伸到哪里。一是加强对领导干部特别是"一把手"的监督。制定加强对"一把手"监督措施，推行主要领导不直接分管具体事务制度，形成"副职分管、正职监管、集体领导、民主决策"机制。完善领导班子议事、干部提拔任用问责和领导干部插手重大事项记录等制度，领导干部违规干预、插手干部选拔任用、工程建设、执纪执法的，应当记录并及时向上级党委和纪委报告。坚持和完善领导干部个人有关事项报告制度，党组织主要负责人个人有关事项应当在党内一定范围公开，主动接受监督。二是深化廉政风险防控。建立健全廉政风险监督检查、考核评价、责任追究、预警纠错、修正改进等机制，形成严密防控体系。加大运用科技手段防控和监督力度，实现行政审批、行政处罚网上办理，电子监察实时监控，权力运行"进系统、留痕迹、可追溯、有监督"。加快建设包括重大投资项目、"三重一大"、预防腐败信息、舆情监测等信息化监督平台，加强对全市特别是经济领域相关部门、国有企业经营管理等的防控监督。三是增强监督合力。把党内监督同国家机关、民主、司法、群众、舆论监督贯通起来，推进纪律、监察、巡视巡察、派驻监督全覆盖，构建横向到边、纵向到底监督体系。加大政务公开力度，审批清单、流程、标准等必须向社会公开，促进权力阳光透明运行。

（五）构建亲清政商关系，激励干部担当有为

发展经济社会事业，建设廉洁政治环境，离不开良性互动政商关系。一是进一步优化营商环境。探索成立营商机构，加强对营商环境建设的综合协调、督查督办、明察暗访、定期通报等工作；纪检监察机关加强监督检查，对影响和破坏营商环境问题进行查处。逐项清理、集中公布涉及非公企业优惠政策，确保扩大非公企业市场准入、平等发展等政策百分之百落到实处。严格落实国家全面清理规范涉企收费措施，进一步规范第三方中介机构收费，实施收费项目清单管理，做到"清单之外无收费"。健全非公有制企业申诉受理机制，及时回应企业诉求。二是进一步构建"亲""清"政商关系。各级各部门"亲"字当头、"清"字托底，真心实意帮助企业解决实际困难、支持企业发展壮大。健全完善党政、人大、政协领导与企业经常性沟通联络、挂钩联系和各有关部门与企业交流机制，加强对企业精准服务。非公企业人士树立靠市场而非靠关系观念，遵纪守法办企业、光明正大搞经营，不断提升核心竞争力。三是坚决整治"为官不为"、懒政怠政。探索治理"为官不为"长效机制，坚决整治对企业合理诉求不主动协调处置、合法权益不予保护等不作为、慢作为行为。建立健全鼓励干部担当作为激励机制和容错机制，宽容改革失误，营造敢于担当、干事创业良好氛围。

厦门打造两岸融合发展示范区研究

厦门大学台湾研究院　沈惠平　邓小冬　林骏

自 2016 年习近平总书记提出"深化两岸经济社会融合发展"以来，推动两岸经济社会的融合发展是当前大陆对台政策和对台工作的重心和主轴，也将是未来两岸关系发展的重要动力、特征和主旋律。①

一　厦门打造两岸融合发展示范区的优势与潜力

（一）厦门打造两岸融合发展示范区的已有优势

1. 地理、人文优势。厦门是因"台"而设的经济特区，地理、人文优势是厦门促进两岸融合发展的最大优势和独特优势。

2. 两岸交流合作的优势。厦门正在努力发挥两岸交流合作中的"窗口"、"试验田"和"排头兵"作用，树立起两岸交流合作的"厦门样本"。

3. 政策优势。近年来中央不断赋予厦门一系列先行先试政策，这使其在深化两岸融合发展、推进两岸关系发展方面具有明显的政策优势。

（二）厦门打造两岸融合发展示范区的待挖掘潜力

1. 厦门作为"21 世纪海上丝绸之路核心区"的战略支点城市与海西区重要中心城市之一，具有更宽松的对台政策环境，在打造两岸融合发展示范区方面具有极大的潜力。

---

① 习近平：《在参加上海代表团审议会议上的讲话》，新华网，http://www.gw-ytb.gov.cn/wy'y/201603/t20160305_11402896.htm，最后访问日期：2016 年 3 月 5 日。

2. 从厦门本身的发展目标与规划来看，其进一步强化对台交流合作与融合发展的空间很大。《厦门市国民经济和社会发展第十三个五年规划纲要》中提出要"围绕建设'两岸交流的窗口城市'，积极先行先试，大力推进厦门深化两岸交流合作综合配套改革，切实发挥在推动两岸和平发展和祖国统一进程中的战略支点作用"。

3. 其他有利条件。一是厦门经济社会快速发展，已吸引众多台湾同胞到当地学习、工作与生活；二是厦门可以闽南文化为纽带，建设一批两岸文化交流合作平台和文化产业基地；三是厦门的高校多，可提供相关的智力支持。

二 打造两岸融合发展示范区的对策建议

所谓两岸融合发展示范区，即厦门在两岸融合发展中起到标杆示范的作用，成为大陆其他省市、地方学习借鉴的典范，成为台湾民众参与和分享大陆经济发展、融入大陆社会的窗口。为此，建议在市委、市政府统一指导下，成立两岸融合发展示范区委员会，下设经济、社会、文化与青年四个分委员会，具体规划、组织、协调、落实与监督两岸融合发展示范区的建设。可从以下四个方面入手。

（一）打造两岸经济融合发展示范区

1. 定期举办"厦台经贸论坛"，打造成为两岸标志性的论坛品牌与平台。一是项目方面，打造类似博鳌亚洲论坛的品牌项目，每届论坛精选1~2个议题进行深入研讨；二是参与者方面，活动影响力的大小很大程度上取决于参与者的知名度；三是借助媒体、微博、Facebook等媒介进行深入宣传。

2. 深化厦台经济交流、产业合作与融合发展。一是进一步搭建对台产业、经贸合作与人员往来的平台过程；二是尽快出台《关于推进在厦台资企业加快转型升级的意见》，发布更多优惠措施助推台资企业在厦转型升级；三是在配套政策上，厦门给予台湾绿色产业以同等待遇，鼓励台资企业在厦门投资或从事绿色生态产业，打造两岸绿色产业合作示范区。

3. 加快厦门自贸区建设，打造两岸"无障碍"的直接往来平台。一是依托自贸试验区先行先试的政策优势，不断探索两岸货物和人员往来的新途径；二是不断拓展对台开放新领域，除了允许台湾居民在自贸区注册个体工商户，还要让台湾律师、建筑师、药剂师等行业的专业技术人员均可在自贸区内直接换证、开展业务；三是积极开创两岸合作新机制，全面实现厦台两地关检信息共享和数据对接，打造厦台高效、便捷、安全通关机制。

（二）打造两岸社会融合发展示范区

1. 向上争取更多的立法权限，尽快给予在厦台胞"同等市民待遇"。一是先行先试，为在厦的台湾企业提供在产业扶持、科研补助、品牌建设、市场开拓等方面较内资企业更优惠的待遇；二是进一步放宽在厦台胞的工作和定居条件，继续完善台胞在厦置产置业、办证、出行、就业、子女就学等方面的配套服务工作；三是继续鼓励在厦台商、台湾专业人士和优先人才依法参选担任人大代表或政协委员，加入厦门社团组织等；四是在赋予台湾青年与大陆青年同等待遇的同时为他们在厦门安家立业提供积极的政策支持。

2. 提升在厦台胞的适应感与融合度。一是统筹安排促进两岸社会融合发展工作，建立跨部门的工作协调机制，提高各部门的协同作战能力；二是细化台湾民众前来厦门工作生活的辅导措施；三是提升在厦台胞权益保护的透明度；四是加快在医疗卫生、社会保障、工作就业、出入境等方面的创新力度，为台胞来厦生活、定居提供更宽松、更便捷的社会环境，使台湾同胞一进入厦门就有回到自己家乡一样的感觉；五是为在厦台胞参政议政提供实际的经费与政策支持，吸引更多台胞参与到"美丽厦门"共同家园的建设之中。

3. 深化社区融合，进一步打造台胞最温馨家园。一是成立相关的社区融合委员会或办公室，在市委、市政府的领导下，市台办、发改委、民政局、人社局等部门进行全方位、立体式的沟通、联动与合作，多引入台湾因素，使社区治理模式具有浓厚的台味；二是不断完善涉台法规、规章，为台胞的工作、居住等提供法制保障与便利服务；三是吸纳更多的台胞参与社区治理，特别是参与居民委员会的运作。

（三）打造两岸文化融合发展示范区

1. 定期举办"厦台文化论坛"。建议成立"厦台文化融合发展委员会"，以"大文化"的格局来整合此类活动，每年定期举办"厦台文化论坛"（每年1~2次，安排在4月底或10月底），下设若干个分论坛，涉及文化、教育、新闻出版、体育、宗教等领域，打造一批两岸文化融合发展的精品工程与品牌工程。

2. 深化厦台特色文化交流与融合。建议设立"闽南文化发展基金会"，目标在于：一是推动开展闽南文化月、闽南文化节，以闽南历史文化传承为方向，加快厦台之间寻根谒祖、宗教朝圣等人文旅游项目建设，持续办好保生慈济文化节、郑成功文化节等民间感情交流的节庆平台；二是建设闽南文化博物馆；三是推动闽南文化电子化、建立闽南文化产业园。

3. 拓展厦台宗亲交流与融合。一是成立"厦台宗亲交流办公室"，有计划、有针对性地组织与协调厦台两地的宗亲交流活动；二是搭建各种宗亲交流与融合的平台，鼓励厦台两地的宗亲会、同乡会、联谊会等社团之间进行更加紧密的互动；三是设立"涉台文物古迹保护基金会"，大力资助相关机构或团体继续发掘至今未被保护的涉台文物古迹；四是简化审批程序，开辟厦台宗亲交流往来的快速通道，为拓展厦台宗亲交流与融合发挥应有的更大作用。

（四）打造两岸青年融合发展示范区

1. 打造两岸青年学习示范基地。一是建议由厦门市台办、厦门市团委等相关单位共同组建"厦台青年学习促进工作小组"，设立专项基金或奖学金如"嘉庚奖学金"（面向台湾学生），提高台湾青年来厦学习的奖学金，资助台湾青年尤其是南部青年来厦高校就学；二是推动设立厦台高等教育合作综合改革试验区，共建人才、技术和信息资源共享平台；三是将厦台青年交流纳入"海丝"沿线国家、地区青年人的青年交流机制中，通过论坛、交流、比赛、培训等形式，加强互动、塑造共识。

2. 打造两岸青年实习示范基地。建议设立专项资金，一是加快建设"两岸青年实习基地"，让更多台湾青年尽可能提早在大陆实习，熟悉大陆市场；二是让台湾年轻"创客"（maker）以及他们最新孵化的科技成果可以借助厦门"海丝"平台同厦门乃至更多大陆省份、城市的科研和市场相结合，为他们的就业和成长创造更多机会，并产生潜在的巨大商机。

3. 打造两岸青年创新创业示范基地。一是尽快制定厦门市《关于鼓励和支持台湾青年创业就业扶持政策》，在"房租减免、规模奖励、融资政策、生活保障"等方面给予大力度的优惠和扶持；二是每年定期举办"两岸青年就业创业研讨会"，打造厦门"台湾青年人才创新创业示范基地"；三是结合厦门经济社会发展及青年创业等特点，做好鼓励与支持青年创业相关政策、法规的顶层设计，如创业初期特殊税收减免政策、知识产权保护措施等；四是通过深化两岸青年创新创业平台，实现优势互补，推动两岸青年在解决问题的过程中，形成合作的契机，为促进共同发展创造条件。

把"四种形态"贯穿监督执纪全过程研究

厦门市纪委监委课题组[*]

监督执纪"四种形态"是对党的十八大以来全面从严治党实践的总结、认识的深化、理论的升华,是全面从严治党的治本之策。实践"四种形态"必须结合实际灵活把握,综合运用,做到依纪、规范、有序、高效,切实把纪律和规矩挺在前面,推进全面从严治党取得实效。

一 厦门市运用"四种形态"的实践及成效

(一)"四种形态"的含义解析

王岐山书记指出,"四种形态"都是为了惩前毖后、治病救人,必须改变要么是"好同志",要么是"阶下囚"的状况,真正体现对党员的严格要求和关心爱护。"四种形态"主要涉及的都是党纪监督,包括批评教育、组织处理、纪律处分等,严厉程度层层递进、相互衔接,就是要在党员干部走向违法犯罪的道路上设下多道纪律防线,防止干部滑向腐败的深渊。实践"四种形态",就是要把多用、善用党纪监督作为努力方向,发现苗头及时提醒,对待"小错"及时处理、帮助改正,这样,党员干部犯"大错"的机会自然大大减少,从而真正实现遏制腐败增量的目的,见表1。

表1 "四种形态"含义解析

	不当行为的性质与情节	党纪监督的方式	数量或频度	监督类型
第一种形态	轻微且不构成违纪	批评教育	常态	纪律监督

---

[*] 课题组人员包括:课题指导:孙明忠;课题负责人:黄聪敏、颜文聪、郑智敏;课题组成员:谢国辉、岳庆就、张建艺、高志伟、严洁凡、温婷婷。

续表

	不当行为的性质与情节	党纪监督的方式	数量或频度	监督类型
第二种形态	轻微违纪	党纪轻处分、组织处理	大多数	纪律监督
第三种形态	严重违纪	党纪重处分、重大职务调整	少数	纪律监督
第四种形态	严重违纪涉嫌违法	立案审查	极少数	纪律监督+法律监督（往往同时违法甚至严重违法，需要纪法衔接）

资料来源：根据 2016 年厦门市纪委运用"四种形态"处置的相关数据统计。

（二）厦门市运用"四种形态"的实践及成效

2016 年以来，厦门市坚决贯彻中央纪委和省纪委部署要求，坚持在纪律审查中敢用、善用、用好"四种形态"，2016 年全市运用"四种形态"处置 2845 人，其中第一种形态 2262 人，第二种形态 268 人，第三种形态 254 人，第四种形态 61 人，见图 1。

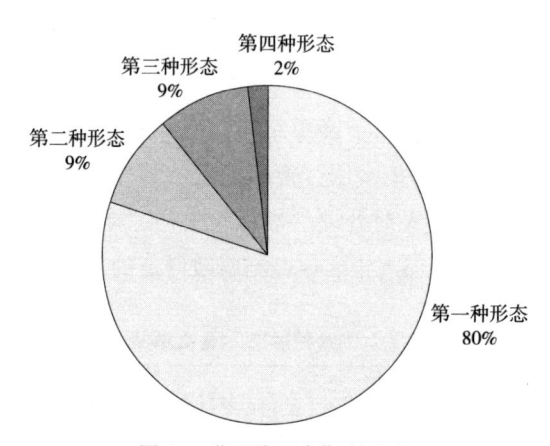

图 1　"四种形态"的占比

资料来源：根据中央纪委领导讲话精神及相关文件整理。

1. 用好谈话函询，做到关口前移。出台《廉政谈话提醒工作实施办法（试行）》，组织召开专题会议，举办业务培训，加大核查检查和业务指导力度，座谈调研解决工作中存在的认识滞后、行动滞后、能力滞后的问题，谈话函询的数量、质量都有明显提升。2016年全市共开展谈话函询2262件（次），比2015年全年总量增长1129%。在全市立案数各项指标同比大幅上升的情况下，谈话函询、轻处分和组织处理人数占监督执纪总数的比例超过91%，位居福建全省前列。

2. 强化纪律审查，做到全面覆盖。创新监督执纪理念，转变执纪审查方式，坚持用党章党规党纪衡量违纪行为，加大对政治纪律、组织纪律等的查处力度。把运用重处分和重大职务调整，作为落实"四种形态"的重点、难点问题，针对4起党员干部严重违纪的案件实施"断崖式"降级处理，向全市释放出纪律红线不可触碰的强烈信号。

3. 推进纪法衔接，做到挺纪在前。坚持"先纪律再法律、先处分再移送"，在案件调查过程中，由"慢查细抠"向"快查快结"转变，做细做实初核工作，选对选准进点约谈对象，加快办案节奏。违纪问题一旦查清后，涉嫌违法问题及时移送司法机关，并做到绝大部分在侦查终结前作出党政纪处分。2016年，厦门市给予党纪政纪处分543人。其中，移送司法机关61人，同比下降27%。

4. 牵住"牛鼻子"，压实主体责任。将加强纪律审查和监督检查作为推动责任落实的有力抓手，持续强化"一案双查"、责任倒查力度，健全问责机制，坚持有责必问、问责必严，推动各级党组织真正把主体责任扛起来。2016年共对148名领导干部和2个党委班子实施党风廉政建设责任追究，同比上升27.6%，其中党政纪处分31人，组织处理2人，通报曝光典型问题19期20起。

二 存在问题及原因

（一）思想认识存在偏差

对"四种形态"的本质要求、核心要义等基本问题上还存在模糊不清的理解认识，主要存在两种错误倾向。

1. "抓大放小"的惯性思维。有的纪检监察机关、纪检监察干部思想上没有转变，仍然存在以抓大案要案为主的政绩观和"查深查透、吃干榨尽"的惯性思维，把大量精力、执纪资源都投入对违法犯罪问题的查处上,而忽视对违反纪律行为的审查,对抓早抓小不用心、不用劲,把一般违纪问题当作"小节",不过问,不查处。有的对已构成违纪但够不上违法的案件,存在"养案存案"现象,总想着放一放再查,非要做成移送司法的案件,使得干部在错误的道路上越走越远。

2. "力度减弱"的错误判断。有的干部没有认识到"四种形态"是一个努力方向,而非刻板的执纪标准,反而错误地认为"四种形态"是反腐败高压态势放松的标志,认为今后对严重违纪也只选择极少数给予惩处。有的甚至萌生了"人为调控"的片面化理解,错误理解"四种形态"的要求,为了营造看似合理的分布情况,在思想上开始出现人为增加或者减少某种形态的倾向,如刻意减少移送司法案件等。

(二)责任落实不够到位

实践"四种形态"是对各级党组织落实全面从严治党主体责任的重要内容,然而实践中还有不少干部认为这仅仅是对纪委提出的要求,与党委无关。有些党组织虽然责任意识相比以往有所增强,但在工作落实上还存在办法不多、效果不好等问题,特别是在如何严肃党内政治生活、加强干部日常监督管理、把党建日常工作与"咬耳扯袖""红脸出汗"有机结合等方面还存在许多薄弱环节;一些党委组织协调不力,在大数据的沟通共享、反腐败协作配合以及问题线索的收集研判等方面没有形成行之有效的机制,也不善于综合运用党纪处分、批评教育与组织处理,难以实现这三种处理方式的有机衔接。同时,组织部门、司法机关等相关职能部门在实践"四种形态"上不够积极主动,其所处地位、肩负责任、具体职能等没有明确定位,如组织人事部门往往根据纪检监察机关提出的有关建议,再启动组织处理措施,处于被动实施状态。

(三)制度配套尚不完善

"四种形态"的独立运用和相互转换,都需要明确具体的制度、程序和技术支撑,但目前相关的制度配套还不够完善。一是有关第一种形态运用的有关制度不完善,导致运用上的不够规范,实践中有的任意扩大,将一些不属于问题导向的一般性谈心谈话、任前谈话等不加以区分,笼统地纳入进来;有的又拘泥形式,将第一种形态等同于廉政谈话提醒,不善于灵活运用。二是有关组织处理、组织调整的相关规定存在内容碎片化、处理种类不规范、适用标准不统一等问题。三是有关不同形态相互转换的规定不够明确。不同形态都有其特有的适用条件、范围和标准，必须严格规范运用。但目前有关不同形态的相互转换、如何有效约束自由裁量权等尚未形成规范的制度，导致有的纪法处置明显不当，错误处理违纪违法问题，把一些涉嫌违法犯罪的问题用纪律来处理，该深查的不深查，该重处的不重处，该移交的不移交。特别是有的不经集体研究，个人擅自决定；有的受领导意志、网络舆情等因素影响，运用纪律处分或者组织处理较为随意；还有的打着"四种形态"的幌子，办人情案、关系案，把严重问题"大事化小"，把严重违纪行为作为轻微违纪行为来处理。

（四）方法措施还较滞后

无论是实现"抓早抓小"，还是"快查快结"等方面，都存在方法措施比较落后的问题，执纪手段仍有待进一步实现质的突破。线索处置环节，存在对党员干部问题线索管理尚未做到全覆盖，对问题线索处置不及时，跟踪、监督不到位等问题。纪律审查环节，一些地方在查处程序、手段及证据固定上仍然缺乏纪律特色，追求把所有违纪和违法问题都查清楚。一些地方为体现纪法分开，人为地将线索分割，忽视了严重违纪问题往往隐藏在轻微违纪错误的表象之下的审查规律，导致一些其他违纪问题线索流失，未能引起重视等问题。执纪审理环节，存在对涉嫌犯罪问题的审核投入过多精力，实际上成了司法机关的"预审室"；没有充分发挥审理对纪律审查方式转型的倒逼作用等问题。同时，从线索处置、纪律审查到执纪审理等环节，存在程序、手续烦琐，文书格式不统一，检验评价机制不健全，应用信息化程度不高等问题，影响了"四种形态"的运用效率。

（五）能力素质仍不适应

"四种形态"是一个完整的逻辑体系，在监督执纪上更加细化、更加严格、更加全面。运用"四种形态"需要很强的政策把握能力，需要很实的工作作风，需要强烈的事业心和责任感。然而，一些纪检干部的能力水平还不能适应"四种形态"的要求，不愿监督、不敢监督、不善监督等问题比较突出。对执纪审查得心应手、驾轻就熟，而对如何让"红红脸、出出汗"的第一种形态成为常态，心中无数、方法缺失，不善于用党章党规党纪去教育挽救党员干部；有的在定性量纪上存在偏差，尺度把握不准，性质相同、情节相似的违纪事实，有时在不同地方产生不同的处理结果；有的个人顾虑也多了，怕得罪人，怕影响个人政治前途，甚至被打击报复。

三 对策措施

"四种形态"是一个完整的逻辑体系，每种形态背后都有理论、制度和纪律的支撑，是监督执纪理论和实践的创新。党的十八届六中全会审议通过的《中国共产党党内监督条例》正式把"四种形态"列入条文，要认真贯彻落实十八届六中全会精神，通过转变工作理念，健全责任体系，创新方法方式，完善配套制度，提升执纪能力等，切实把"四种形态"各项要求落到实处，达到遏制腐败增量，减少腐败存量，营造风清气正良好政治生态的目的。

（一）转变思想观念，强化纪律思维

正确理解把握"四种形态"的精神实质、要求标准，在思想上紧紧扭住纪律不放。各级党组织要坚持把纪律和规矩挺在前面，加强和规范党内政治生活，强化日常监督管理，加大廉政谈话提醒力度和密度，让批评与自我批评，"咬耳扯袖""红脸出汗"成为常态。特别要提高民主生活会质量，对班子成员存在的普遍性问题，轻微违纪违规问题，巡视反馈的领导干部"四风"问题，经函询需要作出说明的问题等，及时召开民主生活会解决。各级纪委要回归党章"原教旨"，聚焦监督执纪问责，把工作目标从"盯违法"向"盯违纪"转变，工作手段从"抓大放小"到"抓早抓小"转变，工作重点从"惩处极少数"向"管住大多数"转变，处理方式从"单一化"向"多样化"转变，坚持纪在法前，纪严于法，管住从"好同志"到"阶下囚"的中间地带。树立正确的执纪观和政绩观，牢牢把握查办违纪案件是成绩，开展谈话函询、给予处分和组织处理、为干部澄清事实也是成绩，切实把践行"四种形态"作为衡量工作成效的标准。

克服以法代纪的思维定式,明确纪法两端的不同工作要求,建立健全查清部分违法事实后就及时移交问题线索的有效机制,对违纪问题严查细查,对违法问题"分段立尺"、科学处理。

(二)健全责任体系,强化责任落实

"四种形态"既是对纪委监督责任的要求,更是对党委主体责任的要求。无论是党内关系正常化,开展批评与自我批评,还是党纪处分、组织调整,直至立案审查,都是管党治党的日常工作,都要由各级党组织特别是党委来领导决定和组织实施。建立健全责任清单,细化落实"四种形态"内容,抓好责任分解,明确党委、纪委和职能部门在实践"四种形态"中的任务和要求。进一步完善党委述责述廉、约谈函询、签字背书等制度,细化量化履责情况考核指标体系,加大监督检查力度,层层传导压力。改革完善并充分发挥反腐败协调小组职能,强化纪检监察机关同司法、审计等部门的协作配合,完善信息沟通机制,及时通报重要问题线索、移送案件资料,跟踪反馈执纪执法情况,把严格执纪与严格执法有效衔接起来,既确保党员干部的违纪问题得到严肃处理,又确保其违法问题受到应有惩罚。建立健全责任追究机制,加大对落实"四种形态"不力的组织和个人的追责力度,对管党治党不严不实,疏于教育管理监督,"四风"和腐败问题严重,以及有案不查、压案不报等,坚决问责,确保"四种形态"刚性执行。

(三)创新方式方法,强化综合效果

在监督执纪的各个环节,都以纪律的尺子进行衡量。在谈话函询环节,突出权威性、严肃性。谈话要带着问题线索谈,精准"点穴"、戳到痛处,防止以谈工作代替谈思想,以交换意见代替严肃批评,谈话内容记录在案。函询要确保质量,不仅要认真落实签字背书制度,对不如实说明问题、向组织提供虚假情况,掩盖事实的,严格追究纪律责任,对审查把关不严的党组织负责人严肃追究责任。加大对谈话函询的再核查力度。在线索处置环节,突出"零暂存""全覆盖"。全面推行检举控告类初信初访办理"零暂存"制度。建立问题线索动态清理和归口管理制度,对线索处置流转节点实行电子化全程痕迹管理,严防线索分散式

"体外循环"。建立线索集体排查评估机制，严格依照"拟立案、初步核实、谈话函询、暂存、了结"五类标准，对问题线索进行分类处置。对有疑问的问题线索，集体会诊、仔细甄别，提高处置的精准度。在发挥好信访举报这一发现问题线索"主渠道"作用的同时，通过网络举报、舆情分析，以及巡视巡察、专项检查、经济责任审计等，不断拓宽发现问题渠道。在纪律审查环节，突出抓早抓小、动辄则咎，加大对违反六大纪律行为的监督查处力度，既重点查处不收敛、不收手的严重违纪违法行为，也重视审查轻微违纪行为。坚持快查快结，在确保质量的前提下，严格控制审查时限。在执纪审理环节，突出纪在法前、纪法分开，聚焦违纪问题，严格依从纪律为尺，加强对纪律条规适用和处理方式的审核。探索轻处分案件适用简易程序的审理工作机制，在遵守审理基本程序前提下，简化手续、慎审快结。改进审理文书，用纪律语言描述违纪行为并反映其特征本质，体现纪律特色。同时，建立教育效果反馈和警示机制。对轻微违纪行为处理后的改正情况，及时跟踪反馈，保证处理效果的落实。对典型案件及时点名道姓通报曝光，发挥警示作用。

（四）完善配套制度，规范监督执纪

积极探索"四种形态"适用标准及执纪程序，明确每一种形态在什么情况下使用、需要什么必经程序，构成违纪的及时处理，涉嫌违法的及时移送司法机关。探索建立形态之间转换标准、程序及批准部门等机制，特别是第三、四种形态之间的转换，可探索报再上一级党组织批准的机制等。探索建立组织处理与纪律处分相适配制度，规范组织处理标准和程序，对受到纪律处分的党员干部，根据其违纪的事实、性质、情节、危害等，辅之以相应的组织处理或组织调整措施，防止出现纪律处分"失灵"现象。建立健全监督制约机制，围绕监督执纪风险点和薄弱点，加强廉政风险防控和内部巡察，压缩自由裁量权，严肃查处违纪违规行为，防止权力滥用。

（五）加强队伍建设，强化组织保障

适应"四种形态"要求，加强纪检监察干部队伍思想、能力、作风建设，为正风肃纪提供坚强组织保障。加强思想教育，坚定理想信念，做到不忘初心、忠诚于党，坚守政治立场，敢于担当、敢于监督、敢于负责，坚决维护党章、执行纪律，对违纪行为坚决"亮剑"。围绕"四种形态"的能力需求，建立健全业务培训、岗位练兵、以案代训、轮岗交流、跟班学习等常态化学习培训机制，提升把握全面从严治党、党风廉政建设和反腐败工作全局能力，以及思想教育、发现问题、谈话沟通、识别和处置违纪行为等能力，确保精准执纪、规范执纪。培养严、细、深、实的工作作风，切实做到情况明、数字准、责任清、作风正、工作实，用铁的纪律打造忠诚、干净、担当的纪检监察干部队伍。

充分利用厦门市高素质、高颜值资源禀赋，大力发展康养产业的建议

民革市委课题组[*]

一 引言

习近平总书记在金砖会晤期间，对厦门经济、社会建设所取得的巨大成就给予了充分肯定，多次为厦门点赞，称厦门既是一座高素质的创新创业之城，也是一座高颜值的生态花园之城。如何进一步将这高素质、高颜值的资源禀赋转成化成优质的产业资源，使其更好地服务厦门市的经济、社会发展，这是一个全新命题，值得我们认真研究。

经过系列调研，课题组认为厦门的资源禀赋，很适合发展康养产业。随着经济社会快速发展，人们希望过上高品质生活的愿望越来越强烈、要求越来越高，健康已成为人们生活的一种普遍追求。涵盖养老、养生、医疗、文化、体育、旅游等诸多业态的康养产业，正在成为备受国民关注的新兴产业，成为现代服务业的重要组成部分，既关系国民的生存质量，也影响着经济社会全面发展。

当下，厦门发展康养产业正可谓天时、地利、人和诸要素已经完全具备。我国已步入中等收入国家行列，厦门已经发展到了可以比肩发达国家的程度，加之厦门经济建设、文明建设取得的巨大成就和自身拥有的得天独厚、别人不可复制的人文历史、自然气候等资源优势，已具备发展康养产业的条件和基础。厦门市应把康养产业作为新兴产业来培育、打造，尽快抢占国内外康养产业发展的制高点。

---

[*] 课题组成员：马明炬、卓成德、卢秀琼、陈彼得、简裕卿、兰岚。

二 对厦门市发展康养产业的思考

要充分借鉴"康养+"的产业发展模式,以"康养"理念为中心,以医疗、旅游、农业、运动、工业五大核心领域为半径,实施同心圆发展战略,构筑起多产业共同支撑的优势产业体系——康养产业。

(一)怎样认识康养产业至关重要

1. 要以全链化思维来定位康养产业。要把康养产业发展成优势产业,就要突破康养产业仅仅是服务业的定位,要将康养产业融入第一产业、第二产业、第三产业,扩展到健康、养老、医疗、旅游、运动、文化、科技等众多领域,延长产业链,覆盖全产业。

2. 要摒弃康养仅仅是养老的传统思维和定式。康养是人们生命全周期内都存在的现实需要,内涵和可以提供的服务产品极其丰富,服务对象可以遍及全世界的所有人群,市场潜力非常巨大,可以作为产业来做;而养老应该是针对为本地高龄老人提供的一种社会服务和保障,是社会事业。

(二)要着力打造好有利于引领推进康养产业发展的环境

1. 厦门要以前瞻的眼光抓住机遇发展康养产业。要充分利用国家大力推进"健康中国建设"和加快推进养老与健康等现代服务业发展的大好时机,把发展养老养生、休闲旅游、医疗卫生、运动健身等作为大力发展康养产业的切入点,把厦门打造成"康养+产业"发展的示范区。

2. 产业发展要坚持政府引导、突出规划先行、财政资金撬动。坚持政府引导、市场主体、部门协作、多方参与的原则,从战略定位、发展模式、空间布局、产业体系构建、措施、路径等方面,进一步编制出厦门市康养产业发展规划。设立康养产业发展基金,力争以有限的财政资金撬动社会资本积极投入康养产业。

3. 全力推进产业深度融合和不断创新康养模式。着力推动康养产业与其他产业互动融合,力争在"康养+医疗""康养+旅游""康养+农业""康养+体育""康养+工业"等方面能形成一大批支撑康养产业发展的建设成果,以期创造出厦门的"康养+产业"新模式。

4. 抓好项目建设及产业服务为康养产业发展奠定基础。将正在规划和推进的医疗、养老、文化、体育、农业等基础建设进一步融入康养的元素;加大对康养企业、机构的人才供给,多渠道、多措施引进和培育产业人才;发挥会议会展服务优势,举办全国性乃至世界性的康养论坛,为康养产业搭建交流、合作、推介平台。

三 对厦门市发展康养产业建议

康养产业的特点是产业链长,与其他产业关联度极高,只有与其他产业深度融合,才能形成一条完整的康养产业链和成为一个大产业。

(一) 着力推进康养与医疗的深度融合助推康养产业发展

1. 将"康养+医疗"作为医疗卫生的重要组成部分。充分利用厦门市现有的医疗卫生资源助力康养产业发展,通过集医疗、康复、保健、养生、养老等为一体的康养医疗产业规模化、集约化发展,又反过来促进医疗卫生事业的发展,进一步减轻医疗卫生事业的负担。

2. 支持康养与医疗联姻。在规模较大的康养机构内,采取以公办、公建民营、民建公助、社会力量等多种方式设置各类医疗机构,支持医保进入经过认证的有一定规模的大型康养机构。

3. 全面打造厦门市"康养+医疗"特色健康服务产业。鼓励国内外知名美容、养生、保健、健康管理、医养照护等医疗康养机构进驻厦门市;立足厦门市丰富的各类医疗资源,以治未病理念为核心,提供健康监测、评估、调理为一体的健康管理服务。

(二) 着力推进康养与旅游融合

1. 用好城市名片助推康养与旅游相伴发展。充分发挥厦门市已获得的全国文明城市等数十项殊荣的城市无形资产,着力推进康养与旅游深度融合发展。

2. 利用厦门市旅游产业的发展基础做好旅游与康养嫁接。充分挖掘、利用好厦门邮轮、游艇、帆船、房车露营、自驾游等丰富的旅游产品蕴藏的巨大优势和潜力,不断注入康养元素、添加康养内容,形成独具厦门特色的康养+旅游产业新优势。

3. 借用旅游产业的抓手和平台服务康养。抓住举办海峡旅博会、"5·19"中国旅游日等系列主题活动的契机，多渠道开展国际、国内营销，提高高端康养客户资源的增量和质量。

4. 抓住"旅游+"正在加速发展的机遇构建好康养特色产品体系。遵循旅游发展规律和旅游市场的需求，分层次和成体系科学地打造康养旅游产品。低端产品以环境美化、自然观光、美丽乡村为主；中端产品以健康养生、运动康体等为主；高端产品以历史文化、现代创意文化、健康的宗教文化等为主，打造"养心"的文化系列特色产品。

（三）让厦门新农村建设的巨大成果炫出康养的光彩

大力发展"康养+农业"，使康养和农业各得其所，共生共荣、共创佳绩。

1. 用好厦门市农业领域多年的发展和积淀成果。依托特色农业优势突出、市场品牌效应凸显的优势以及得天独厚的气候、森林、大海等优越条件，做好厦门市境全域"康养+农业"的产业发展规划和目标制定，指导产业发展，并形成新的经济增长点。

2. 用好、用足中央及省的有关文件精神和政策措施。出台厦门市支持鼓励发展"康养+农业"的相关措施和办法，从制度设计上为产业发展铺平道路、增加动力；对"康养+农业"产业项目在立项、用地、规划、环评等审批环节开辟"一条龙"绿色通道；将支持农村、农业发展的惠农政策，注入康养内容，并专门设立"康养+农业"发展专项基金，以进一步撬动产业发展。

3. 制定好"康养+农业"的发展目标、实施康养农业品牌化战略。建立以健康产品、农业精品为主体，现代生产经营方式为支撑，建立布局合理、市场竞争力强、规模效应明显的现代农业产业体系。按照"区域品牌+企业品牌"思路，进一步打造厦门市农产品绿色、有机、健康的"金字招牌"，全面提升厦门市康养农业的品牌影响力。

4. 为"康养+农业"提供良好的物质保障。提升农康产品品质，发展契合康养产业需求的生态种植业、畜牧业、水产业；积极推进特色水产品、畜牧产品、水果和蔬菜产品的深加工，夯实支撑康养及康养旅游产品的物质基础。

(四) 利用厦门市良好的体育事业基础积极培育"康养+运动"新业态

1. 借用厦门市良好的基础和条件全力推进"康养+运动"产业发展

(1) 充分利用比较完善的各类体育基础设施,鼓励经营类的场馆、设施拥有者在服务本地运动爱好者的同时,积极拓展向外来游客服务的项目,主动融入"康养+运动"产业。

(2) 充分利用筹办、举办、承办各类体育赛事的丰富经验,在办好既有体育赛事的同时,积极策划、生成新的国际国内体育赛事,为厦门市"康养+运动"产业发展扩大影响、汇集人气、增加客源。

2. 积极打造良好的氛围和环境助推健身休闲企业的快速成长壮大

加快引进、培育一批在康养方面已具规模,并且具有国际竞争力的大企业、大集团,做到健身休闲企业的增量、质量双提升;将体育竞赛组织、运动技能培训、全民健身指导、行业规划研究等一批事务性、服务性工作交由有资质的健身休闲社会组织来承担;鼓励大型企业集团、高校等社会力量参与建设或创办职业俱乐部,促进更多顶级赛事落户厦门市。

3. 多角度、多维度向海内外宣传推介厦门开展"康养+运动"的优势和业已存在的"康养+运动"产业和项目

(1) 充分利用电视广播、报纸杂志、官方微博、微信公众号等新闻媒体传播资源,向海内外宣传厦门市的"康养+运动"产业和项目。

(2) 围绕"康养+运动"主题,突出厦门市阳光、沙滩、大海、公园、绿地以及环境极为优美的适合运动的岛内外山体、溪流等资源的优势,浓缩"康养+运动"的所有亮点,设计一个响亮、简洁、气势磅礴的宣传口号,使之贯穿于厦门市"康养+运动"的宣传之中。

(五) 依托厦门强大的工业基础助推"康养+工业"发展

1. 发挥工业制造优势为康养产业提供产品和服务。提升运动健身设备、器械、服装、鞋帽的产品生产的智能化水平和现代色彩,突出"康养辅助器械、文体休闲器具"两大基础康养工业,加快开发生产康养工业用品、生态营养食品,培育壮大"康养智能制造"规模,更好服务康养产业

发展。

2. 开发工业康养旅游养智项目提升"康养+工业"附加值。组织游客去有特色的工业企业参观、体验，既能开眼界、长知识，又能使高新技术产业成为游客养智、养眼、养心、养身的康养载体。

四　结束语

随着全面小康社会建设的不断推进，人民群众需要的生活品质层次也在不断提高，这也为厦门大力发展能与住房、医疗、就业、养老高度兼容、紧密关联的康养产业提供了难得的历史机遇。

厦门的经济社会发展水平和资源禀赋以及国际化程度、对外开放度、国内外知名度都是发展康养产业的有利条件，只要积极推进，完全有能力将康养产业发展成为一个大产业，甚至是主导产业，并创造出一个全新的康养产业发展厦门模式。

图书在版编目（CIP）数据

厦门市社会科学优秀成果评审选粹.2016~2018 / 厦门市社会科学界联合会编.--北京：社会科学文献出版社，2021.5
　ISBN 978-7-5201-8034-4

　Ⅰ.①厦… Ⅱ.①厦… Ⅲ.①社会科学-研究成果-汇编-厦门-2016-2018 Ⅳ.①C125.73

　中国版本图书馆CIP数据核字（2021）第038620号

厦门市社会科学优秀成果评审选粹（2016~2018）

编　　者 / 厦门市社会科学界联合会

出 版 人 / 王利民
责任编辑 / 孙燕生　周　琼

出　　版 / 社会科学文献出版社·政法传媒分社（010）59367156
　　　　　　地址：北京市北三环中路甲29号院华龙大厦　邮编：100029
　　　　　　网址：www.ssap.com.cn

发　　行 / 市场营销中心（010）59367081　59367083
印　　装 / 北京玺诚印务有限公司

规　　格 / 开　本：787mm×1092mm 1/16
　　　　　　印　张：20.5　字　数：330千字
版　　次 / 2021年5月第1版　2021年5月第1次印刷
书　　号 / ISBN 978-7-5201-8034-4
定　　价 / 118.00元

本书如有印装质量问题，请与读者服务中心（010-59367028）联系

▲ 版权所有 翻印必究